广州石化年鉴 2015
Sinopec Guangzhou Company Yearbook
U0922612

广州石化年鉴
（2015）

《广州石化年鉴》编纂委员会 编

中国石化出版社

图书在版编目（CIP）数据

广州石化年鉴．2015 /《广州石化年鉴》编纂委员会编．
-- 北京 ：中国石化出版社，2016.3
ISBN 978-7-5114-3872-0

Ⅰ．①广… Ⅱ．①广… Ⅲ．①石油化学工业－广州市
－2015－年鉴 Ⅳ．① F426.22-54

中国版本图书馆 CIP 数据核字 (2016) 第 040782 号

中国石化出版社出版发行
地址：北京市东城区安定门外大街 58 号
邮编：100011 电话：(010) 84271850
读者服务部电话：(010) 84289974
http：//www.sinopec-press.com
E-mail：press@sinopec.com
广州江美印刷有限公司印刷
全国各地新华书店经销

787×1092 毫米 16 开本 20.5 印张 40 彩页 589 千字
2016 年 3 月第 1 版 2016 年 3 月第 1 次印刷
定价：200.00 元

（如出现印装质量问题，请与我社读者服务部联系调换）

《广州石化年鉴（2015）》编纂委员会

《广州石化年鉴（2015）》编辑人员

《广州石化年鉴（2015）》主要撰稿人员

广州石化炼油区 2015（邓志伸 摄）

编辑说明

一、《广州石化年鉴》是按年连续出版的综合性刊物，2015卷主要记载2014年广州石化在生产经营、企业管理、党建和企业文化等各方面的基本情况和重大事项。

二、本年鉴采用分类编纂法，以类目、分目、条目组成框架结构的主体部分。全书条目标题统一用黑体加【】表示。

三、本年鉴设15个类目：概述、大事记、特载、生产管理、经营管理、发展规划·工程、科技开发与信息化、综合管理工作、党群工作、企业文化、生产作业部、专业中心、宾馆·公司、人物·先进集体、附录。书中附中英文目录，书后附主题词索引。

四、本年鉴刊登的各单位名称按内部习惯称呼。“中国石油化工集团公司”简称“集团公司”或“中国石化”；“中国石油化工股份有限公司”简称“石化股份公司”，“中国石化集团资产经营管理有限公司”简称“中国石化资产公司”。“中国石油化工股份有限公司广州分公司”简称“广州分公司”，“中国石化集团资产经营管理公司广州分公司”简称“广州资产分公司”，二者合称“广州石化”或简称“公司”。中国石化系统内单位使用规范简称，中国石化系统外单位使用全称。

五、本年鉴采用法定计量单位，一般采用汉字表述，少数已被公众接受的法定计量单位符号如℃，则用符号表示。

2014年5月20日，集团公司党组成员、石化股份公司总裁李春光（前排左三）到广州石化调研　（黄敏清 摄）

2014年7月10日，集团公司党组成员、石化股份公司高级副总裁章建华（前左二）到广州石化调研　（钟勇浜 摄）

2014年1月10日，国家发展和改革委员会就业司副司长胡德巧（左一）到广州石化调研　（黄敏清 摄）

2014年1月16日，惠州市市委常委、常务副市长张瑛（前排右二）到华德公司检查安全生产工作　（温汝志 摄）

2014年2月23日，集团公司老领导张家仁（右一）到广州石化视察（余峻才 摄）

2014年4月4日，广州市市长陈建华（前排中）到广州石化调研（黄敏清 摄）

2014年7月2日，国务院国资委办公厅副主任范建林（前左一）到广州石化调研 （黄敏清 摄）

2014年7月23日，茂名石化总经理余夕志（前排中）到广州石化调研 （黄敏清 摄）

2014 年 1 月 15～16 日，公司召开第十三届二次职工（工会八届二次会员）代表大会　　（余峻才 摄）

2014 年 1 月 24 日，公司召开传达贯彻集团公司 2013 年度工作会议精神大会　　（黄敏清 摄）

2014 年 1 月 24 日，广州石化召开党的群众路线教育实践活动总结会　（余峻才 摄）

2014 年 3 月 17 日，国务院安委会专项督察组在广州石化召开安全生产重点工作专项督察工作会议　（黄敏清 摄）

2014 年 12 月 23 日，中国石化与广东省环境保护厅联合环保工作座谈会在广州石化召开（余峻才 摄）

2014 年 12 月 26 日，公司召开 2015 年工作思路研讨会（黄敏清 摄）

2014年1月2日，污污分治工程沉淀池在施工中（许冬青 摄）

2014年1月21日，进入正常生产的污污分治工程（许冬青 摄）

2014 年 6 月 24 日，污污分治低浓度系列北沉淀池完成浇注（许冬青 摄）

2014 年 9 月 22 日，炼油污水污污分治工程低浓度系列中交（许冬青 摄）

2014年11月18日，污污分治改造部分进入设备安装阶段（许冬青 摄）

2014 年 3 月 24 日，动力 4 号炉烟气脱硫脱硝项目完成桩施工进入基础施工阶段　　（许冬青 摄）

2014 年 6 月 20 日，动力 3 号炉烟气脱硫设备吊装完毕　　（许冬青 摄）

2014 年 11 月 17 日，动力 4 号炉烟气脱硫脱硝项目进入“三查四定”阶段　　（许冬青 摄）

2014年6月10日，轻催烟气脱硫脱硝项目完成旧基础开挖工作（许冬青 摄）

2014年9月3日，催化裂化烟气脱硫脱硝项目最关键设备——综合脱硫塔首段吊装成功。该段高达13.5米、直径6.5米、重78吨（许冬青 摄）

2014 年 9 月 26 日，催化裂化装置烟气脱硫脱硝项目综合塔最后一吊情境 （许冬青 摄）

2014 年 12 月 13 日，轻催烟气脱硫脱硝装置开车，重点环保建设项目划上圆满句号 （许冬青 摄）

炼油装置（邓志伸 摄）

2014年3月27日，国家环境保护部华南督察中心、广东省环境保护厅、广州市环境保护局、中国石化能源管理与环境保护部共同组成的联合检查组到广州石化进行环境安全检查，重点检查“马广”原油长输管线 （黄敏清 摄）

2014年3月28日，广州石化与萝岗区政府举行联合应急演练，模拟原油长输管线泄漏，检验多部门应急响应能力（余峻才 摄）

2014年6月12日，广州石化裂解和蜡油催化2套示范装置泄漏检测与维修（LDAR）项目，顺利通过广东省环境保护厅组织的专家验收。广州石化作为广东省首批LDAR项目试点的3家示范单位之一，于2013年10月17日正式启动该项目 （黄敏清 摄）

2014年8月7日，广州日报社、信息时报社、广州电视台记者一行12人，采访广州石化LDAR项目实施、CFB锅炉超洁净排放、油品升级等内容 （黄敏清 摄）

2014年10月18日，100多名燃煤烟气低排放技术专家到广州石化现场考察燃煤锅炉超洁净排放效果 （黄敏清 摄）

2014年11月5日，广州市环保局在广州石化召开废气扰民问题调处化解座谈会，市、区环保部门及周边街道、居民代表参加座谈，并到化工区和炼油区现场参观 （余峻才 摄）

2014年11月20日，中国国际工程咨询公司组织专家到广州石化调研超洁净排放技术（余峻才 摄）

2014年11月21日，国家环境保护部科技标准司副司长王开宇（前排右二）一行到广州石化考察锅炉烟气超洁净排放情况（陈水冰 摄）

2014年12月5日，广州石化污污分治工程氧化沟系统改造项目中交，污污分治工程所有施工建设项目全部结束（顾学斌 摄）

2014年12月13日，轻催装置脱硫脱硝单元一次开车成功（邓佳林 摄）

2014年12月23日，集团公司能源管理与环境保护部副主任刘春平（前排右三）一行到炼油一部轻催装置了解脱硫脱硝单元开工及运行情况（邓家健 摄）

2014年12月7日，广州石化热电站4台锅炉全部实现超洁净排放（邓志伸 摄）

2014年2月24日，集团公司召开2014年党风建设和反腐倡廉工作会议（视频）。图为广州石化分会场 （钟勇浜 摄）

2014年7月1日，公司总经理陈坚、党委书记陆建明与广州石化2013～2014年度模范党员、优秀党务工作者合影 （钟勇浜 摄）

2014年7月1日，美的公司员工一行30人到广州石化参观TnPM管理情况 （黄钦明 摄）

2014年7月23日～8月13日，14名在校大学生前来广州石化实习，这是广州石化按照履行央企社会责任、服务青年成才而开展具有石油化工行业特点的“展翅计划”暑期大学生实习活动 （钟勇浜 摄）

2014年7月31日，广州军区空军司令部基层安全员示范性培训班100名学员到广州石化参观学习（黄敏清 摄）

2014年8月28日，广州日报社副总编关雅文（右一）到广州石化参观　（余峻才 摄）

2014年8月30日，广州石化文冲馨家"碧水蓝天行动计划"义工工作小组，在石化生活区举行以"环保从我做起、从点滴做起、从现在做起"为主题的社区宣传活动，以实际行动助力"碧水蓝天"行动（曾文勇 摄）

2014年10月21日，海南炼化党建调研组一行到广州石化调研　（熊宇驰 摄）

2014年12月10～11日，集团公司党建工作考核组到广州石化进行党建工作检查考核　（黄敏清 摄）

2014年12月12日，党委书记陆建明到五华县长布镇中心村组织召开扶贫“双到”工作调研会　（吴志坚 林 娟 摄）

2014 年 1 月 11 日，公司举办第六届全民健身运动会“赫尔普杯”拔河团体比赛（黄敏清 摄）

2014 年 3 月 14 日，公司党委书记陆建明为获第六届全民健身运动会优秀组织奖及团体总分前 6 名的单位颁奖（黄敏清 摄）

2014 年 1 月 16 日，公司领导与劳动模范合影（陈健文 摄）

2014 年 4 月 24 日，由黄埔区委宣传部、区文联、区总工会主办，广州石化承办的黄埔区庆"五一"文艺志愿服务赴广州石化慰问演出活动在广州石化老年活动中心举行（钟勇浜 摄）

2014 年 8 月 22 日，公司举办 2014 年"中秋月石化情"青工嘉年华活动（曾文勇 摄）

2014 年儿童节前，广州石化横班党支部到梅州市五华县长布镇大田中心小学，看望该校的 400 多名留守儿童（张廷凡 摄）

2014年3月7日，公司举办2014年“超越自我、追求卓越、展现风采”女职工表彰暨登山活动（陈健文 摄）

2014年3月11日，广州石化舞协代表公司参加广州第十届民俗文化节暨“波罗诞”千年庙会表演（钟勇浜 摄）

2014年8月30日，第三届广州石化杯全省环保系统桥牌邀请赛在广州石化举行。图为广东省环境保护厅党组成员、环境监察局局长周全（左四）和广州石化党委书记陆建明为获奖队代表颁奖并合影留念 （黄敏清 摄）

2014年7月19日，“畅享国Ⅴ·绿色出行——车友走进中国石化”活动车友参观广州石化 （黄敏清 摄）

2014年9月2日，中国石化第三届职工羽毛球比赛暨"我是第一"职工羽毛球挑战赛广州石化赛区比赛拉开帷幕　（黄敏清 摄）

2014年8月9日，公司举办水上趣味运动会（朱　滢 摄）

国画班在广州石化老年活动中心开课

2014 年 12 月 9 ～ 10 日，公司举办 2014 年
倒（值）班职工趣味运动会　　（黄敏清 摄）

罐区（邓志伸 摄）

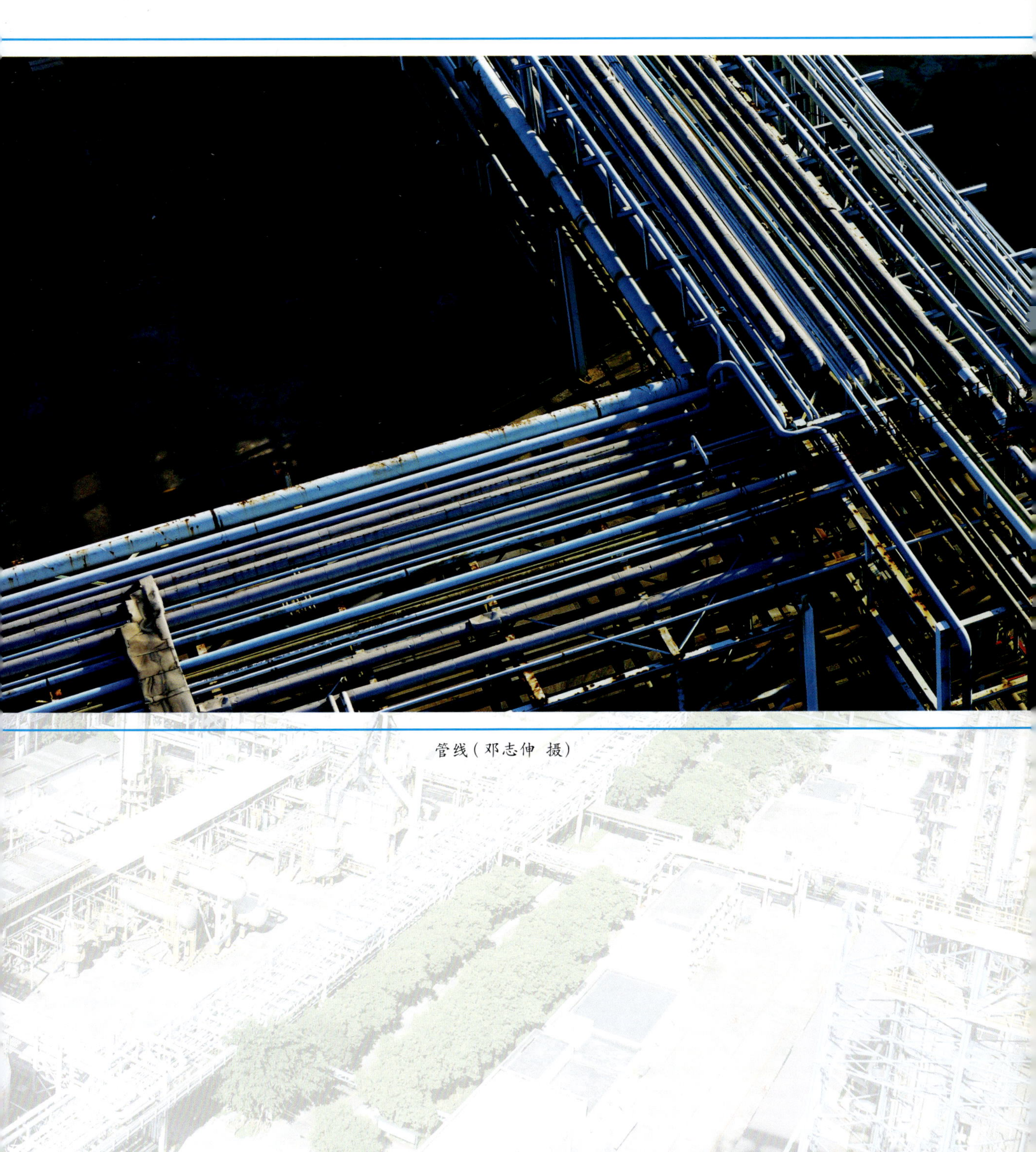

管线（邓志伸 摄）

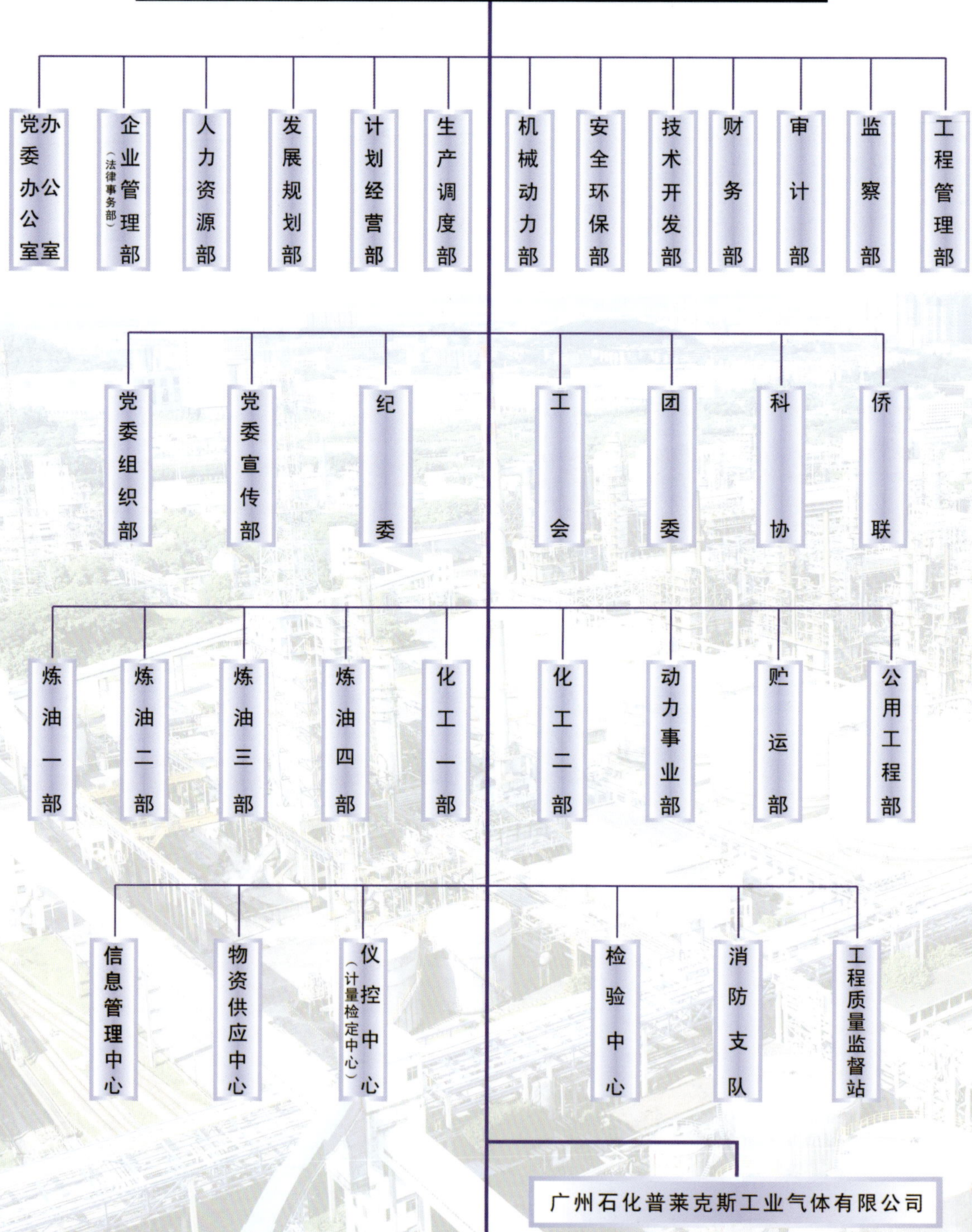
中国石油化工股份有限公司广州分公司
党委办公室
办公室
企业管理部
（法律事务部）
人力资源部
发展规划部
计划经营部
生产调度部
机械动力部
安全环保部
技术开发部
财务部
审计部
监察部
工程管理部
党委组织部
党委宣传部
纪委
工会
团委
科协
侨联
炼油一部
炼油二部
炼油三部
炼油四部
化工一部
化工二部
动力事业部
贮运部
公用工程部
信息管理中心
物资供应中心
仪控中心
（计量检定中心）
检验中心
消防支队
工程质量监督站
广州石化普莱克斯工业气体有限公司
惠州市大亚湾华德石化有限公司

中国石化集团资产经营管理有限公司广州分公司

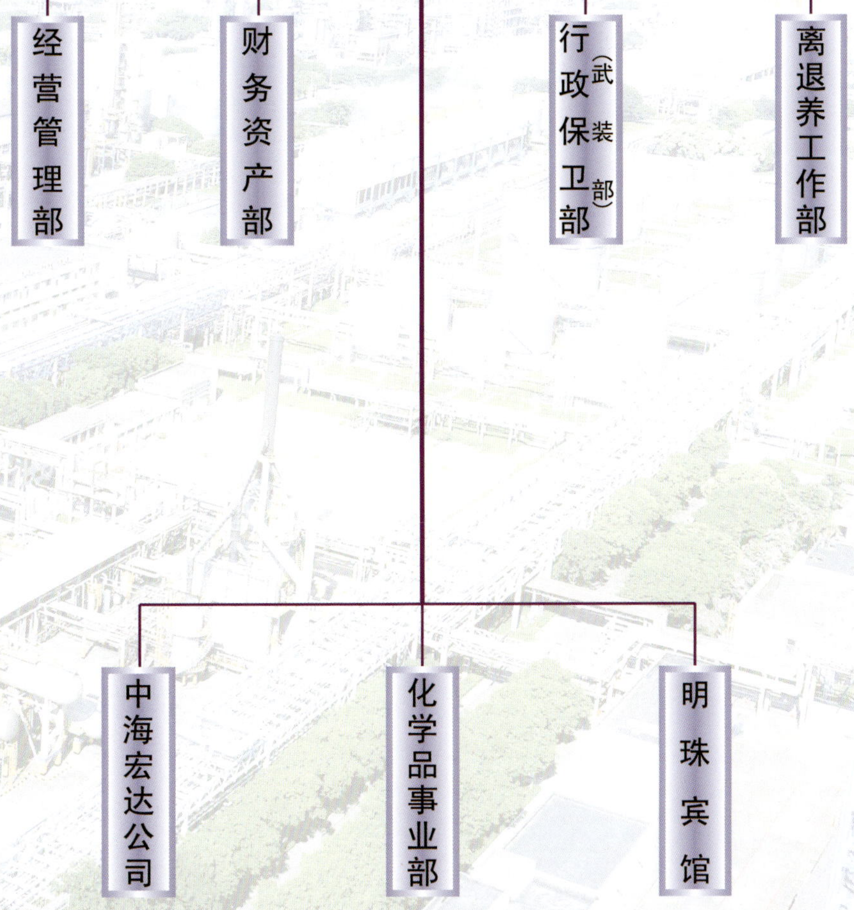

目 录

概 述

大事记

特 载

生产管理

生产调度

设备综合管理

安全环保管理

经营管理

计划经营管理

财务管理

审计管理

发展规划·工程

发展规划管理

科技开发与信息化

综合管理工作

企业管理

人力资源管理

离退养人员管理

行政保卫工作

党群工作

组织干部管理

宣传思想工作

纪检监察

人民武装工作

工会工作

共青团工作

企业文化

生产作业部

化工一部

化工二部

贮运部

公用工程部

概　述

中国石油化工股份有限公司广州分公司和中国石化集团资产经营管理有限公司广州分公司（合称广州石化）位于广州市黄埔区石化路，占地面积445.59万平方米，是中国石化在珠江三角洲地区的特大型炼化企业，公司前身为创建于1973年6月18日的广州石油化工总厂，2000年3月重组改制，分立为中国石化集团广州石油化工总厂和中国石油化工股份有限公司广州分公司，2006年9月，中国石化集团资产经营管理有限公司广州分公司（简称广州资产分公司）成立，原广州石油化工总厂停止运作，并于12月26日完成工商注销。

1978年、1992年、1997年、2006年，公司一、二期工程及"双加"改造、千万吨炼油改扩建工程先后建成投产；1999年底完成广州乙烯兼并，成为炼化一体化企业。

截至2014年底，公司下设生产调度部、安全环保部、发展规划部、计划经营部、技术开发部、财务部等23个职能部门和炼油一部、炼油二部、炼油三部、炼油四部、化工一部、化工二部、贮运部、公用工程部、动力事业部、信息管理中心、检验中心、物资供应中心等16个生产作业部或专业中心；受石化股份公司委托管理惠州市大亚湾华德石化有限公司、广州石化普莱克斯工业气体有限公司。年底公司合并总资产148.28亿元，固定资产净值78.89亿元；有在册员工5236人，在岗员工5113人，其中教授级职称13人，高级职称306人，中级职称785人；专业技术人员689人，占在岗人数的13.48%，大专以上学历占49%；技能操作3359人，占在岗人数的66%。

2014年，公司炼油综合加工能力1320万吨／年，乙烯生产能力22万吨／年，拥有29.9万千瓦自备热电站，15万吨级和30万吨级原油码头各1座，111万立方米首站原油库容；炼油、化工板块有主要生产装置68套、罐区20个，有独立的贮运、公用工程、环境保护系统及海运、河运、铁路运输配套设施。可生产石油化工产品60多种，有主要出厂产品33种。其中，石油产品有汽油、柴油、航空煤油、石脑油、重油、溶剂油、液化气、道路沥青、石油焦、硫黄等19种，固体塑料产品有聚乙烯、聚丙烯、聚苯乙烯3类共14种180多个牌号，"明珠"商标为广州石化注册的专用商标。

广州分公司经营范围主要包括：石油炼制、销售以及技术和信息的研究、开发、应用；化学肥料、高分子聚合物以及塑料制品的制造；制造、加工、销售：电力、蒸汽、风、工业用水；煤油化工的相关技术服务等。广州资产分公司经营范围主要包括：化工产品、石油制品技术咨询、技术服务；仓储（除危险品外）；房屋租赁；石油设备租赁；批发和零售贸易等（国家专营专控商品除外）。广州分公司成品油主要通过中国石化销售华南分公司分销，液体化工产品和"三聚"产品通过中国石化化工销售分公司分销，沥青、石油焦产品通过中国石化沥青销售上海分公司分销，2号重油产品通过中国石化燃料油销售公司分销，其他自销产品市场主要分布在南方地区；汽油、航煤、柴油等多个产品销往澳门、香港、越南、菲律宾等国家和地区。在2014年广东省制造业500强企业中列第10位；在2014年广东大型企业竞争力50强企业中列第39位。

面对市场环境严峻、经济下行压力加大、国际原油价格连续大幅下跌、产品市场需求持续低迷、内部炼油Ⅰ系列及化工装置进入运行末期、安全运行压力增加等不利局面，公司围绕总部"增产汽油、航煤"要求，提升工艺技术管理，开展运行攻关，力保装置安全稳定运行，千方百计深挖潜力，推进全流程优化，各主体装置保持满负荷运行，完成原油加工1261.20万吨，生产汽油240.50万吨，比上年增长12.62%，其中95号以上高标号汽油比上年提高8.11%，6月，国Ⅴ汽油正式投放市场；生产航煤167.57万吨，比上年增产30.35%；全年完成成品油出厂834.4万吨，其中汽油240.22万吨，比上年增长11.49%，航煤167.20万吨，比上年增长28.92%，柴油426.98万吨，比上年增长3.77%；计划完成率为99.75%；出口汽油、航煤、柴油等共130.89万吨，比上年增加60.31%。化工专业生产乙烯22.21万吨，销售化工产品49.57万吨，比上年减少0.58%。全年实现工业总产值653亿元，比上年减少0.54%；主营业务收入651亿元，比上年减少0.23%；实现利税183.96亿元，比上年减少2.03%。

着力提升企业发展质量。克服国家及地方环保政策对石化企业发展的制约、地方政府和市民对安全环保标准要求越来越高、外部协调难度大等不利局面，积极探索发展良方，围绕“突出环保治理、做精做强炼油”发展思路，就如何实现企业与城市和谐发展，积极协调各级地方政府，清理6个项目的环评及19个项目建设的“三同时”等历史遗留问题；优化固定资产投资，推进企业转型升级，推动安全可靠、清洁环保型炼厂建设，提高发展质量。全年完成固定资产投资5.39亿元，热电站CFB锅炉和3号、4号煤粉炉脱硫脱硝除尘改造、炼油污污分治等11个“碧水蓝天”环保治理项目完工投用；20万吨／年聚丙烯三等6个未批先建项目以及159万吨／年催化汽油吸附脱硫等4个久试未验项目的环保验收工作有所进展；《安全环保治理及清洁化生产升级改造方案》获总部批复；实施增产汽油、航煤项目8项，项目完成后可消除增产航煤和汽油瓶颈，保证增产后的产品质量；积极争取地方政府对广州石化发展的支持，企业发展定位得到初步明确，中国石化总部及广州市政府达成共识：在搞好安全环保和生产经营的前提下，广州石化不搬迁，支持广州石化就地升级改造。

建设绿色低碳城市型炼化标杆企业迈出新步伐。建立、完善《广州分公司突发事件应急预案》《用火作业安全管理规定》《广州石化领导带班管理暂行办法》等71项HSE管理制度，开展“我要安全”“安全环保是广州石化的生存底线”“节能减排、优化增效”“零事故”等主题活动，以建设绿色低碳城市型炼化标杆企业为目标，着力加强员工安全环保责任意识，落实安全生产责任制，加强源头控制和监管，淘汰4号汽轮发电机、2台煤粉炉及103台低效能电机等落后设施设备，加大节能环保新设备、新技术的投入及工艺更新；年底，全面投用生产工艺和环保排放指标预警系统；合同能源管理项目开始实施；大力完善、改进安全环保工作，完善各项应急机制和防控体系，全年安全生产总体保持平稳，事故、事件46起，比上年减少24%；节能降耗目标全面完成。200万吨／年蜡油催化裂化和20万吨／年乙烯裂解2套示范装置泄漏检测与修复（LDAR）技术应用通过广东省环保厅验收，并同步推进第2批800万吨／年蒸馏三等14套装置LDAR自主项目应用工作；年内，炼油污水污污分治、化工污水处理场废气处理、热电站CFB锅炉烟气脱硫脱硝改造、热电站3号、4号煤粉炉烟气脱硫脱硝改造、10号罐区消防水排水流程隐患治理、200万吨／年蜡油催化裂化装置再生烟气污染改造等8个项目共投入3.14亿元，节能投入4987.82万元，提前1年达到广州市政府提出的超洁净排放标准，污染物减排效果明显，二氧化硫、氮氧化物排放总量比上年下降69.95%和37.88%，污染物排放减量化、无害化、资源化率提高。

企业管理取得新成绩。2014年为公司转型发展、扭转管理被动局面的关键一年。注重发展质量、重大决策及风险控制评估，促进企业健康发展；通过完善内控管理、规范关联交易、加强合同管理、加大制度执行监督等提升企业管理水平；健全管理和激励机制，按照集团公司利润预算目标与工资总额联动挂钩办法，建立责效逐级考核模式，实现企业经营绩效与职工收入挂钩，强化考核导向作用；建立公司、作业部、装置和班组四级成本管理体系，加强班组经济核算，推进个人绩效考核信息化，深入开展全员成本目标管理；推进组织机构的科学重组，年内完成生产调度部、机械动力部、工程管理部等单位的专业化整合工作，管理职能进一步理顺。

科技创新取得新成果。坚持把技术创新作为增强企业核心竞争力的驱动力，依靠科技进步提高企业发展质量和效益。继续推进总部15项科技开发项目，确保完成聚丙烯装置国产膜回收应用实验等10个项目。坚持产品差异化，加强塑料新产品研发和市场开拓，通过开发高端产品，以差异化赢得市场竞争优势。做好成品油质量升级技术储备，完成国Ⅴ汽油质量升级工作，在中国石化系统首家利用自产资源自主开发成功生产国Ⅴ标准98号车用汽油，全年高标号汽油比例达49%；开发生产出国Ⅳ柴油。年内完成总部年度技术开发项目16项，其中广州分公司参与完成的SHEER加氢成套技术开发项目获集团公司科技进步一等奖，炼油全流程优化技术开发项目获科技进步二等奖，具有复合大孔及超稳纳米Ni晶的催化材料项目获技术发明三等奖。完成高光泽高抗冲聚苯乙烯HG388新产品开发生产；完成聚丙烯吸塑料CJ500AH质量升级；聚丙烯PPR4220试用低成本助剂，同时开展降气味试验。申报国家专利11件，5件获国家专利授权。

深化企业党建工作。以转变作风为重点，深入开展党的群众路线教育实践"回头看"和"五个一"活动，逐项整改落实存在的问题，对影响企业发展质量和效益、企业管理与实际脱节、管理比较粗放、业务流程长、效率低、对环保存在的问题整改不力、环保"三同时"问题长期存在而得不到有效解决、公司环保连续6年被地方政府环保部门挂牌督办等民主测评职工满意度低的7个问题以及测评满意度在平均线下的15家单位进行重点督导，先后完成34个直属单位的教育实践活动整改落实情况专项督导，通过开展"回头看"活动，群众关注的突出问题得到有效整改，文山会海、检查评比等群众反映突出的问题得到初步整治，非生产性费用支出得到有效控制，全年公司接待费、会议费、差旅费同比下降52.2%、32%、8%；领导干部作风明显转变，主动作为、机关服务基层意识提高；结合企业中心工作，推进党建工作与生产经营的深度融合，开展"手拉手·为环保"等特色党建活动，努力促进党支部在关键岗位的核心作用，积极推广信息管理中心、化工二部、炼油四部、仪控中心4个基层党支部建设示范点的标杆作用。

加强职工队伍建设，构建和谐企业。着力加强经营管理、专业技术、技能操作"三支队伍"建设，提升全员素质。完善分级负责、分类实施的培训管理体制，运用远程培训、导师带徒和以考促培、技师论坛等方式和手段，完成各类培训共25983人次；组织职工参加集团公司信息技术安全技能竞赛，获2金、2铜的好成绩。推进全员创新创效活动，引导职工钻研技术、服务企业，同时大力推动基层单位开展具有本单位特色的技术比武、讲座。结合生产经营开展合理化建议活动，全年收到合理化建议10198条，采纳5764条，实施4703条，采纳率56.52%，实施率81.5%。进一步完善激励机制，开展倒班职工和倒班夫妻奖励，奖励倒班职工512名、倒班夫妻13对，奖励金额101.85万元；779名员工获激励性年金奖励，其中特等奖10名，一等奖50名，二等奖719名，奖励金额合计178.8万元，奖励人数比上年增加16.6%，奖励额度同比增加14.8%。建立完善职工健康档案，落实全员体检制度，职工体检率100%；全年组织召开4次职代会联席会议，审议通过5个涉及职工切身利益的重要事项；职代会提案审查委员立案59份职工提案，通过召开提案工作专题会议促进提案答复办理，满意及基本满意率85%。努力为职工排忧解难，构建和谐劳动关系，实行"真困难、真帮助""特别困难、特别帮扶"政策，公司领导带头开展春节、中秋、国庆慰问活动，全年慰问患病、特困职工159人次，残疾职工54人；开展困难职工帮扶及走访慰问共579人次；建立困病伤残职工档案194份；帮扶325名困难职工，发放帮扶金15.35万元；开展"金秋助学"活动，为困难职工子女助学63人次。组织职工参加广东省职工医疗互助保障保险，12位患癌症和重大疾病职工获医疗保障金共49.5万元。

大事记

◇ 2014 年广州石化十件大事

◇ 2014 年广州石化大事记

2014 年广州石化十件大事

1. 积极应对复杂的市场环境和油价持续下跌的严峻考验，眼睛向内、深挖潜力，全年优化创效 5.01 亿元，炼油加工和乙烯产量超年度目标

2014 年，受宏观经济增速放缓，国际油价大幅下跌，国内成品油价十一连跌、化工产品市场需求持续低迷、价格普降、库存高等不利因素影响，公司生产经营面临前所未有的严峻困难。面对困难，公司加强市场形势分析，以效益最大化为原则，通过优化原油采购、优化乙烯原料、优化装置运行、优化产品结构、优化系统操作、优化资金管理等一系列举措，实施优化方案 171 个，创效 5.01 亿元。同时，公司狠抓装置安全平稳运行，积极畅通销路、降低库存、降本压费，最大限度降低了外部市场对企业生产经营的影响。全年炼油加工 1261.20 万吨，完成乙烯产量 22.21 万吨，超额完成年度生产任务。

2. 3 号、4 号煤粉炉脱硫脱硝除尘等一批项目建成投用，公司环保工作取得新突破

2014 年，公司加大环保监管力度，强化源头管理，建立环保预警机制，大力推进“碧水蓝天”环保专项治理，2 台 CFB 锅炉脱硫脱硝除尘项目、3 号和 4 号煤粉炉脱硫脱硝除尘项目、200 万吨/年蜡油催化裂化装置再生烟气污染物治理项目先后建成投用并通过地方环保部门验收，提前 1 年达到广州市政府提出的锅炉“超洁净排放”要求，成为中国石化第一家达到该标准的企业。蜡油催化和乙烯裂解 2 套示范装置 LDAR 技术应用通过广东省环保厅验收，成为首批 LDAR 项目示范单位，减排效果明显。超洁净排放技术的成功应用，吸引了中国环境保护产业协会各方专家和胜利油田等 20 多家单位参观考察，媒体深入现场采访报道。

3. “从严管理年”活动初见成效，队伍作风有明显转变，企业管理效能有新的提升

2014 年，公司开展“从严管理年”活动，在职工中广泛开展形势任务教育和“从严管理”大讨论，增强了对“从严管理是石化行业底线”理念的认识，增强了紧迫感和责任感。公司深入查找和剖析内部管理存在的问题 309 项，全部落实责任单位、责任人、对策措施及完成期限等，对公司层面 10 项重大关键问题由公司分管领导督办。全年完成问题整改 276 项，整改完成率 89.3%。公司以强化领导干部绩效考核，强化连带责任考核、严格劳动纪律、工艺纪律、操作纪律等为切入口，努力提升队伍执行力。从严管理活动开展以来，从严管理理念逐渐被职工所认同，基层单位自主管理意识增强，2014 年，公司事故、事件、生产波动考核较同期减少 58 项，在总部 2014 年“比学赶帮超”劳动竞赛中，获得 60 面红旗、67 颗红星。

4. 傅成玉批示肯定广州石化工作成果，集团公司党组领导和广州市领导关注广州石化发展

2014 年 9 月 5 日，集团公司董事长傅成玉在《广东媒体报道广州石化大气污染治理成果》的专报上做出批示，对广州石化在大气污染治理方面取得的成效给予高度称赞，并期待广州石化再接再厉，早日建成让广州市人民满意的石化企业。

2014 年，石化股份公司总裁李春光、石化股份公司高级副总裁章建华、广州市市长陈建华等领导相继到广州石化调研，他们都对广州石化的进步和取得的成绩给予充分肯定，提出要通过推进升级改造工作，把一个真正的城市型炼厂建起来，永久地维持下去。陈建华表示，广州市将全力支持广州石化的发展。

5. 强化管线及设备隐患排查治理，严格事故事件管理，公司全年安全生产保持平稳

2014 年，公司深刻汲取青岛“11 · 22”重大安全事故的教训，与地方政府联手开展厂内外各类管网、装置、作业现场的隐患排查治理工作，排查厂外油气管道隐患问题 169 处，已完成整改 164 项，确保了管线安全。严格事故事件管理，深入开展“低头捡黄金”查隐患活动，重奖发现重大隐患人员，严惩违反“十大禁令”人员。建立三级网格化监管体系，修订承包商管理制度。狠抓设备隐患排查和攻关治理，较好地处理了裂解气压缩机间歇振动、轻催烟机结垢等设备运行难题，消除了轻催外取热器管束内漏等重大隐患，减少10套（次）装置停工，安全管理水平有效提升。2014年，公司主要设备完好率达99.5%，全年安全生产总体保持平稳，事故、事件同比下降20%。

6．积极支持广东油品升级，开发生产国Ⅴ汽油等新产品投放市场，科技进步取得新成果

按照广东省政府要求，2014年7月1日开始，广东14个地市挂牌销售国Ⅴ汽油。为支持广东汽油平稳升级，公司克服困难，积极推进成品油质量升级，成功生产国Ⅴ汽油、国 Ⅳ柴油，保证国Ⅴ汽油按时间节点如期投放市场。公司还利用自产资源自主开发生产国Ⅴ标准98号汽油，开发了聚苯乙烯HG388等新产品牌号，对聚丙烯CJ500AH、PPR4220质量进行升级与改善，满足了市场需求。2014年，公司“高能效加氢成套技术开发及工业应用”项目获得集团公司科技进步一等奖；申报国家专利11件，获国家专利授权5件，科技进步取得新成果。

7．深入整改“四风”问题，开展群众路线教育“回头看”进一步巩固活动成效

2014年初，公司开展群众路线教育“回头看”活动，深入落实整改“四风”问题，文山会海、检查评比多等群众反映突出的问题得到整治，非生产性费用支出得到有效控制，公司全年接待费、会议费、差旅费同比下降52.2%、32%、8%。以公司名义下发的文件数量较上年同比减少38%；公司级会议比上年同期减少20%。领导干部作风得到转变，机关服务基层意识得到提高，群众路线教育实践活动成效得到进一步巩固。

8．焦化三等多套装置在集团公司同类装置竞赛中名列前茅，装置运行水平得到提升

2014年，公司通过深入开展TnPM全员维护，加强设备专业管理，现场工艺技术管理、生产操作标准化管理、工艺纪律和操作纪律，加大对非计划停工管理考核力度，夯实生产运行管理基础，减少了非计划停工次数，装置运行水平得到提升，炼油综合商品率、炼油综合能耗等指标均优于2013年水平。炼油Ⅰ系列及化工区长周期运行水平在总部“四年一修”试点单位中处于领先。加氢裂化、焦化二、焦化三、柴油加氢改质等装置在集团公司同类装置竞赛中名列前茅。

9．公司加强“三支队伍”建设，在集团公司一类业务竞赛中取得新突破

2014年，公司完善领导干部问责制，加大对领导人员任期工作绩效的考核、培训等，进一步强化领导人员的责任和担当意识，提升领导干部能力素质，加强后备干部培养。进一步完善分级负责、分类实施的培训管理体制，充分运用远程培训、导师带徒和以考促培等方式和手段，开展全员岗位素质培训，为实现作业部区域化管理、跨装置运行管理提供人力资源保障。在中国石化2014年信息技术安全竞赛中，广州石化获得团体金牌1枚、个人金牌1枚、个人铜牌2枚，创公司在集团公司一类专业技术竞赛的历史最好成绩。在中国石化仪表自动化竞赛中，广州石化获个人铜牌1枚。

10．升级改造前期工作得到推进

为解决企业生存发展的深层次问题，公司在总部组织开展“安全可靠、清洁环保型炼油与石化企业构建”研究课题的基础上，编制了广州石化升级改造行动方案。拟改建6套工艺装置，新增安全环保及自动化优化升级改造等14个项目，改造后总体水平可达到国内领先水平。公司加大与总部和地方政府协调力度，总部同意广州石化升级改造方案，广州市委、市政府也明确广州石化发展定位，即在搞好安全环保和生产经营的前提下，支持广州石化就地升级改造。

2014 年广州石化大事记

1 月

6 日，集团公司热电专业检查组来公司进行热电专业管理检查评价。

10 日，国家发展和改革委员会就业司副司长胡德巧来公司进行生产经营及用工管理方面的情况调研。

15 ~ 16 日，公司召开第十三届二次职工（工会八届二次会员）代表大会，审议并通过总经理工作报告、工会工作报告等 15 项决议，确认十三届职代会第一次会议以来召开的 5 次团长联席会议审议通过的 6 项议案；对公司领导班子以及班子成员进行民主评议。

16 日上午，惠州市市委常委、常务副市长张瑛一行到华德公司南边灶油库检查安全生产工作。

17 日，炼油污水污污分治改造工程高浓度系列项目完工投用。

17 日，公司 200 万吨／年蜡油催化裂化装置再生烟气脱硫脱硝项目环评报告获广州市黄埔区环保局批准。该项目被列入中国石化与国家环保部签署的“十二五”主要污染物总量削减目标责任书之一，是中国石化与广州分公司签订的 2014 年环保责任书的减排工程。项目可研于 2013 年 8 月获总部批复，2013 年 9 月委托编制环评，11 月环评通过专家评审，12 月环评报黄埔区环保局审批。

24 日，广州市政府副秘书长龚海杰来公司调研，并就企业提出的输油管线和市政规划等存在问题进行协调。

2 月

14 日，广州石化老年大学、老年活动中心完工投用。该项目总投资 380 万元，面积均为 900 平方米。

19 日，广东省节能监察中心专家组对公司 2013 年度节能目标责任进行评价考核，确认广州石化 2013 年实际节能量为 28387 吨标煤，为企业年度节能目标的 173%，最终考核总分 96.5 分，考核等级优秀。

23 日，集团公司老领导张家仁来公司视察。

27 日，广州市质量技术监督局局长梁建清来公司调研。

3 月

14 日，国务院安委办督察组到华德公司开展安全生产督察工作，主要对华德公司长输管线隐患整改、公司应急物资储备和应急演练情况进行重点检查。

17 ~ 18 日，大田村征地安置房——大田花园项目进行现场摇号分房，黄埔区副区长黄晓峰、公司副总经理李群友及相关单位负责人出席活动。该项目用地面积 1.4 万平方米，由 2 幢 18 层和 1 幢 14 层组成，总建筑面积约 4.08 万平方米，共有 330 套，其中 232 套为公司安置大田村拆迁安置用房，未分配的 49 套房产交由姬堂经济社与未参加摇号分房活动的产权人另行协商分配。

17 日，国务院安委会安全生产重点工作第九督察组一行来公司进行安全生产重点工作专项督察。

19 日，集团公司青工委调研组成员一行来公司调研，了解青工工作开展情况，听取青年职工意见。

19 日，广东省公安消防总队组织各市消防支队主管来公司参观学习，实地参观炼油四部东北区控制室、蒸馏三装置、山顶事故水池，并与消防支队、建安公司、广石物流等单位围绕石油化工装置火灾、油罐车火灾的应急处置进行交流。

19 日，沙特阿拉伯全国工人委员会代表团主席纳达尔 · 里多旺一行来公司访问交流。

20 日， 石油化工科学研究院副院长达志坚一行来公司进行技术交流。石科院专家介绍了其开发的 MIP-DCR 技术、LCO 加氢 - 催化组合生产高辛烷值汽油技术、原油和汽油调和技术及应用于重油催化裂化装置的抗钒催化剂等，双方就这些技术在广州石化应用的可行性进行讨论。

3 月，公司被广东省经济和信息化委员会评为广东省年主营业务收入超 500 亿元大型骨干企业。

4 月

4 日下午，广州市市长陈建华来公司调研，并主持召开座谈会，协调解决企业转型发展等问题。

11日，公司召开柴油质量升级项目和8万吨／年干气制乙苯装置安全设施竣工验收会，广州市安全生产监督管理局委派专家组参加项目验收，同意2个项目通过安全设施竣工验收。

13日，公司首套采用“低温柴油吸收”工艺的罐顶气废气治理回收系统在贮运部3号污油罐区正式投用。该废气治理系统是新建环保装置之一，采用“低温柴油吸收”工艺治理技术，通过专用制冷设备将系统内介质柴油的温度降低到0～15℃，高效吸收塔内低温柴油可以对罐顶废气中的硫醇等有机硫化物吸收净化达到脱臭效果，同时利用“相似相溶原理”回收罐顶废气中的油气组分。

15日，缅甸炼油厂人员来公司参观学习。

15～16日，集团公司设备大检查炼化企业第三组来公司进行设备大检查。检查广州石化在设备检维修管理和修理费管理等方面的情况。

23日，公司被广东省企业联合会、广东省企业家协会评为广东省最佳诚信企业（2007～2013连续7年）。

23～30日，集团公司环保现状调查工作小组来公司开展环保现状现场评估，重点对企业水体风险防控、达标排放、废气治理与控制、总量减排、建设项目环保管理、固体废物处理处置、清洁生产等方面进行调研和分析，提出加强环保管理、加快清污分流项目建设等10项建议；通报对广州石化开展环保现状现场评估情况。

24～25日，石化股份公司安全可靠、清洁环保型炼油与石化企业构建项目组在广州石化召开广州分公司改造方案讨论会。会议对广州分公司改造方案初稿、有组织和无组织排放现状与治理、改造前后的卫生防护距离等问题进行交流和讨论。石化股份公司科技部教授级高工朱云霞、集团公司经济技术研究院首席专家张国生、洛阳石化工程公司副总工程师赵建炜、中国气象科学研究院王梓等10多位专家，公司副总经理付建以及相关部门负责人参加讨论会。

26日，中国石化报社社长周恒友来公司调研。

5月

5日，广州分公司以纳税86.88亿元位列2013年度广东纳税百强第6位。

15日，公司首批6130吨国Ⅴ汽油经管道成功输往广东石油分公司黄埔油库，供应广东市场。按广东省政府要求，7月1日开始，广东14个地市挂牌销售国Ⅴ汽油；10月1日前全省销售国Ⅴ汽油。4月23日～5月7日，公司对生产国Ⅴ汽油的S-Zorb装置进行检修，汽油质量稳定，月均产量在21万吨以上。

15～16日，石化股份公司2014年炼油达标暨工艺技术管理座谈会在广州石化召开。炼油事业部副主任陈尧焕主持会议，公司总经理陈坚出席会议，系统内33家炼油企业的68名会议代表参加座谈。

17日，公司门户正式开通泄漏检测与维修（LDAR）栏目，对装置、管线、罐区的泄漏检测和维修情况实时播报。

20日，集团公司党组成员、石化股份公司总裁李春光来公司调研。

5月22日，广东省环境保护厅、监察厅以粤环〔2014〕40号文发布《广东省环境保护厅广东省监察厅关于2014年省、市挂牌督办环境问题的通知》，广州石化被列为广东省重点环境问题挂牌督办单位。通知要求广州分公司制订升级改造行动方案，2014年报有审批权的主管部门批准后实施，并于2017年完成整治任务。

26日，公司信访统一受理平台上线运行，实现信访网上受理。该平台设公告栏、信访须知、信访制度和信访指南等栏目。

28日，广州市环保局局长杨柳来公司进行环保工作调研，了解挥发性有机物泄漏检测与维修（LDAR）项目进展、烟气超洁净排放、污水零排放等情况，协调解决存在问题。

30日，广州石化与中国石油天然气股份有限公司签订天然气购销合同，合同期25年。

30日，集团公司党的群众路线教育实践活动第一督导组来公司督导检查公司领导班子及成员整改方案、专项整治方案、建章立制等情况。

6月

10日，受国家环境保护部委托，环境保护部华南环境保护督察中心组织广东省环境保护厅、广州市环境保护局和黄埔区环境保护局组成验收现场检查组对广州石化热电站资源利用改造工程（CFB工程）竣工环境保护情况进行现场复查，同意该工程通过竣工环境保护验收现场复查。

12日，广东省环境保护厅和广州石化联合组织召开广东省石化行业泄漏检测与维修（LDAR）首期试点暨广州石化LDAR技术示范项目验收会，公司20万吨/年乙烯裂解、200万吨/年蜡油催化裂化2套示范装置LDAR项目通过广东省环保厅组织的验收。中国环境科学研究院、中国石化集团青岛安全工程研究院、华南理工大学等单位特邀专家，广东省环境保护厅和广州、惠州等地市环保局代表及广东省环境科学研究院和广州石化LDAR试点项目工作组的技术人员参加验收会。广州石化作为广东省首批LDAR项目试点的3家示范单位之一，2013年10月17日正式启动该项目，项目实施后，乙烯裂解泄漏率从0.42%下降到0.06%，蜡油催化裂化装置泄漏率从0.43%下降到0.08%，2套试点装置挥发性有机化合物排量减少24吨/年，减排效果明显。

13日，公司新增天然气进100万吨/年催化重整装置燃料气系统专线投用。

13日，广州市发改委在公司召开油气管道安全隐患整改专项督导会。广州市发改委副主任张晓波主持会议，公司副总经理田宏斌及相关部门领导参加会议。针对企业在治理过程中存在的困难，总法律顾问钟健维代表公司提出需政府部门协调解决清理5米保护区内的建构筑物、电信电力线路迁移等五大问题。

13日，石化股份公司工程部副主任吴文信来公司检查正在实施的200万吨/年蜡油催化裂化装置烟气脱硫脱硝项目的安全工作。

24日，巴斯夫公司（德国）全球副总裁黄睿冰一行来公司进行售后服务和技术交流。

27日，青海省西宁市市委常委、常务副市长、西宁经济技术开发区管委会常务副主任姚琳、中国石化上海工程公司党委书记戴叔铭一行来公司调研。

27日，广东省直属单位档案工作第三协作组成员一行来公司进行档案工作调研交流。

30日，中国石化“升级国Ⅴ环保出行”新闻发布会在广东石油分公司黄埔油库召开，广东省政府相关部门和十多家中央、地方媒体代表及广东石油分公司、广州石化有关领导和人员参加发布会。广州石化5月开始正式生产国Ⅴ车用汽油。

30日，热电站CFB锅炉脱硝和深度脱硫改造项目完工后顺利通过168小时试运行，装置系统运行稳定，主要控制参数二氧化硫、氮氧化物、烟尘符合国家2011版《火电厂大气污染物排放标准》，标志着该项目全部完工投运，装置提前达到国家规定的《大气污染物排放标准》。

7月

1日，公司召开庆祝中国共产党成立93周年暨先进表彰座谈会。大会进行2013～2014年度先进表彰。

2日，国务院国资委办公厅副主任范建林率领公务员应急办、国务院国资委办公厅调研组来公司调研。

7～10日，集团公司组建的“安全可靠、清洁环保型炼油与石化企业构建” 项目专家组对广州分公司开展综合安全要素情况进行现场检查评价工作，从设计、技术、运行和管理等方面评价企业运行状况、管理水平和企业安全等级，查找问题并提出改进措施。

10日，集团公司党组成员、石化股份公司高级副总裁章建华来公司调研，了解广州分公司上半年生产经营情况，炼油事业部总会计师孙明荣、销售公司副经理柴志明随同调研。

14日，公司成功生产出国Ⅴ标准98号汽油。

19日，“畅享国Ⅴ·绿色出行——车友走进中国石化”活动在广州举办。活动由集团公司思想政治工作部发起，中国石化报社主办、《车友报》与广东石油分公司联合承办，重点参观广东石油和广州石化。共有50多台车、80多人来公司参观动力事业部热电站CFB控制室和炼油四部东北区控制室。

23日，茂名石化总经理余夕志一行来公司调研。

30日，装载27.26万吨原油的超级油轮“吉玛”（GENMAR VICTORY）顺利靠泊惠州港华德公司码头，该轮船宽70米，是自惠州港华德公司码头自开埠以来靠泊的首艘宽体巨型油轮。

31日，广州军区空军司令部基层安全员示范性培训班100名学员来公司参观学习。

8 月

4 日，中国石化管道公司党委书记邵予工带队到华德公司调研。

6 日，集团公司副总工程师王子宗来公司进行动力锅炉超洁净半干法脱硫提效改造和运行情况调研。

7 日，广州日报社、信息时报社、广州电视台等媒体记者来公司采访 LDAR 项目实施、CFB 锅炉超洁净排放、油品升级等环保治理情况。

12 日，中国石油大学（华东）教授金有海来公司开展催化裂化旋风分离技术交流。

13 日，广东省环境保护厅组织广州市环境保护局、黄埔区环境保护局对广州石化 150 万吨／年 S-Zorb 催化汽油吸附脱硫装置进行竣工环境保护验收。根据广东省环境监测中心编制的《建设项目竣工环境保护验收监测报告》，验收人员认为广州石化催化汽油吸附脱硫装置的工况、废气、废水、厂界噪声、公众意见等均符合验收标准，基本具备竣工验收条件。

14 日，广东省节能监察中心执法检查组对广州石化淘汰落后产能机电设备实施情况进行专项执法检查。

23 日 12 时 25 分，热电站 3 号煤粉炉烟气脱硫脱硝改造暨大修后一次点火开炉成功，22 时 30 分向热网供汽，24 日 18 时 30 分，汽轮发电机组并入电网，装置稳定运行。

25 ～ 29 日，集团公司安全大检查炼化企业第五检查组来公司进行安全大检查，安全、设备、消防等 5 个专业共查出问题 78 项；9 月 4 日，公司召开问题整改落实会议，安排安全大检查查出问题的整改落实工作。检查内容涉及各级安全生产责任制的落实、隐患排查治理和“三同时”执行、关键装置及要害部位的安全监控和生产厂区封闭化管理、设备安全监督管理、危险物品安全监督管理、直接作业环节安全管理、企业消气防安全责任制落实、企业应急管理工作开展情况、职业卫生情况、公共安全工作开展等方面情况。

25 日，中国石化资产运营部副主任何建英来公司调研。

27 日，中国石化法律部副主任杜江波带队来公司进行依法合规执法情况检查与督导。

28 日，广州日报社副总编关雅文来公司参观。

30 日，第三届“广州石化杯”全省环保系统桥牌邀请赛在公司举行。本次赛事由广东省环境保护厅主办、广州石化承办，来自全省环保系统的 12 支代表队参赛，珠海市环保局代表队获第 1 名。

9 月

1 日，黄埔区区委副书记孙湘来广州石化调研。

17 ～ 19 日，集团公司管理诊断与评价检查组来公司进行从严管理、绩效考核、“三基”等管理工作诊断与评价，同意广州石化“三基”管理 81 分、绩效考核管理 84 分的自评结果。

22 日，炼油污水污污分治工程低浓度系列工程项目中交。

22 日，广东省发改委能源局局长张祖林率广东省安委会打非治违专项行动督察小组来公司开展厂外管线、消防、危险化学品管理专项督察。

10 月

9 日，广州市科技和信息化局副局长王桂林来公司调研。

10 日，广州市国税局党组成员、总会计师陈忠文来公司调研。

11 日，由广州分公司与合肥通用机械研究院、沈阳透平机械有限公司、台州环天机械有限公司联合开发的“大型往复压缩机流量无级调节系统”科技成果，通过中国机械工业联合会组织的技术鉴定。

11 日，广州市环保局副巡视员柳录屏来公司检查焦化二污水汽提装置污水罐整改落实情况。

13 日，热电站 CFB 锅炉烟气脱硫脱硝改造工程、天然气作燃料和制氢原料项目环保竣工验收获批复。热电站 CFB 锅炉烟气脱硫脱硝改造工程和天然气作燃料和制氢原料项目环评分别于 2013 年 5 月 22 日和 2014 年 5 月 20 日通过批复。2014 年 10 月 9 日，黄埔区环保局组织项目竣工环境保护验收。

16 日，集团公司煤电机组超洁净排放现场交流会在广州石化召开，来自胜利电厂、燕山石化、齐鲁石化等兄弟单位的近 20 名专家参加，就煤电机组超洁净排放技术进行交流和现场考察。

16～17日，集团公司在北京昌平中国石化会议中心举办信息技术安全竞赛决赛活动，此次竞赛为集团公司年内举办的6个一类业务竞赛之一，是近年来级别最高的一次全系统范围内的信息技术比武。广州石化代表队6名选手参加决赛，邓海峰、林俊生、陈璟、王立根获得团体赛金牌；邓海峰获信息安全管理专业个人金牌；莫涛、陈璟分别获得系统专业个人铜牌。

17～18日，由中国环境保护产业协会主办的燃煤烟气低排放技术研讨会在广州召开，广州石化副总工程师余蔷在会上做题为《CFB锅炉和煤粉炉烟气循环流化床超洁净排放烟气净化装置的应用》报告；参加会议的100多名专家来公司现场考察燃煤烟气干法低排放项目。

21日，海南炼化副总工程师刘学庆率领该公司党建调研组来公司调研。

23日，石化股份公司炼油事业部在广州石化召开200万吨／年蜡油催化裂化装置技术改造方案审查会，会议由总部炼油事业部副主任陈尧焕主持，炼油事业部技术处处长曹东学、公司副总经理付建、田宏斌出席，相关部门负责人和洛阳工程有限公司设计人员参加会议。会议明确200万吨／年蜡油催化裂化装置技术改造内容，设计进度及相关事项。通过广州分公司2015年三类项目投资安排初步计划：为支持利用大修进行技术升级改造，拟在原预排的年度投资计划约6000万元的基础上，补充本次催化改造投资，同时将烟机改造部分列入2015年“能效倍增”计划，另将每年约2000万元设备更新单列，确保广州分公司项目安排。

23日，热电站资源综合利用改造工程通过公司竣工验收委员会竣工验收。

24日，总部安全监管局在广州石化组织召开建设项目“三同时”问题现场服务会，集团公司安监局副局长寇建朝主持会议。会议听取了广州石化纳入总部督办的23个项目整改情况。

28日，广州石化召开党委中心组学习扩大会，传达学习党的十八届四中全会精神，特邀中山大学教授、法学博士郭天武做专题辅导。公司领导、总经理助理、副总师、各直属单位领导班子成员近130人参加学习。

11月

3日，广东省省直单位档案工作评估检评组来公司进行档案工作现场检查评估。

5日，广州市环保局在广州石化召开废气扰民问题调处化解座谈会，广州市、黄埔区环保部门及周边街道、居民代表参加座谈，并到化工区和炼油区现场参观。

16日，公司航煤装车项目完工，20日正式投用。项目投用后，公司航煤装汽车出厂能力每月可达1万吨。

17日，石化股份公司物资装备部主任蒋振盈来公司调研。

18日，集团公司资本运营部副主任郭安翔带领水务管理处、能环部环保处，以及北京沃特尔水务公司有关专家来公司调研高含盐废水情况，开展高含盐废水正渗透技术交流；广州石化正式启动污水“零排放”试点，预计2014年底前完成高含盐废水正渗透技术处理现场试验。

18日，集团公司信息化管理部组织应急指挥系统专家来公司进行应急指挥系统项目验收测试工作，通过测试，专家组一致同意项目通过验收，建议继续提升矩阵控制系统的稳定性，以及解决融合调度电话延迟问题。

20日，中国国际工程咨询公司主任杨上明来公司调研超洁净排放技术。

20～21日，中国监察学会石化分会第六片区2014年纪检监察理论研讨会在广州石化召开，来自片区28个单位负责纪检监察工作的领导出席会议。

21日，国家环保部科技标准司副司长王开宇来公司考察电站锅炉烟气超洁净排放情况。

24日，中国工程院院士曹湘洪来公司就超洁净排放工作和相关技术问题进行调研。

25日，集团公司安全环保巡视组炼化企业第三组来公司进行安全环保工程建设、隐患治理等工作进行“回头看”检查。

12月

1日，公司与北京化工研究院就土壤与地下水评估问题进行技术交流，同时正式启动土壤与地下水评估工作。

3～5日，广东省职业病防治院技术人员来公司进行生产一线现场工作环境空气检测，检测内容包括操作室、加热炉、泵廊、采样口和平台等部位空气质量情况。

4～5日，石化股份公司信息化管理部会同炼油事业部和化工事业部专家组，对中国石化2011年MES项目（广州分公司）MES系统进行验收。专家组听取了项目组工作报告、技术报告、用户报告和测试报告，通过审查项目文档资料、观看系统演示和技术提问的方式检查了项目的完成情况认为：该项目完成可行性研究报告批复和合同规定的内容，为广州分公司建立了一套以生产物流管理为主线，以核心数据库为支撑，集装置、罐区、进出厂、仓储、调度平衡、统计平衡、能耗统计、ERP支撑等信息管理为一体的炼化企业MES系统，形成集成、协同、共享的生产管理平台，实现与ERP、生产经营综合分析系统、ORION系统、计量管理信息系统、实验室信息管理系统、全员绩效考核管理系统等相关系统的集成应用。广州石化在MES系统开发了以生产订单统一物料、“三剂”、能耗计划的系统集成功能；统一了炼油板块和化工板块的生产管理平台，提高了生产管理效率和精细化水平，为生产方案优化和经营管理提供定量分析依据。专家组一致同意通过验收，并建议广州石化进一步推进系统深化应用，做好技术支持和运维工作。

5日，化工污污分治工程氧化沟系统改造项目中交。

7日11时，热电站4号煤粉锅炉烟气脱硫脱硝除尘改造暨大修项目完工投运，二氧化硫、氮氧化物及粉尘排放均达到设计指标。至此，公司热电站4台锅炉全部完成脱硫脱硝改造。

9日，黄埔区环保局组织对公司炼油三、四部低温热回收及利用系统项目、热电站3号煤粉炉烟气脱硫脱硝改造工程项目竣工环保验收进行现场审核。验收组由广州市环保局监察支队、黄埔区环保局法制科、黄埔区环保局监察大队、黄埔区环保局监测站等单位及特邀专家组成。广州石化副总工程师余蔷出席，各相关部室负责人参加审核。验收组现场考察了炼油三、四部低温余热回收及利用项目、热电站3号煤粉炉烟气脱硫脱硝改造工程项目现场，听取广州石化对项目实施情况汇报，审阅验收资料并经过讨论，同意通过2个项目的现场验收。29日，4号煤粉炉烟气脱硫脱硝改造工程项目、200万吨／年蜡油催化裂化装置再生烟气污染物治理项目通过黄埔区环保局竣工环保验收。

9日，广州分公司、石油化工科学研究院、洛阳工程公司等单位合作完成的中国石化“十条龙”科技攻关项目“柴油超深度加氢脱硫（RTS）技术工业应用”通过石化股份公司科技部组织的鉴定。该技术2013年4月在广州分公司120万吨／年柴油加氢二B装置应用成功。

10～11日，集团公司党建工作考核组来公司进行党建工作检查考核。

12日，广东省环境科学学会在广州石化组织召开突发环境事件应急预案、突发环境事件风险评估报告评估会，会议邀请国内评估专家、有关地市环保部门应急管理人员、相邻重点风险源单位代表和周边社区（乡、镇）代表等组成评估小组。与会专家及代表实地察看企业现场和相关环保设施，听取应急预案编制情况的汇报、审阅应急预案和风险评估报告等相关材料。经讨论、评议后，评估小组认定：广州石化突发环境应急预案通过评估；风险评估报告的编制基本符合环境风险评估有关要求，建议完善后上报备案。

23日，公司与中国进出口银行广东省分行举行5亿元人民币优惠利率进口信用贷款签约。

23日，中国石化与广东省环境保护厅联合环保工作座谈会在广州石化召开。来自广东省、广州市、茂名市、湛江市环保部门以及中国石化能源管理与环境保护部、中国石化能源管理与环境保护部副主任刘春平、中国石化驻粤企业相关人员参加会议。会议就环保方面存在问题及如何进一步提升环保水平提出意见和建议。

24日，中山大学资讯管理学院院长曹树金来公司参观交流。

29日，公司在广东省制造业协会、广东省社会科学院企业研究所联合发布的2014年广东省制造业500强企业中名列第10位。

12月，广东省社会科学院区域与企业竞争力研究中心、广东省省情调查研究中心联合发布2014年广东大型企业竞争力50强企业，中国石油化工股份有限公司广州分公司位列第39名。

特 载

从严管理 深化改革 提质增效
推进绿色低碳城市型炼化标杆企业建设

——陈坚在广州石化第十三届三次职代会上的工作报告

（2015 年 1 月 22 日）

一、2014 年工作简要回顾

2014 年，面对宏观经济增速放缓，国际油价连续大幅下跌，市场需求持续低迷等不利因素，我们积极贯彻落实集团公司党组“一个中心、三大主题”的决策部署，以“带队伍、转作风、强素质、提管理”统筹推进各方面工作，不断提高企业发展质量和效益。全年累计加工原油 1261.20 万吨，生产乙烯 22.21 万吨。全年广州分公司亏损 2.47 亿元（其中炼油亏损 4.36 亿元，化工盈利 1.89 亿元，12 月受原油和产品价格持续暴跌及罐底油价格调整，当月亏损 8.27 亿元），广州资产分公司亏损 2498 万元，比限亏目标减亏 1102 万元。

㈠ 狠抓平稳运行，安全环保工作有了新成绩

1. 安全管理水平有了提高。收紧事故管理统计口子，严格事故事件管理，对安全环保事故事件及生产异常波动，全部比照事故从严管理。利用公司每周生产协调会和月度工作会等形式，对事故事件情况通报，同时组织对事故事件进行管理与技术双因素分析，突出管理分析，挖掘深层次原因，下大力气落实整改措施，提升安全管理水平。深入开展“低头捡黄金”查隐患活动，加大对发现重大隐患的奖励力度，提高了职工参与企业管理的积极性。加强直接作业环节监管，建立了由管理部室、作业部和装置班组组成的三级网格化监管体系；重新修订承包商管理制度，建立了严格准入、过程监督、过程考核、事后评价的管理机制，对现场存在问题的承包商，严格实行“一停、二罚、三清退”，对违反“十大禁令”的人员，坚决予以清除。加强与地方政府联系，强化厂外油气管线安全隐患的治理，其中属于企业内部整改的有 13 类 169 处，已完成 11 类 164 处整改；需要地方协调解决的问题已全部完成整改。全年安全生产总体保持平稳，发生事故、事件 46 起，同比下降 20%，未发生上报集团公司事故。

2. 装置运行水平得到提升。加强现场工艺技术管理，通过抓工艺卡片预警管理和日常巡检，以及生产操作标准化管理，严格执行工艺纪律和操作纪律，夯实了生产运行管理基础。加大非计划停工管理和考核力度，全年非计划停工 13 次，同比减少 1 次，停工时间减少 112 小时。生产波动频次也大幅下降。在做减法同时做大加法，对实现安稳长运行装置实行滚动叠加奖励，提高基层单位精耕细作积极性，装置安稳长运行水平得到提升。炼油 I 系列及化工区长周期运行水平在总部“四年一修”试点单位中处于领先。加氢裂化、焦化二、焦化三等装置在集团公司同类装置竞赛中名列前茅。全年炼油综合商品率 96.2%，炼油综合能耗 56.46 千克标油／吨，加工损失率 0.39%，均优于上年水平。

3. 设备可靠性进一步提高。大力推进 TnPM 管理，加强设备日常维护保养和巡检工作，强化设备专业检查与问题整改分析，深入开展“预防性检维修”，提高了设备的本质安全。开展“我的设备我维护”劳动竞赛、“最差 10 台机泵管理”等活动，狠抓设备隐患排查和攻关治理，较好地处理了裂解气压缩机间歇振动、轻催烟机结垢等设备运行难题，消除了轻催外取热器管束内漏等重大隐患，减少 10 套（次）装置停工。主要设备完好率达 99.5%。同时，抓紧筹备 2015 年炼油 I 系列及化工区装置大修工作。

4. 环保工作取得新突破。强化源头管理，对上游装置严格实施清污分流；实施严于政府的排放标准，建立环保预警机制，将环保监控纳入生产指挥管理，通过环保达标预警分级控制指标，有效促进环保稳定达标工作。加大环保监管力度，设立环保监督投诉电话，与地方环保部门建立投诉响应联动机制，及时处理环保扰民问题。主要排放口安装在线监测仪，实现与环保部门联网 24 小时监控，确保环保达标排放。加强环保

专项治理，4台锅炉年底前全部完成脱硫脱销除尘改造，并提前1年达到广州市政府提出的“超洁净排放”标准，获得地方和集团公司的肯定，为企业树立了良好的形象。环保“三同时”工作有了新进展，其中CFB锅炉项目通过国家环保部环评验收，S-Zorb项目通过省环保厅现场验收，6个未批先建项目的环评工作有了进展。深入开展挥发性有机物泄漏检测与修复（LDAR）工作，蜡油催化和乙烯裂解两套示范装置LDAR技术应用通过省环保厅验收，成为首批LDAR项目示范单位。乙烯裂解泄漏率从0.42%下降到0.06%，蜡油催化装置泄漏率从0.43%下降到0.08%，两套试点装置挥发性有机物年减排量约24吨，减排效果明显。其他装置的LDAR技术应用工作也在有序推进。全年环保投诉次数（内部）同比下降47.29%。二氧化硫、氮氧化物、化学需氧量、氨氮 4项污染物排放总量同比分别削减64.59%、41.74%、21.34%、37.22%。

㈡ 加强优化，企业运营水平得到提升

1. 优化工作取得新实效。坚持“周优化、旬分析、月总结”优化机制，按照效益最大化原则，贴近市场，优化生产。全年实施优化方案171个，创效约5.01亿元。

优化原油和原料结构。加大原油性价比测算，积极争取有利的政策和资源，全年落实达混原油114.45万吨，降低了原油采购成本。优化乙烯原料，通过多投尾油、轻石脑油，降低石脑油投料比例，提高当量乙烯收率，全年吨乙烯原料成本同比下降352元。

优化装置运行。调整蒸馏操作，提高了航煤组分量；优化加氢裂化操作，降低加裂轻石脑油蒸汽压，成功调入汽油；在6.5万制氢消缺和重整二装置检修期间，优化氢资源、动态调整加工方案和装置操作；优化装置原料，全年炼油一次加工装置和二次加工装置实现长周期、高负荷运行。综合评估乙烯资源，充分利用炼油干气，合理安排苯乙烯烃化单元及干气制乙苯装置生产负荷，乙苯出厂量稳步提高。全年干气制乙苯装置产乙苯11.11万吨，平均负荷达到设计的119.29%，销售乙苯5.66万吨，创效1200万元。

优化产品结构。以市场为导向，压减柴油，努力增产航煤、汽油等高附加值产品，全年生产航煤167.57万吨、汽油240.50万吨，同比增产30.35%、12.62%；柴汽比同比下降0.15。下半年，根据成品油价格持续下跌，沥青始终处于较好价位，生产A级道路沥青7.57万吨，同比增产2.17万吨。化工专业年产新产品4.86万吨、专用料13.61万吨，分别为年度计划的105.7%、113.4%。优化产品出厂，加强产销衔接，确保生产后路畅通。坚持竞价销售模式，自销产品实现当期效益最大化，自营产品创效7912万元。

优化系统运行。调整重整及6.5万制氢装置运行，停运3.5万制氢装置。锅炉运行实现由“两大两小”向“两大一小”的转变。优化CFB锅炉运行模式和燃料结构，全年掺烧煤7.67万吨，增效358.11万元。

2. 降本压费取得新成果。深入开展班组经济核算，从源头控制生产成本。加强分析测算，推动生产经营管理问题的发现与整改。炼油（不含自用）吨完全费用184.87元，化工吨产品费用1345元，分别较年度目标降低2.13元、321.43元。10月16日成功引入中国石油低价天然气，到厂价格3.35元／立方米，比广州市燃气价格低0.85元／立方米，节约成本3770万元。优化资金管理手段，提高资本运行效率。全年节约财务费用1.2亿元，压减美元贸易融资规模，减少原油汇兑损失0.3亿元。积极争取政策支持，全年实现税收优惠486.88万元。加强计划管理，强化招标采购，全年采购资金18.91亿元，节约采购资金率4.24%。强化储备管理，从源头控制新增库存积压物资，全年改代利库224.87万元。全年平均库存规模1.4亿元，较总部下达指标下降0.2亿元。发挥审计和效能监察监督作用，完成审计金额8.27亿元，审计审减2226.47万元，另外，合计考核扣罚施工单位及造价审核公司结算误差302.94万元；开展安全隐患治理和“碧水蓝天”环保专项治理工程、“八项规定”贯彻落实情况等专项审计、效能监察与专项督察，发现问题61项，提出建议63条，建立完善制度11项，节约资金1291万元。

㈢ 从严管理，企业管理效能有了提升

1. 从严治企取得一定成效。扎实开展“从严管理年”活动，组织全体职工开展从严管理大讨论，进一步树立“从严管理是石化行业底线”的意识。重点突出问题导向，围绕建设绿色低碳城市型炼化标杆企业，深入剖析内部管理存在问

题或薄弱环节，并作为“从严管理年”提升管理精细化的改进方向，对梳理出来的309项主要问题，全部落实责任单位、责任人、对策措施及完成期限等，完成问题整改291项，整改完成率94.2%，公司层面的10项重大关键问题由公司分管领导督办。以严格劳动纪律、工艺纪律、操作纪律等三大纪律管理为切入口，开展“四不两直”检查，公司层面组织13 次夜班抽查，11名违纪职工被扣减当月奖金的50%，职工纪律执行力得到加强。加大对领导干部考核，对重复出现被考核的问题，实行加倍考核，并对该项问题的主管部门及其负责人进行连带考核，有力推动各单位内部加强管理。全年落实事故、事件、生产波动考核157项，同比压减58项。

2．管理提升活动得到深化。推进“比学赶帮超”活动，每月进行分析点评，对管理部门、生产作业部、专业中心进行考核排名，尤其是加大对管理部室服务基层的考核，推动对标评价向基层管理单元延伸。全年炼油专业获16面红旗、10颗红星；化工专业获44面红旗、57颗红星。公司还通过完善内控管理、规范关联交易、加强合同管理、加大制度执行监督等提升企业管理水平。

㈣ 加快建设步伐，企业发展质量得到提升

1．“碧水蓝天”项目进展顺利。两台CFB锅炉脱硫脱硝除尘项目于2014年6月投用；3号、4号煤粉炉烟气脱硫脱硝除尘改造项目分别于2014年8月和12月投用；200万吨／年蜡油催化裂化装置再生烟气污染物治理项目于2014年12月投用。5个环保治理专项项目不仅按国家督办进度完成，而且先后通过地方环保部门组织的环保竣工验收。炼油区清污分流改造项目可研获得批复；新建硫黄回收和污水汽提项目可研已上报并获得总部批复同意开展前期工作。

2．产品升级和科技进步取得新成果。实现成品油质量升级，成功生产国Ⅴ汽油、国Ⅳ柴油，自主开发利用自产资源生产国Ⅴ标准98号汽油方案。开发了聚苯乙烯HG388等新产品牌号，对聚丙烯CJ500AH、PPR4220质量进行升级与改善，满足了市场需求。完成年度技术开发任务，其中高能效加氢成套技术开发及工业应用获得集团公司科技进步一等奖；申报国家专利11件，获得国家专利授权5件。

3．升级改造前期工作得到推进。编制广州石化升级改造行动方案。拟改建6套工艺装置，新增安全环保及自动化优化升级改造等14个项目，改造后总体水平均可达到国内领先水平。加大与总部和地方政府的协调力度，广州市委、市政府明确广州石化发展定位，即在搞好安全环保和生产经营的前提下，支持广州石化就地升级改造。总部也已经同意广州石化升级改造方案。公司正积极做好省委、省政府的工作，争取早日解决广州石化定位问题。

㈤ 凝心聚力，党建工作有了新提高

1．教育实践活动成效得到巩固。开展教育实践活动“回头看”，对民主测评职工满意度低的7个问题，进一步突出重点抓好整改落实。文山会海、检查评比多等群众反映突出的问题得到初步整治，非生产性费用支出得到有效控制，全年公司接待费、会议费、差旅费同比下降52.2%、32.0%、8.0%。领导干部作风得到转变，机关服务基层意识得到提高。

2．“三支队伍”建设得到加强。完善领导干部问责制，加大对领导人员任期考核和日常工作绩效的考核，进一步强化领导人员的责任意识和担当意识。通过加强中心组学习、举办直属单位领导班子成员脱产集中培训等，提升领导干部能力素质。在抓好各层次后备干部队伍管理基础上，重点分析重要部门处级后备干部情况，提出初步的培养方向和计划。完善分级负责、分类实施的培训管理体制，充分运用远程培训、导师带徒和以考促培等方式，开展全员岗位素质培训。在中国石化2014年信息技术安全竞赛中，取得2金、2铜，创企业在集团公司一类专业技术竞赛的历史最好成绩。

3．党建系统化管理水平有了提升。严格执行总部两个“规则”，重新修订党建工作考核办法，鼓励党建工作创新，促进党建工作与生产经营的深度融合。“围绕中心抓党建、抓好党建促发展”的意识得到深化，各基层党组织聚焦中心工作，找准工作重难点，开展特色党建活动，“两个作用”得到较好的发挥。工会、共青团等群众组织通过开展“小指标”劳动竞赛、合理化建议、青年岗位能手活动等，较好地发挥桥梁和生力军作用。

面对复杂的市场环境和苛刻的环境容量，公

司坚持稳中求进工作总基调，取得一定的生产经营业绩，实现企业和谐发展。

在总结成绩的同时，更要清醒地看到问题和不足。一是企业安稳长运行基础不牢。尽管事故、事件同比下降20%，但发生分公司级以上事故10起，突破年初控制指标；同时，非计划停工和生产波动共40起，反映出在技术管理和应急处置等方面管理不到位，也暴露出职工在操作技能、安全意识等方面存在不足。一些职工环保意识仍然不强，装置无组织排放未得到有效控制，环保预警和异味投诉还比较多。这些影响了企业形象和管理效率的提高。二是企业抗风险经营能力还不强。面对跌宕起伏的能源市场，把握市场供需快速反应的灵活性不够；与先进企业相比，企业运行成本仍然相对较高；“未批先建”“久试未验”项目历史遗留问题还未解决，资源优化受到限制。这些影响了企业效益提升。三是企业管理基础相对薄弱。从严管理还没有成为自觉行为和习惯，部分领导干部工作缺乏“严、细、实、恒”的狠劲和敢于担当的精神；专业技术和技能操作队伍基本功不扎实、技术认知不足，整体素质仍有较大的提升空间；以流程为主线的制度体系没有完全建立，“部门墙”还没有真正打破，等等。这些影响了企业发展质量的提升。对于以上问题和不足，需要进一步正视并在今年工作中切实加以改进。

回顾过去的一年，在经历国际原油价格暴跌和国内成品油价格“十一连跌”后，面对新《安全生产法》和“史上最严”环保法的实施，我们深刻的体会到：一是要进一步强化安全环保红线意识，始终把安全环保运行放在各项工作首位，任何时候都要严防死守，确保安全环保无事故。二是要将提质增效作为企业转型发展的必由之路，坚持以效益最大化为中心组织好生产经营。三是要坚持从严管理，强化“三大纪律”执行，通过抓制度落实和工作落实实现效率提升。四是要建设一支“想干事、能干事、干成事”，具有合作精神，具备高度责任心和使命感的干部职工队伍，特别是各级领导班子队伍。

二、2015年形势

2015年是全面完成“十二五”规划的收官之年，是全面从严管理、夯实基础的关键之年，也是全面推进深化改革、提质增效的开局之年，做好生产经营和党建工作意义重大。

在现有产能基础上进行转型发展，是广州石化今后发展面临的新常态。当前和今后很长的一段时期，必须要面对以下形势：经营环境方面，全球经济恢复滞缓，国内经济步入“三期叠加”阶段，促使供需发生转换，原先依靠扩能增效已经转变为走内涵发展，向提高发展质量要效益。安全环保方面，国家、地方先后出台并实施一系列法律法规，强化了安全、环保责任落实和责任追究，使公司面临高的约束成本和问责成本，让企业环境使用空间变“窄”，增加了企业运营风险。必须要坚持绿色低碳发展战略，强化依法合规经营理念。劳动用工方面，与总部下达的“十二五”用工总量控制目标比，公司用工总量仍超定员。同时，劳动用工指标不符合新颁布的政策要求。随着总部深化劳动用工制度改革，用工总量将逐年降低，对人力资源优化和人员综合素质提升提出更高要求。生产经营方面，面临“三大”突出压力：一是消费税改革、原油价格或持续下滑和大修影响有效生产时间缩短，完成全年生产经营任务压力巨大；二是炼油Ⅰ系列和化工区拟大修装置进入运行末期，装置安稳长运行压力大；三是建设项目“三同时”历史遗留问题，以及企业升级改造推进难度较大。

面对以上新常态和压力，必须认识到，不仅要持之以恒地坚持从严管理，而且要在依法治企下把从严管理提升到一个新的高度，最终实现精细管理。因此，企业发展必须更加注重安全环保，更加注重以人为本，更加注重价值链优化，更加注重创新驱动。

更加注重安全环保，就是要牢固树立安全和环保生产“红线”意识，始终把安全环保放在第一位，坚持绿色低碳发展战略，坚持依法合规经营，将安全、环保生产作为全员价值追求和道德追求。

更加注重以人为本，就是要真正把人的全面发展放在第一位。通过提升全员能力素质，创造健康和谐的工作和生活环境，建设绿色低碳城市型炼化标杆企业，实现员工与企业、企业与环境、环境与发展的共同进步。

更加注重价值链优化，就是要在生产经营、

发展建设、企业管理、党建工作的各个环节进行改进创新，做长短板，做强长板，构筑企业核心竞争优势。

更加注重创新驱动，就是要正确认识和妥善处理企业发展过程中不断出现的新情况、新问题，在新的发展阶段主动作为、敢于担当、干事创业、狠抓落实，通过打破惯性思维，以主动赢得先机，以创新赢得市场。

认识新常态、适应新常态、引领新常态，要求各级领导干部和广大职工必须增强忧患意识、责任意识和大局意识，以创新的精神、负责的态度，积极迎接挑战，推进企业可持续发展。

三、2015 年指导思想和工作重点

2015 年工作指导思想是：贯彻落实党的十八大、十八届三中、四中全会和中央经济工作会议精神，执行集团公司年度工作会议部署，坚持稳中求进工作总基调，主动适应企业转型发展新常态，以提高发展质量和效益为中心，从严管理，深化改革，提质增效，推进绿色低碳城市型炼化标杆企业建设。

2015 年重点抓好以下几方面工作：

㈠ 深入推进现场管理，着力抓实安稳运行基础

安稳长运行既是企业效益的基础，又事关企业的形象，必须高度重视、长抓不懈。

1. 加强安全环保责任落实。牢固树立“发展不能以牺牲人的生命为代价”的理念，严格执行“四个让位于”“四个一切”和“三个一”的要求，切实实现安全、环保发展。一是从严落实主体责任。坚持“管生产必须管安全，管业务必须管安全”，以学习宣贯新《安全生产法》和《环境保护法》为契机，开展“安全环保是广州石化的生存底线”主题教育和“我为安全作诊断”活动，切实将“党政同责、一岗双责、齐抓共管”落到实处，形成人人管安全环保、人人抓安全环保、人人监督安全环保、人人自觉落实安全环保制度的浓厚氛围。二是从严落实“零”目标。坚持“零死亡”“零事故”“零违章”，把“从零开始、向零奋进”作为安全生产目标。从零开始，就是每天都保持归零的心态，每天都从零重新开始，以敬终如始的精神，积极有效的作为，脚踏实地、稳扎稳打地做好各项工作；向零奋进，就是要在所有环节都坚持“零”理念，以工作质量零差错、沟通协调零距离、业务流程零障碍、现场作业零“三违”、设备运行零缺陷，实现责任担当，体现工作业绩。三是从严现场管理。坚持把隐患当事故进行处理，进一步强化关键装置、重点机组、直接作业环节风险辨识和风险评估，做到关口前移、超前防范，从根本上控制和消除隐患。严把承包商入厂关、资质关，强化承包商现场管理和安全业绩考核问责，严禁违法转包分包。严格现场监管，推进现场监护网格化管理。四是从严风险管控。进一步加强环保源头治理、监督巡视和预警管理，杜绝无组织排放，增强环境风险防控能力。加强现场演练和企地演练的实效性和系统性，突出应用性演练，着力提高岗位技能和应对突发事件能力。改进社区生活后勤和改制单位安全管理，提高责任单位安全风险防范能力。五是从严责任追究。严惩“三违”，强化安全事故、环境事件管理与考核。从严制定并落实安全生产、环境事件领导干部问责处分办法。严格执行职工违纪违规行为处分实施办法，强化责任事故问责，将环境事件与安全事故事件考核放在同等重要位置，提升全体员工尤其是领导干部的安全环保红线意识。

2. 严格工艺运行管理。工艺运行质量是保证装置安稳运行的基础。一是深化非计划停工和生产波动管理。要按照“四不放过”要求，从思想、技术、管理等方面认真分析非计划停工或生产波动发生的深层次原因，从严管理，确保各项工作落实到位。要做实做细安稳长满优生产考核，加强非计划停工和生产异常考核硬约束，促进装置长周期运行。二是抓好直接作业运行操作。进一步强化“三大纪律”执行，严格工艺纪律、劳动纪律、操作纪律制度落实，对有纪不遵、有“法”不依、有章不循引发的各类问题，不仅从严追究当事人责任，而且从严追究管理责任。三是规范生产运行管理。要强化和创新“三基”工作，全面提升基础管理水平。坚持外操抓巡检、内操抓盯表，通过完善、提高全时程巡检路线和质量，深化“机、电、仪、管、操”“五位一体”联合巡检，提高装置运行可靠性。严格装置运行管理，抓好工艺预警，努力实现零预警交接班。坚持“下游是上游客户”理念，进一步增强业务“无缝”

成可研及项目“三同时”批复。推进“碧水蓝天”项目实施，重点抓好炼油清污分流、轻质油铁路装车系统隐患治理、新建硫黄回收和污水汽提，以及炼油污水外排管线改造项目。做好高含盐污水“零排放”试点，力争2016年底前实现污水“零排放”。加强项目规范建设，依法依规推进项目“三同时”工作，争取2015年解决项目“三同时”历史遗留问题，同时做到不欠新账，确保聚丙烯三装置年内顺利开工投产。

2. 实施创新驱动发展。科技创新是促进转型发展的重要驱动力量，没有科技创新的企业就没有生命力。要立足现有产能，加强产销研融合，围绕成品油质量升级、塑料新产品开发、现场技术攻关等，做好前沿技术、设备在企业的推广应用，提高企业竞争力。继续做好总部科技开发项目，确保“配方原油技术及在广州石化原油资源优化中应用”等8个项目顺利完成。抓好“十三五”规划编制工作，为提高公司发展质量和效益提供支撑。

㈥ 深入推进党建系统化建设，着力发挥“两个作用”

贯彻落实集团公司党组“两个规则”精神，进一步推进党建工作与生产经营的深度融合。

1. 围绕中心开展特色党建。一是深化党建系统化管理。整合资源和业务，通过搭建党建工作网络平台，提升党建工作信息化水平。二是强化基层党组织建设。重点加强以党支部建设为核心的基层建设，着力打造“五好”基层党支部。严格落实“一岗双责”，聚焦安全环保和生产经营，抓实横班党支部工作。三是着力开展特色党建。改进完善党建工作考核办法，切实发挥党建工作考核价值引导作用，激励各级党组织围绕中心开展特色党建，推动政治优势在关键价值链中转化为核心竞争力，提高企业发展质量和效益。

2. 建设“超越自我、追求卓越”的企业文化。百年企业靠文化，广州石化要致力于文化建设，打造百年老店。重点贯彻落实集团公司党组新颁布的《企业文化建设纲要（2014年修订版）》，坚持与时俱进，认真分析企业转型发展期的特点，建设具有广州石化特色的以“超越自我、追求卓越”为企业精神的蓬勃向上的企业文化。推动文化落地的关键是制度建设，要以制度进一步整合打破部门壁垒，加快建设科学规范、系统完备、行之有效的制度体系。同时，将核心价值理念的行为标尺细化量化，确保价值理念依靠制度落实到生产经营全过程，落实到每位员工的岗位工作中。突破思维定势，改进、加强新闻宣传工作，向先进企业学习，加强主题宣传策划，通过全媒体传播企业倡导的正能量，弘扬主旋律。工会和共青团等群众性组织，要坚持融入中心、服务大局，通过劳动竞赛、青年创新创效等活动带动各级岗位人员钻研技术、创先争优。关注职工思想动态，将互联网思维运用到创新职工思想政治工作方法中，着重加强信访维稳源头控制。坚持开门开放办企业，努力营造良好的安全生产和企地和谐发展的环境。

3. 突出源头治理，强化监督执纪问责。一是落实党风廉政建设两个“主体责任”。根据《惩治和预防腐败体系2013—2017年规划实施细则》，按照目标明确，责任清晰，抓好各项任务的分解落实，要在规范业务管理，强化风险岗位干部职工行为规范和廉洁教育上下功夫，大力营造廉洁文化。二要实现有效监督。聚焦主业，进一步加强企业“三重一大”执行情况监督、严格党的纪律检查，确保监督不留死角、没有空白。要运用诫勉谈话等，坚持抓早、抓小，对领导干部身上暴露的问题早发现、早提醒。三要做到严格执纪。加强信访查核，推进廉洁风险预警，落实“一案双查”，加大责任追究力度，坚决遏止生产经营、发展建设中存在的违纪违规现象。

新的一年，我们面对的生产经营环境将更加严峻，安全环保发展环境也更加严峻。我们要化风险为机遇，化压力为动力，坚持稳中求进、坚持稳中求胜，进一步转变作风抓落实，以求真务实、真抓实干的态度，不断开拓创新，推进绿色低碳城市型炼化标杆企业建设。

适应新常态 展现新作为
积极推进绿色低碳城市型炼化标杆企业建设

——陆建明在广州石化第十三届三次职代会上的讲话

(2015 年 1 月 23 日)

在大家的共同努力下，公司十三届三次职工代表大会，圆满完成了各项议程。昨天上午，陈坚总经理代表公司向大会做了“从严管理，深化改革，提质增效，推进绿色低碳城市型炼化标杆企业建设”的主题报告。报告全面总结了 2014 年工作成绩，深入分析了企业现状和未来一个时期所面临的形势，部署了 2015 年重点工作。与会代表普遍认为，这是一次求真务实、集思广益、开拓进取、鼓舞干劲的大会。

陈坚总经理的主题报告特别指出“企业转型发展新常态”。傅成玉董事长在集团公司年度工作会议上也强调，“新常态是大势所趋，势在必行”。新常态，突出了“新”和“常”，表明我们过去的一些固有观念和理念，以及企业内存在的安全环保标准不高、管理不严等问题，已经无法适应新形势的要求，那种以老思路、老办法应付新常态的做法，轻则会让企业陷入被动境地，重则会使企业丧失发展机遇，危及企业及广大干部职工。面对新常态，我们观念上要适应，认识上要到位，方法上要对路，工作上要得力。

下面，我代表公司党委就适应新常态，如何抓好党建、职工队伍、企业文化以及职代会工作讲 4 点意见。

一、适应新常态，进一步推进党建工作与生产经营深度融合

要落实党要管党、从严治党责任。各级党组织要按照直属单位党委工作规则和基层党支部工作细则要求，全面履行职责，把党要管党、从严治党责任承担好、落实好。要完善“党政同责”“一岗双责”，致力推进党建工作与生产经营深度融合，坚持做到党建工作和中心工作一起谋划、一起部署、一起考核，把每个领域、每个环节的党建工作抓具体、抓深入。要在新试行的党建工作考核办法基础上，结合实际进一步修订和完善。今年我们将以“月度专业抽查＋半年度（年度）全覆盖考核”的方式进行党建考核，进一步提升党建工作科学化、制度化、规范化和系统化水平。各单位要高度重视，围绕如何更好发挥党组织战斗堡垒作用和党员先锋模范作用这“两个作用”，积极开展特色党建活动。

要严格党内政治生活。党内政治生活是党组织教育管理党员和党员进行党性锻炼的主要平台，严格党内政治生活是增强自我净化、自我完善、自我革新、自我提高能力的重要途径，是增强队伍在企业生产经营中战斗力的有力抓手，必须抓住抓牢抓好。针对当前不少单位党内政治生活存在流于形式、不够严格的问题，今年起要按照党中央、集团公司党组提出的“严格党内生活”要求，下大力气严抓严管党内政治生活，要严格执行民主集中制、中心组学习、双重组织生活会、“三会一课”、民主评议等制度，真正让党内政治生活严格起来。

要持续深入开展作风建设。教育实践活动有期限，但贯彻群众路线没有休止符，作风建设永远在路上。“四风”问题，是广大职工群众高度关注、反映强烈的问题，也是损害党群干群关系的重要根源。要坚定不移地贯彻落实中央“八项规定”，持续聚焦“四风”问题，抓好群众路线教育实践整改落实情况“回头看”。针对集团公司督导组反馈的“发展前期调研不够深入细致，影响企业发展质量和效益”等 7 项测评结果满意度较低的事项，按照制定的整改措施和时间节点抓好整改，要得到职工群众认可，接受职工群众监督，取得实实在在的整改成效。要严格执行集团公司关于规范领导干部婚丧喜庆事宜的规定，公司党委提出的“严禁用公款大吃大喝，奢侈浪费”等廉洁自律“十大禁令”，纪委要落实监督责任，加强宣贯和监督检查，对典型问题及时查处和通报。通过抓常、抓细作风建设，形成作风

广州石化2014年安全环保职业卫生现状及隐患治理情况报告

一、2014年HSE工作情况

2014年，面对复杂的安全环保形势，公司上下积极统一思想，转变观念，从中国石化社会形象和企业自身生存、发展需要的战略高度，以建设绿色低碳城市型炼化标杆企业为发展目标，借力“从严管理年”和“安全生产月”活动，扎扎实实地抓好安全生产、环境保护工作，保证了安全环保形势总体稳定，安全环保基础管理工作水平有了一定提高。

2014年，没有发生上报集团公司事故，事故、事件总数46起，同比下降20%；没有发生上报环境污染事故，提前完成“超洁净排放”改造工作，二氧化硫和氮氧化物排放总量大幅降低，分别占年度指标的62.1%和75.2%；没有发生急性中毒事故，职业健康体检率100%，职业病疑似病例总体受控。2014年公司事故情况及主要环保指标完成情况见表1、表2和表3。

表1 2014年公司级事故情况

序号	事发日期	事故名称	责任单位	事故级别
1	1月10日	炼油四部“1·10”6.5万制氢装置调节阀143FV050B阀芯脱落造成制氢装置紧急停工事故	炼油四部	公司级
2	2月21日	炼油二部“2·21”14万制硫装置ESD系统冗余CPU停运造成装置停车事故	仪控中心	公司级
3	3月3日	炼油四部“3·3”3.5万制氢装置联锁停工事故	炼油四部	公司级
4	5月13日	动力事业部“5·13”号252变电所电弧伤人事故	动力事业部	公司级
5	6月8日	炼油二部“6·8”重催装置主风机联锁误动作装置自保事故	仪控中心	公司级
6	6月10日	炼油二部“6·10”重催装置切断进料停工事故	炼油二部	公司级
7	6月15日	化工二部“6·15”聚乙烯装置暴聚事故	化工二部	公司级
8	6月19日	贮运部“6·19”8号罐区巡检扭伤事故	贮运部	公司级
9	11月25日	“11·25”珠江排放口超标事故	公用工程部	公司级
10	12月7日	贮运部“12·7”调车员脚受伤事故	贮运部	公司级

表2 2013～2014年事故事件情况对比

时间	事故/起	事件/起	合计/起
2013年	21	37	58
2014年	25	21	46

表3 2014年公司主要环保指标完成情况

序号	目标、指标	确保值/力争值	完成情况	2013年同期
1	无重特大环境污染事故、生态破坏事件、重大扰民事件/起	0/0	0	0
2	外排废水达标率/%	98/100	100	100
3	COD排放总量/吨	260/260	304.67	278.66
4	氨氮排放总量/吨	33/33	39.31	35.94
5	全厂二氧化硫排放量/吨	11379/10000	996.53	3325.22
6	氮氧化物排放量/吨	6016/5500	3101.19	5209.74
7	危险废物妥善处理率/%	100/100	100	100

注：按环保核算口径统计

总结2014年安全环保管理工作，主要有以下方面：

（一）借力“从严管理年”和“安全生产月”活动，深入落实安全生产责任制，提升企业形象

⑴全面开展“安全生产月”活动。共开展专项隐患排查124次，查出问题2128项，已经整改2059项，整改率97%；查出安全薄弱环节95处，制定提升方案100项，修订公司管理制度89项。

⑵加强制度建设，提高承包商管理。打破部门壁垒，将5个相关制度整合为《广州石化承包商安全管理规定》，提升安全管理效率。

⑶实施开门办企业。邀请环保部门、地方政府、社区居民及媒体进厂参观超洁净排放、LDAR项目，塑造企业良好形象。

（二）加强隐患治理，着力强化安全风险管控

⑴加大隐患治理力度。开展厂外管线隐患排查，企业内部的169处问题，已经整改167处；需政府协调的136处问题，已整改77处。组织召开15次隐患治理例会，对22个集团公司级和26个分公司级隐患项目实施治理。

⑵加强项目施工安全监管。全面推行三级网格管理模式，对承包商按“一罚、二停、三清退”管理，共约谈承包商28次，扣罚97.04万元，下发隐患整改通知书795份，19名施工人员被列入“黑名单”。

⑶强化应急管理。编制修订《厂界外管线突发事件》等应急预案，并完成省市区三级政府和街道的备案；加强企地应急联动，参加萝岗区、黄埔区应急演练，组织开展公司级火灾和环境事故“双盲”演练，提高应急救援能力。

⑷开展专项HSE督察服务。组织HSE总监联合督察20次，查出隐患658项，已整改602项，整改率91.5%。每周组织HSE周检，下发HSE周检通报46期。

（三）全面开展“碧水蓝天”治理，推进环保升级改造行动

⑴开展“碧水蓝天”专项治理。目前，12个立项，蜡油催化烟气脱硫除尘脱硝改造、热电站CFB锅炉烟气脱硫脱硝改造、热电站3号、4号煤粉炉烟气脱硫脱硝改造、主要外排口在线监测系统建设（一期）、厂界噪声治理、污水汽提二容201增加油气收集系统、实施挥发性有机物泄漏检测与修复（LDAR）、炼油污水污污分治工程、3号污油罐区罐顶气废气治理等9个项目已完成。煤场排水系统改造项目已完成土建和管线施工，专有的除尘设备正在采购。水体环境风险防控措施项目预计春节前完成化工区南事故水池和中转站事故水池施工。污染源在线监控项目（一期）正在进行各废水排口和水质自动采样器土建施工，预计2015年4月30日完成。重油催化裂化装置烟气脱硫污水PTU扩能改造暂缓实施，拟将废水用于动力煤粉炉半干法脱硫注水。

⑵推动广州石化升级改造工作。改建6套工艺装置，新增安全环保及自动化优化升级改造等14个项目，改造后总体水平均达到国内领先水平。广州市委、市政府正式明确了广州石化的发展定位问题，总部已同意广州石化升级改造方案。

（四）源头控制，加强监督，提升现场环保风险防控能力

⑴加强监控，全面实施环保预警机制。开发环境监控管理系统，设置两级预警提醒，并通过监督大队24小时现场督察，与政府热线建立联动机制，及时处理内外部投诉。2014年，共处理环保投诉107起。

⑵加强源头控制。组织增设10个烟气排放口及内部污水排放口的在线监测仪器，同时正在建设公司内部在线监测网络，将数据转入公司内部预警系统。

⑶提升环保设施的处理效果。在完成“碧水蓝天”大气污染专项治理项目的基础上，率先在石化系统实施固体燃料锅炉“超洁净排放”改造工作，改造后的4台锅炉二氧化硫、氮氧化物和烟尘的污染物排放浓度不仅满足国标特别排放限值，而且提前1年达到广州市政府锅炉“超洁净排放”的要求，成为国内首个采用“半干法循环流化床”烟气脱硫脱硝达到超洁净排放的成功案例。

⑷泄漏检测与维修（LDAR）技术示范项目通过广东省环保厅验收。已经完成两个阶段工作，对63498个密封点进行泄漏检测。经测算两个阶段9套装置全年挥发性有机物削减量约60吨。

（五）以人为本，着力推进职业健康管理

⑴做好临界人员的管理。结合近三年体检情况，确定临界人员41人，其中接苯36人，接噪声5人，对于临界人员提前进行干预，采取跟踪

观察、调岗、轮岗和优化岗位工作内容等措施，职业病发病率降低 50%。

2. 加强职业病危害因素现场管理。制定区域划分管理方案并进行划分试点，效果明显。组织硫化氢防护专项检查工作和现场个人劳动防护情况专项检查。共查出问题 265 项，已经整改 253 项，整改率 95%。

二、存在的主要问题

（一）安全方面

⑴事故事件总数仍然较多。虽然未发生上报集团公司及事故，但发生事故、事件 46 起，其中分公司级事故 10 起（超计划指标），作业部级事故 15 起，事件 21 起。其中，操作不当引发事故事件 14 起，反映出在培训、工艺和应急等方面管理不到位。

⑵厂外油气管线隐患治理进度比较迟缓，需政府出面进一步加大协调力度，合法、合理、迅速协调解决相关补偿问题。

⑶工艺、设备等专业安全管理制度缺失。公司《安全仪表系统安全完整性等级评估管理办法》和《安全设施管理规定》尚未发布；缺少断路作业管理制度和外租物业管理制度等。

⑷承包商管理工作有待加强。部分承包商存在转包和分包现象，管理缺位、内部管理松散，施工人员素质参差不齐，违章违纪现象屡屡发生。

（二）环保方面

⑴部分干部职工环保意识不强，装置无组织排放未得到有效控制，环保预警呈上升态势，异味投诉较多，内、外部监测超标现象依然存在。

⑵炼油污污分治项目建设延迟，炼油污水高浓度系列运行不稳定，低浓度系列改造工作进展缓慢，建成部分设备故障多，运行不稳定；上游装置工艺技术管理及认知不到位，面对汽提净化水出水超标、电脱盐运行不稳定等问题，未能及时有效进行处理，导致排水异常，冲击污水场；炼油污水回用量仍然偏低，废水污染物排放总量难以完成总部目标。

⑶解决建设项目遗留“三同时”问题依然艰难。除热电站资源综合利用项目通过国家环保部项目验收外，仍有 2 个项目未通过环保验收，6 个项目已建成未获得环评批复。千万吨炼油改扩建项目因搬迁和超规模两个问题，工作难度巨大。

⑷危险废物处理难度大，特别是“两高”司法解释出台后，社会资源非常紧张，已陆续收到惠州、茂名等环保部门不批复广州市转移废物的申请，危险废物处理面临极大困难。

（三）职业卫生方面

⑴疑似和禁忌人员病例依然处在高发期。职工防护意识不强，培训工作不到位，部分装置危害因素范围划分和标识不明确，检查考核力度不够。

⑵承包商施工作业人员劳动防护用品配备标准和要求不明确，施工作业人员现场劳动保护用品穿戴的监督管理不到位。

⑶部分单位对年初筛选出来的接苯、噪声临界人员，没有及时采取干预措施，在今年职业健康体检中出现多人不合格，极可能在今后导致新的疑似职业病例。临界人员的筛选介入仍有待改进。

三、2015 年 HSE 工作目标

2015 年 HSE 工作的总体思路：

强化红线意识，落实 HSE 责任制，不断完善安全生产责任体系和风险防范体系，继续以源头管理、基层自主管理和安全专业化管理为抓手，狠抓现场监管和隐患排查治理，夯实 HSE 工作基础，提升管理水平，为完成企业全年目标任务保驾护航。

2015 年 HSE 工作目标：

⑴重大火灾爆炸、重大环境污染、重大公共安全责任事故为零，死亡事故（含承包商）为零，重伤事故（含承包商）为零。

⑵百万工时可记录事件率≤ 1.9，百万工时损失工时事故率≤ 0.38，安全生产事故事件总量同比下降 20%，力争下降 30%。

⑶政府和总部下达的环保指标全面达标。外排工业废水达标率 100%；有控制废气外排达标率 100%；危险废物妥善处理处置率 100%。

⑷环保投诉总量同比下降 20%，力争下降 30%。

⑸从业人员职业健康体检率 100%；作业场所危害因素监测率 100%；职业危害合同告知率

100%；警示标识置率 100%；职业病、疑似及禁忌人员调岗率 100%；临界人员干预率 100%；涉苯疑似职业病例下降 50%；新入厂人员职业健康体检合格率 100%；承包商职业健康体检率 100%；

⑹新建、改扩建工程项目安全、环保、消防、职业卫生“三同时”执行率 100%。完成 100 万吨 / 年催化重整联合装置、150 万吨 / 年催化汽油吸附脱硫装置环保验收，获得 20 万吨 / 年高性能聚丙烯装置扩建项目的环评批复。

⑺集团公司级和分公司级隐患治理项目完成率 100%，输油气管道运行（建设）“安全保护工作同步运行机制”审查合格率 100%；各级应急预案向上级部门和当地政府备案率 100%。

四、2015 年 HSE 工作计划

（一）强化红线意识，落实 HSE 责任制

1. 完善安全生产责任体系和领导干部 HSE 考核机制，增强制度约束力

以新的安全生产法和环境保护法实施为契机，深入贯彻落实集团公司安全生产问责制和环境保护问责制，严格执行职工违纪违规行为处分实施办法，颁布并实施广州石化安全生产、环境事件领导干部问责处分办法，构建安全、环保问责体系，强化安全事故、环境事件管理与考核，增强制度约束力度，提升全体员工尤其是领导干部安全环保红线意识。

2. 推行基层自主管理和安全专业化管理，构建 HSE 立体管理体系

采取颁发 HSE 责任书、“一对一”帮扶、专项督察和 HSE 总监联合检查等形式，突出基层在 HSE 管理中主体作用，加强基层自主管理。按照“管业务必须管安全”要求，由工艺、设备、安全、消防、保卫等各个专业牵头，开展专项检查，定期开展联合检查，使安全专业化管理落到实处。细化分解任务指标，重点指标纳入各单位责任书。制定 HSE 目标完成兑现办法，定期讲评和考核兑现。自上而下形成“事事有人管、人人有责任”的 HSE 立体管理体系。

3. 加强教育培训，提升安全环保意识

以“安全环保是广州石化的生存底线”为教育主题，加大形势任务、企业制度和法律法规宣传教育力度，将遵章守纪、依法治企、守法经营内化于心，并转化为行为准则。及时组织各单位学习企业内外发生的典型案例，吸取经验教训。采取规定动作与自主学习相结合、案例学习和应急演练相结合方式，提升安全学习效果。

4. 从严管理，督促承包商落实安全生产责任

严格执行《承包商安全管理规定》，提高承包商准入门槛，将 HSE 绩效考核与工程量挂钩，增强承包商 HSE 管理主动性。各专业管理部室对 HSE 工作落后承包商开展帮扶工作，定期组织承包商开展联合应急演练，以练促学，提高承包商 HSE 管理水平和为广州石化服务能力。坚持实施承包商黑名单制度，清除业务素质差、安全环保意识淡薄的承包商。

（二）抓好隐患治理，消除现场风险

1. 清除“低、老、坏”，提升现场管理水平

从工艺、设备、现场管理入手，加大各专业检查、通报讲评和考核力度，进一步完善隐患排查治理工作机制，落实相关责任，促使各单位主动清除现场“低、老、坏”现象。同时发挥好安保基金奖励作用，对发现隐患较多或者发现重大隐患的员工予以重奖。

2. 扎实推进隐患治理项目，打好攻坚战

研究和改进隐患分级管理、分级治理机制，加强对隐患项目的立项、设计、物资采购、施工安排、验收等全过程的有效监管，对达不到节点要求的及时兑现考核。开展专项隐患排查回头看活动，对隐患排查整治工作实行闭环管理，不断巩固治理成果。今年重点打好油气输送管道隐患整治 3 年攻坚战暨厂际管道和罐区隐患排查整治攻坚战。

3. 压减动火作业数量，降低施工作业风险

针对 2015 年各类施工项目较多特点，从项目所在单位和承包商两个层面优化项目内容、施工准备（机具及人员）、作业时间、工序及票证办理等工作，提高用火作业效率，降低各类直接作业环节风险。坚持分区集中用火管理模式，做到“可用可不用的火坚决不用、可以不在现场用火的坚决不用”，装置大修要应修尽修，严控装置生产期间施工用火数量。

4. 开展社区生活后勤隐患排查治理活动，

督促改制单位整改安全隐患

加强社区及生活后勤系统电气、消防的隐患排查和整改，避免火灾事故事件发生；全面梳理与改制单位的业务合同及相关协议，明确各方安全责任和义务，加大对改制单位监督检查力度，督促落实整改，消除周边的安全隐患。

（三）稳定生产管理，降低生产风险

1. 深化非计划停工和生产异常管理

加强非计划停工和生产异常考核硬约束，促进装置长周期运行。同时，按照“四不放过”要求，从思想、技术、管理等方面认真分析非计划停工或生产异常发生深层次原因，排查、辨识设备运行及工艺操作过程风险和隐患，制定相应操作预案，指导异常情况下工艺操作，提高装置安稳长运行水平。

2. 严格执行三大纪律，强化工艺管理

严格执行工艺纪律、劳动纪律和操作纪律，落实好日检、周检和月检制度。外操抓巡检、内操抓盯表，通过完善、提高全时程巡检路线和质量，扎实开展“机、电、仪、管、操”“五位一体”联合巡检，提高装置运行可靠性。加强生产操作标准化管理和作业票管理，认真执行工艺卡片和标准操作法，不断夯实工艺管理。

3. 强化生产技术和操作管理，提高紧急处理能力

加强生产技术基础工作，推进技术进步。由专业管理部门牵头，夯实各项培训工作，着重抓好工艺设备技术培训，提升基层管理人员技术能力和操作人员操作水平，杜绝因人员技能操作水平不足而引发事故事件，保障装置安全平稳运行。加强现场演练和企地演练的实效性和系统性，突出应用性演练，着力提高岗位技能和应对突发事件能力。

（四）管好各类设备，夯实工作基础

1. 强化设备日常维护

突出抓好现场运行设备巡查、保养和维护，规范运维。要像抓生产设备管理一样，抓好环保设施维护管理，满足环保要求。深化设备预防性维护和状态监测，结合油种变化和设备运行原理，开展设备故障数据分析，提高设备风险预控能力。深化 TnPM 管理，将“我的设备我维护”劳动竞赛作为提高设备自主维护的重要载体，增强设备运行可靠性。

2. 扎实推进设备隐患综合整治

加强重要装置、关键设备特护管理，确保设备和管线安稳运行。严格实行隐患整改闭环管理，实施重大隐患整改、重要隐患治理挂牌督办和项目承包制。加强设备技术管理，做好防腐监控和联锁完善及整改。加强电气仪表的管理，由专业技术管理部门牵头，积极开展安全完整性等级（SIL）评估工作，落实各装置防雷接地隐患整改，实现电气仪表本质安全。

（五）把好环节关口，确保顺利完成两区大修

1. 把好停工环节关，确保装置安全环保地交出

生产部门要统筹好装置停车安排，确保停车吹扫有序、清洁，为安全大修奠定基础。加强环境影响因素识别，落实控制措施，统筹安排密闭吹扫，做到停工不点火炬，污水有序排放，确保外排污水和废气 100% 达标。同时，做好大修期间对外沟通协调工作，及时将检修情况向周边社区和地方环保部门通报，避免舆情事件。

2. 把好检修质量关，夯实设备基础

运用 RBI 技术，结合以往大修经验，科学规范制定检修计划，做到“应修必修，不失修；修必修好，不过修”。加强对承包商管理，合理调配资源，杜绝赶工期现象，确保施工作业质量。同时，借此次大修之机，落实技术升级措施，提升装置、设备性能，解决困扰生产瓶颈问题，为装置高效运行提供条件。

3. 把好装置开车关，确保“开得起、稳得住”

吸取“5·19”环境事件和“5·25”事故教训，统筹安排大修装置开车工作，做好风险评估，做实做细开车方案。组织开工专家对装置开车工作进行现场指导，确保所有大修装置一次开车成功。

4. 把好大修全过程安全监管关，杜绝安全事故

做好大修全过程风险评估，落实防范措施，确保风险始终可控。组织第三方安全监管专家对大修现场进行监管，构建由分公司安全监管人员、承包商安全管理人员和第三方安全监管专家组成的立体监管网络，提高现场安全管理水平。推行网格化安全管理，大修主管部门、大修所在单位和大修施工单位层层落实安全监管责任和监护责

任，确保大修安全。

（六）严格环保管理，提升管理水平

1. 制定环境事件标准，加大考核力度

将环境事件考核放在更加突出的位置，制定详细可行的环境事件分级管理标准和考核细则。把超标排放、环保预警、排放波动、环保投诉等纳入环境事件管理。对环保问题没有尽到职责的，从严考核，一票否决。发生了环境事件，做到“四不放过”。

2. 加强源头管理，发挥好环保装置和设施效用

注重源头管理和过程管理，环保装置出现波动或预警时，及时调整操作，避免超标排放或对下游装置造成冲击。对重点问题深入开展原因分析和技术攻关，彻底解决困扰环保工作的难点和热点。处于下游的作业部或装置，尤其是贮运部、公用工程部要加强对上游装置的外延式检查、管理和约束，对上游装置不符合工艺要求的操作敢于说“不”。通过严格工艺纪律和精心操作，发挥好环保装置和设施效用。

3. 严格执行环保报告制度

生产波动、施工作业等可能会对环保管理造成影响时，责任单位要及时向相关管理部室以及可能受波及的单位进行通报。停用环保装置和设施必须按程序向安全环保部进行报告和备案。

4. 做好危险废物资源化和减量化工作

通过加强对危险废物产生源头管理，减少危险废物产生总量；加强技术攻关，加大焦化等装置处理危险废物能力；研究厂内资源化处理危险废物的新方法、新途径。根据2014年危险废物的情况，削减各单位危险废物排放指标，尽最大努力减少危险废物出厂。

5. 加大环保项目建设力度，夯实环保工作基础

加快实施“碧水蓝天”重点项目，实行项目负责制，确保项目按要求节点建设投用；加紧推进实施异味治理项目，改善工作场所和周边环境；加快泄漏检测与维修（LDAR）进度，减少无组织排放。

（七）加强职业卫生全过程管理，保障职工健康

1. 落实职业卫生“三同时”

进一步加强新建项目职业卫生“三同时”管理以及隐患项目治理，确保立项、设计、采购、施工、运行各环节现场职业病危害因素达到国家规定限值以下，避免项目建成后再进行职业病危害因素整改，从源头减少工作场所职业病危害因素。

2. 把好新入厂员工体检关

严格执行新入厂人员体检要求，确保新入厂人员职业健康体检合格率100%。

3. 加强临界人员管理

在2014年临界人员筛查和干预工作基础上，进一步研究和改进筛选标准，扩大筛选范围，更加精准地确定临界人员。落实离岗休养、调岗等临界人员干预措施，避免临界人员发展成疑似职业病例或者禁忌症人员。

4. 扎实整改职业卫生隐患，保护职工健康

加强对噪声、苯系物、粉尘等比较突出的职业危害因素监测，规范各操作室新风系统等职业卫生设施管理，及时发现和整改存在问题，改善工作环境，降低职业健康风险。

5. 加强过程防护管理，管好用好防护用品

定期对操作人员、劳务工职业卫生劳动防护管理情况进行专项检查，督促各责任单位管好用好防护用品。与工会等有关单位联合开展职业病防治宣传周、职业病防治专题讲座等活动，提高职工防护意识，引导职工自觉穿戴劳保用品。

（八）落实法律法规要求，力争“三同时”取得突破

1.“三同时”不欠新账

严格执行国家和地方的法律法规，把好项目立项关，严格执行项目建设HSE“三同时”制度，杜绝未批先建；项目建设过程中，生产部门要着手做好试生产方案的相关工作，避免未批先试；试生产后，消防、安全、环保等各专业要积极推动相关专业验收，促进项目整体验收，避免久试未验。

2. 清理旧账争取突破

开拓思路，研究实施可行的清理“三同时”旧账的新办法和新途径。加快安全环保升级改造进度，树立绿色低碳企业安全环保新形象。同时，发动各类资源，以我为主，积极争取集团公司和各级政府部门支持与谅解，为解决“三同时”旧账创造良好的环境。

表 4　　**2014 年集团公司级安全隐患治理项目**

序号	项目名称	项目所在单位	计划投资／万元	要求完成时间	完成情况
1	炼油区氮气系统隐患治理	生产调度部	285	2014 年 12 月 30 日	完成
2	6 号罐区紧急注水系统隐患整改	贮运部	165	2014 年 12 月 30 日	完成
3	应急指挥中心视频集成及功能完善	安全环保部	208	2014 年 12 月 30 日	正在施工，预计 2015 年 5 月 30 日前可完成
4	炼油一部装置消防隐患治理	炼油一部	354	2014 年 12 月 30 日	完成
5	炼油装置空冷钢结构防火涂料安全隐患整改	机械动力部	739	2014 年 12 月 30 日	完成
6	炼油中区电缆沟隐患治理	动力事业部	192	2014 年 12 月 30 日	完成
7	6 号罐区机泵运行监控隐患治理	贮运部	169	2014 年 12 月 30 日	完成
8	炼油区防雷接地隐患治理	动力事业部	899	2014 年 12 月 30 日	除 PP2 装置外，火炬、脱硫二、动力一站、制氢装置已完成地网施工，预计 PP2 装置到 2015 年 1 月 20 日前可完成；灯塔由于订货原因，预计 2015 年 3 月完成
9	炼油区罐区弱电防雷隐患治理（三期）	仪控中心	226	2014 年 12 月 30 日	完成
10	两区管线沿途增设消防设施	消防支队	123	2015 年 4 月 30 日	完成
11	化工二部钢结构增加防火涂料	化工二部	234	2015 年 7 月 30 日	2014 年 12 月 15 日进场施工，预计 2015 年 2 月 15 日前完成
12	化工高压变及主变火灾报警隐患治理	动力事业部	359	2015 年 7 月 30 日	材料已经报物供中心采购，施工单位正在招标，计划 2015 年 6 月 30 日前完成
13	6 号、10 号罐区增设二次脱水系统（一期）	贮运部	693.94	2015 年 9 月 30 日	2014 年 12 月 17 日完成初步设计，相关单位已开始审核电子版施工图
14	19 号凝液罐进出口线隐患治理	贮运部	126	2015 年 9 月 30 日	完成
15	HSE 管理系统配套设施完善	安全环保部	90	2015 年 9 月 30 日	完成
16	火车装油台、焦化区域加装工业电视（一）	贮运部	120	2015 年 9 月 30 日	2014 年 12 月 17 日完成初步设计，相关单位已开始审核电子版施工图
17	贮运东二区 PLC 系统隐患治理项目（一）	贮运部	250	2015 年 9 月 30 日	正在设计，计划 2015 年 1 月 15 日前完成设计
18	化工至炼油管线建筑物拆除和树木清除	化工一部	500	2014 年 12 月 30 日	完成
19	两区管线增设应急设施	化工一部	170	2014 年 12 月 30 日	完成
20	检验中心实验室通风系统尾气吸收改造	检验中心	232.5	2015 年 9 月 30 日	正在设计，预计 2015 年 9 月底完工
21	两区管廊管线取证	化工一部	286	2014 年 12 月 30 日	完成
22	化工区装置互供压力管道取证	化工一部	752	2014 年 12 月 30 日	完成
23	收转罐区埋地管线隐患治理	贮运部	250	2014 年 12 月 30 日	正在施工，预计 2015 年 6 月完成
24	厂外管线增设应急设施	贮运部	432	2014 年 12 月 30 日	完成

表 5 **2014 年环保隐患治理项目实施情况**

序号	项目名称	投资/万元	计划完成时间	实际进展	项目管理团队
1	蜡油催化烟气脱硫除尘脱硝改造项目	11460	2014 年 11 月 30 日	11 月 30 日预中交，12 月 10 日脱硫单元调试投用，脱硝单元正在调试	项目组组长：夏建波 项目组副组长：刘 琤
2	热电站 CFB 锅炉烟气脱硫脱硝改造	3811	2014 年 6 月 25 日	5 月 30 日中交，已投用	项目组组长：夏建波 项目组副组长：欧阳喜龙
3	热电站 3 号 4 号煤粉炉烟气脱硫脱硝改造	10464	3 号煤粉炉计划 2014 年 7 月 30 日投用；4 号煤粉炉计划 2014 年 11 月 30 日投用	3 号炉 8 月 20 日中交，8 月 23 日投脱硫设施，8 月 30 日投用脱硝设施，运行正常。4 号炉 11 月 30 日中交，运行正常	项目组组长：夏建波 项目组副组长：欧阳喜龙
4	污染源在线监控项目（一期）	1859	2014 年 12 月 30 日	广州石化污染源在线监测（一期）炼油四部部分，正在编制施工方案等前期准备工作；广州石化污染源在线监测（一期）—其他项目，正在进行废水排口和水质自动采样器土建施工。项目预计 2015 年 4 月 30 日完成	项目组组长：夏建波 项目组副组长：黎仕克
5	主要外排口在线监测系统建设(一期)	100	2014 年 12 月 30 日	分别在 10 月 17 日、20 日更换西排口、珠江排放口 COD 在线分析仪。10 月 22 日 ~ 28 日更换西排口流量计；10 月 28 日 ~ 11 月 3 日更换珠排口流量计。项目于 11 月 19 日中交	项目组组长：蒋利军 项目组副组长：黎仕克
6	重油催化裂化装置烟气脱硫污水 PTU 扩能改造	652	2014 年 12 月 30 日	暂缓实施。拟将重催废水作为半干法脱硫喷淋水，需增设过滤器去除废水中悬浮物，避免堵塞脱硫系统喷淋头	项目组组长：夏建波 项目组副组长：彭永强
7	厂界噪声治理	600	2014 年 12 月 30 日	12 月 30 日中交并投用	项目组组长：蒋利军 项目组副组长：彭永强 刘永聪
8	污水汽提二容 201 增加油气收集系统	520	2014 年 12 月 30 日	污水汽提二污水罐废气治理项目已完成 D−201 废气治理改造，12 月 24 日“三查四定”，12 月 30 日中交，D−202 待 D−201 投用后才能交出改造 汽提三污水罐废气治理改造于 12 月 30 日投用 3000 罐增加废气治理项目与罐组大修同步施工	项目组组长：夏建波 项目组副组长：彭永强
9	实施挥发性有机物泄漏检测与维修（LDAR）	300	2014 年 12 月 30 日	完成	项目组组长：蒋利军 项目组副组长：王沛滋
10	煤场排水系统改造	400	2014 年 12 月 30 日	项目分 2 个标段实施，第一标段（主要为土建内容）于 12 月 30 日中交	项目组组长：夏建波 项目组副组长：欧阳喜龙

（续表）

序号	项目名称	投资／万元	计划完成时间	实际进展	项目管理团队
11	水体环境风险防控措施项目	7990	2013年5月底／2014年12月31日	化工区北池、炼油区南池工程于2013年4月28日中交投用。2014年6月27日启动化工区南池、中转池及炼油区原油罐区及甲变内容的施工，预计2015年春节前完成化工区南池、中转池的建设内容	项目组组长：夏建波 项目组副组长：黄六生
12	炼油污水污污分治工程	16251	低浓度系列于2014年12月30日完成	2014年12月5日氧化沟改造中交，高浓度流程全部完善，正在调试	项目组组长：夏建波 项目组副组长：黄六生
13	3号污油罐区罐顶气废气治理	883	2013年12月30日	2014年2月28日主体装置中交，12月31日8个污油储罐罐顶氮封改造完成。G301～307完成氮封改造并投用。G308正在清罐预计2015年2月完成大修和改造	项目组组长：夏建波 项目组副组长：刘永聪

生产管理

◇ 生产调度

◇ 设备综合管理

◇ 安全环保管理

生产调度

【概况】 2014年，公司生产管理围绕“带队伍、转作风、强素质、提管理”要求，结合年初制定的工作目标和工作思路，对标先进、查找差距、制定对策，加强现场工艺技术管理和非计划停工管理考核，细化装置长周期安全生产运行方案，装置长周期运行水平得到提升，其中炼油专业蒸馏一、催化一、重整二、加氢改质、焦化汽油加氢、焦化二6套装置实现长周期运行；强化生产装置运行管理，针对调度、技术、质量、计量、节能、动力水务等专业开展日常工作，较好完成全年生产任务。全年累计加工原油1261.2万吨，比上年增加7.65%，生产乙烯22.21万吨，比上年减少1.29%。炼油专业全年累计石油产品综合商品率96.2%，比上年提高0.4%，炼油综合能耗56.46千克标油/吨，比上年下降2.25%，原油加工损失率0.39%、原油贮运损失率0.12%，均达到年度指标奋斗值，其中炼油综合能耗、石油产品综合商品率均创历史最好纪录；化工专业全年生产聚乙烯树脂21.58万吨、聚丙烯树脂21.56万吨、苯乙烯9.73万吨，累计高附加值产品收率61.87%、当量乙烯收率57.59%，两项指标在总部排名第一；损失率0.36%。炼油专业21套装置参加总部同类装置达标竞赛，焦化三装置在36套同类装置竞赛中排名第二、焦化二装置排名第三；加氢裂化装置在20套同类装置竞赛中排名第二；柴油改质加氢装置在52套同类装置竞赛中排名第五、加氢三装置排名第十。炼油专业在总部32家单位“比学赶帮超”竞赛活动中，整体排名第二。

2014年2月19日，广东省节能监察中心专家组评定广州石化2013年实际节能等级为优秀 （黄敏清 摄）

坚持石化股份公司“质量永远领先一步”质量方针，坚持“质优量足，客户满意”质量目标和质量管理办法，积极组织质量攻关和技术创新，全面提升质量水平和质量效益。7月1日完成车用汽油国Ⅳ标准向国Ⅴ标准升级工作，成功生产国Ⅴ标准98号汽油。产品出厂合格率100%，主要产品一次进罐合格率96.8%，炼油各装置馏出口合格率达到98.7%，超过98.6%年度力争目标，化工各装置馏出口合格率99.8%，达到年度力争目标，聚乙烯产品优一级品率99.5%，较上年上升4%；聚丙烯产品优一级品率99.7%，比上年上升1%；苯乙烯优一级品率100%，超过99%的年度力争目标，各级质检部门抽检合格率100%。

进一步强化现场节能减排管理，挖掘装置节能潜力，较好完成节能指标任务。万元产值综合能耗累计0.42吨标煤，完成总部0.44吨标煤考核目标；节能量累计2.84万吨标煤，为年度计划的173%；以节水为核心，分质优化生产用水，减少排污；加强回用污水管理，落实污水来水监控措施，实现污水外排合格率100%；积极推进污污分治、水体防控项目，做好公司水平衡测试。

通过完善基础设施，提高计量管理水平，实现连续17年“三聚”产品定量包装计量零投诉，计量准确率100%、计量器具溯源率100%。

（闫　敏）

【原油加工量创新高】 2014年，加强原油跟踪，优化原油输送和加工方案，消除原油劣质化给生产带来的影响，较好完成炼油加工任务，全年加工原油1261.2万吨，比上年同期增长7.65%。

（闫　敏）

【多项技术经济指标再上新台阶】 2014年，多项技术经济指标再上新台阶，其中炼油专业2014年综合商品率为96.2%，比上年增加0.4%；高附加值产品收率81.95%，比上年增加0.05%；综合能耗56.46千克标油/吨，比上年降低1.3千克标油/吨，达到历史最好水平。化工专业乙烯高附加值产品收率61.87%，比上年增长0.09%，保持总部第一。

（胡 斌 闫 敏）

【21套装置参加总部达标竞赛】 2014年，炼油专业21套装置参加总部达标竞赛，其中焦化三装置在36套同类装置竞赛中排名第二、焦化二装置排名第三；加氢裂化装置在20套同类装置竞赛中排名第二；柴油改质加氢装置在52套同类装置竞赛中排名第五、加氢三装置排名第十。

（胡 斌 闫 敏）

【28套装置实现长周期运行】 2014年，公司加强现场工艺技术管理和非计划停工管理考核，统筹装置长周期安全生产运行方案，装置长周期运行水平得到提升，蒸馏一、轻催等28套装置实现长周期运行。

（胡 斌 闫 敏）

【超额完成节能目标】 2014年2月19日，广东省经济和信息化委员会对省直接监管企业进行2013年度节能目标责任评价考核现场核查，确认广州分公司2013年完成节能量2.84万吨标煤，完成年度节能目标的173%，超额完成年度节能指标，考核等级为优秀。

（陈莉茵）

【原油首末站成功采用流量计交接】 2013年4月9日，公司长输管线原油末站质量流量计项目完工试运行，经过10个月试运行的数据收集、比对，对计量准确度的影响因素排查、分析、整改，达到原油流量计计量交接条件。 2014年2月28日6时起，首末站交接计量以末站质量流量计计量数据为准，解决了油罐交接计量准确性受人工计量和采样代表性差、油种混输影响的难题，原油计量准确性大幅提高，成为行业内质量流量计作为原油计量交接的首次成功案例，具较大推广价值。

（赵 晶）

【计量器具纳入强制检定管理】 2014年4月底，黄埔区质量监督局书面要求所有排放点纳入政府强制检定管理范围。经排查，公司有排放气点9个、排放水点2个，按照要求进行强制检定和校准，所有排放点的计量器具都纳入器具A类管理进行周期检定，并在公司进出厂台账中体现。排放点进行监管后，可以更好地监测公司排放量，接受政府监督，达到控制排放目的。

（赵 晶）

【建立动力保供应急联动机制】 2014年5月12日，碧山站母联操作导致广州分公司产生11.09万千瓦穿越电量，造成公司最大需量达到129888千瓦，超过108600千瓦合同最大需量约定值。为此，公司与广州市供电

2014年2月27日，广州市质量技术监督局局长梁建清（前右二）到广州石化调研 （黄敏清 摄）

局协商，并签订《重要客户停电期间风险应对联动机制》，建立电力保供应急联动机制，有效保障公司动力供应稳定和各生产装置安全。

（朱春胜）

【质量管理水平持续改进】2014年7月1日，公司根据广东省政府油品质量升级要求，完成车用汽油国Ⅳ标准向国Ⅴ标准升级工作，成功生产出国Ⅴ标准的98号汽油。制定执行严于国家标准的公司内控质量指标，产品出厂合格率100%，产品各级抽检合格率100%，质量投诉处理平均时间≤7天，低于总部平均12天的处理时间。完成化工事业部下达的年度质量控制指标，聚乙烯优一级品率99.5%，超过98%的目标值；聚丙烯优一级品率99.7%，达到99.7%的目标值；苯乙烯优一级品率100%，超过99%的目标值。

（黄惠萍）

【化工专业完成年度各项指标】2014年，化工专业各装置保持满负荷生产，累计生产乙烯22.21万吨，比上年下降1.29%；生产聚乙烯树脂21.58万吨，比上年减产0.63万吨；聚丙烯树脂21.56万吨，比上年减产0.62万吨；苯乙烯9.73万吨，比上年增产0.50万吨，各项技术经济指标累计值均达到年度确保指标。

（王　越）

【芳烃装置根据市场灵活开停系统】2014年，公司根据产品市场需求情况，优化炼油、化工两区装置生产，统筹安排芳烃装置生产，以效益最大化原则调整甲苯塔开停工时间。2月停用甲苯塔，将“甲苯+混合二甲苯”产品送至炼油区进行汽油勾兑，减少公用工程消耗。根据市场需求，5月5日重启甲苯塔，10月27日停开甲苯塔。

（王　越）

2014年5月5日，2013年度碳排放核查小组到广州石化进行节能减排碳排放数据核查（冯伟锋 摄）

【小指标促节能降耗】2014年2月开始，生产调度部结合生产实际，针对重点效益产品制定小指标奖惩，进一步发挥技术人员及岗位人员的积极性，提高操作水平。如裂解装置弱碱段浓度设计在1.5%～2.5%，为减少新鲜碱用量，将浓度指标按0.8%～1.5%控制，通过竞赛活动，弱碱浓度由2%～2.5%下降到0.8%～1.5%，全年减少采购碱量794吨，节省费用约75万元。

（王　越）

【技术攻关提升丁二烯回收率】2014年，针对广州分公司丁二烯回收率年平均数值为85%，在总部各企业中排名靠后情况，公司组织相关部门进行丁二烯回收率提升技术攻关，通过精心操作，降低丁二烯在萃取、精馏系统的损失以及调整分析方法等办法，至年底丁二烯回收率由原来的86.19%提高到91.3%。

（王　越）

【回收物料增效益】针对2014年5月聚丙烯一装置停车消缺过程中系统倒空所产生的剩余丙烯回收、减少损失和污染等问题，生产调度部组织专题讨论，确定采用非常规流程、反向操作方案，将装置停车倒空所产生的丙烯送到化工一部的分离球罐。经统筹安排制定实施方案和事故防范措施，全面分析评估方案的可行性及操作安全性，完成对输送管线进行检查测厚、置换、气密等工作，化工一部、化工二部组织落实，安全稳妥完成该装置停车期间丙烯回收任务。此次回收丙烯17.5吨，挽回经济损失17万元，并保证装置停车置换无污染排放。

（王 越）

2014年8月6日，集团公司副总工程师王子宗（前排右二）到广州石化调研 （曾文勇 摄）

【QC活动成果显著】 2014年，公司QC活动原则是把好注册关、活动关、形成成果关，以点带面培养骨干。①选派炼油一部等11个单位的骨干33人次分别于3月14日、3月21日、3月28日参加广州市质量协会举办的质量管理小组活动，主要掌握在质量管理小组活动中的程序和要点、质量管理统计方法的应用等。②组织炼油二部等4个单位共12人参加黄埔区质监局6月12日举办的质量管理知识、QC小组活动培训班。③组织炼油一部等4个单位6人参加11月13～15日广州市质量协会举办的QC诊断师培训及取证工作。公司从QC立项项目现状分析和目标制定等过程直接参与审核，检查QC小组活动开展情况并给予指导。年内公司注册QC小组185个，各小组围绕质量优化、质量改进、节能节气、环保、降本创效和提升质量水平等工作开展活动。有公司级QC活动成果60份（见表2），其中炼油24个、化工14个、动力5个、检验6个、仪控6个、公用工程等其他5个；10月30日，组织评审出优秀成果一等奖10名，二等奖20名，三等奖30名。1个成果获石化股份公司优秀QC成果奖一等奖，4个成果获二等奖（见表1）。广州分公司获黄埔区第2届QC小组发布赛QC小组单位组织奖。

（王安萍）

表1 **2014年公司获石化股份公司优秀QC成果奖一览表**

序号	单位名称	QC小组名称	QC课题名称	发表人	获奖等级
1	炼油二部	重整工艺QC小组	提高重整拔头油达标率	薛 炼	一等奖
2	化工二部	PP（1）四班QC小组	提高装置的生产负荷	李高春	二等奖
3	化工一部	压缩现场QC小组	降低丙烯机蒸汽消耗量	王 军	二等奖
4	炼油一部	加氢工艺QC小组	提高加氢柴油总硫合格率	孙宜彬	二等奖
5	炼油二部	炼油二部脱硫四班QC小组	降低液化气脱硫醇后总硫含量	黄仁佳	二等奖

2014 年 10 月 23 日，炼油事业部副主任陈尧焕一行到广州石化调研
（陈水冰 摄）

【原油储运损失率比总部指标低 0.031%】 2014 年，公司通过加强原油卸船监督管理，对每船次进厂油轮计量数据确认、每船的罐收量与提单量对比，分析每船原油损耗原因，利用便携式密度仪和原油采样器采样分析结果进行对比，解决原油采样器采样代表性差的难题，提高原油计量准确率，有效控制原油储运损失，全年原油储运损失率为 0.124%，比总部指标 0.155% 低 0.031%，完成公司确保值和力争值。

（赵　晶）

【大流量标准装置改造项目实施】 2014 年，公司投资 300 多万元对大流量标准装置进行升级改造，原流量检定标准装置建立于 1989 年，包括 1 套油流量检定装置和 1 套水流量检定装置，已无法满足准确度和流量范围要求。改造后标准装置的准确度由 0.05% 提高到 0.03%，最大流量由 600 立方米／时提高到 1200 立方米／时，管径达到 DN300，为年内国内最高精度等级的流量标定装置。该项目于 2014 年 9 月 18 日动工，年底完工，具备中交条件。项目投用后，公司检定校准能力将大幅提高，确保进出厂计量准确。

（赵　晶）

【石化码头 2 个计量项目完工中交】 2014 年，公司更新石化码头 2 号汽油表，由 CMF400 型更新为 HC3 型质量流量计，原 2 号 CMF400 流量计利旧用于 MTBE（甲基叔丁基醚）卸船进厂，位号定为 8 号。2 号汽油表更新改造，有利于提升码头汽油出厂速度和效率，解决 MTBE 卸船无监督表的问题。该项目 5 月 25 日现场交底，年底完工中交。

（赵　晶）

【计量管理信息系统通过验收】 2012 年 2 月 1 日，公司计量管理信息系统项目启动，2013 年 12 月 17 日项目上线试运行，2014 年 11 月 19 日，受总部委托，公司信息管理中心组织对该项目进行验收，经测评，专家组同意验收。该系统集计量体系管理、计量人员管理、计量器具配备管理、测量过程管理、计量器具管理、计量数据管理、计量标准管理、综合展示于一体。该系统投用后，重点提升计量器具和数据部分核心业务管理水平，扩展计量体系管理的测量过程管理要求，计量数据与 MES 及 IC 卡系统直接接口相连，实现进出厂计量数据直接在系统上生成计量单确认后传递到 MES。计量器具管理实现可以与器具、台账、检定结果及装置配备关联的功能，实现数据资源共享。

（赵　晶）

【石化码头石脑油装卸船分开计量】 公司位于黄埔的石化码头石脑油装卸船新增流量计于 2013 年 1 月 27 日正式投用，通过石脑油装、卸船流量计数据监督、分析，发现装船与卸船业务交叉影响石脑油计量的准确性。2014 年 3 月 1 日开始，公司尝试调整进出厂计划安排，将石脑油装卸船分开进行，减少产品装卸船计量互相干扰，2014 年底，明确东码头 1 号表用于石脑油装船，西码头 14 号表用于石脑油卸船，确保石脑油进出厂计量准确。

（徐志芹）

【合同能源管理】 2014 年 7 月，按照总部要求，公司发布《广州石化合同能源管理项目实施办法（试行）》，规范合同能源管理项目实施。经半年的技术与商务谈判，11月，公司首次与3家节能服务公司签订“电机能效提升节能改造项目”“动力事业部电机系统节能增效项目”“第四、五循环水系统整体优化项目”3个项目的合同，标志公司合同能源管理项目正式启动实施。

（陈莉茵）

【继续做好热供料工作】 2014年，公司继续做好装置热供料互供工作，完善装置热供料互供预案，避免装置操作波动，对上下游热供料装置，最大值提高原料互供温度，保证炼油区直（热）供料比例在88%以上，全年炼油装置间热进出料热量累计4.35万吨标油，折算降低炼油综合能耗3.34千克标油／吨。是年，公司炼油单因能耗在集团公司千万吨级炼化企业排名第2位。

（陈莉茵）

【蒸汽用能指标创历年最优】 2014年，公司4.0兆帕蒸汽计量管损率累计3.54%，同比下降2.69%，折4.0兆帕蒸汽量减少损耗11.42万吨；1.0兆帕蒸汽计量管损率累计13.06%，同比下降0.81%，折1.0兆帕蒸汽量减少损耗1.63万吨；炼油专业蒸汽单耗同比下降1.3千克标油／吨，按原油加工量折算，减少消耗4.0兆帕蒸汽量19.26万吨；化工专业蒸汽单耗同比下降7.22千克标油／吨，按化工产品量折算，减少消耗4.0兆帕蒸汽量9.45万吨。

（陈莉茵）

【淘汰高耗低效电机】 按广东省电机能效提升（2013～2015年）工作实施方案中在用低效电机淘汰路线图，2014年11月，公司与南方电网综合能源有限公司采用合同能源管理模式，共同推动电机能效提升，计划2015年前完成更新淘汰电机103台，总功率4100.35千瓦。

（陈莉茵）

【节能评估】 根据中国石化建设项目“三同时”管理规定要求，2014年7月起对公司新建、改造、扩建等固定资产投资项目执行节能评估和审查制度，全年完成裂解炉B1110B改造、裂解炉B1110D改造、轻质油铁路装车系统隐患治理、石化北路扩建迁改项目、炼油清污分流项目（一期）、混合碳四分离及综合利用6个项目的节能评估及备案工作。

（陈莉茵）

【碳盘查工作】 ① 2014年5月5日，广东省发展和改革委员会委派第三方核查机构对广州分公司2013年碳排放数据量进行核对及现场取证，确认广州分公司2013年温室气体排放量比广东省发展和改革委员会下达的配额减少2.6万吨二氧化碳当量，节省碳排放成本150多万元。② 2014年1月28日，广州分公司完成集团公司《2013年温室气体盘查清册及报告》，2月15日，集团公司委托第三方核查机构SGS通标标准技术服务有限公司对广州分公司2013年温室气体排放量进行核查。12月26日，完成中国石化碳资产管理信息系统模块建立和对接工作。

（陈莉茵）

表3 **2014年完成石化股份公司指标情况**

项目（单位）	炼油综合能耗	裂解高附能耗	蒸汽消耗（内部考核口径）		加热炉热效率
			炼油专业	化工专业	
	千克标油／吨	千克标油／吨	千克标油／吨	千克标油／吨	%
指标值	≤ 57.2	≤ 350	≤ 9.5	≤ 98	≥ 91.30
实际完成	56.74	354.77	8.53	80.85	91.75
项目（单位）	供电标煤耗／克·（千瓦·时）$^{-1}$		供热标煤耗／千克·吉焦$^{-1}$		控制全年放火炬时间／小时
	动力一站	动力二站	动力一站	动力二站	
指标值	≤ 332.01	≤ 383.83	≤ 38.12	≤ 38.14	≤ 50
实际完成	329.64	381.61	37.62	37.56	2.28

（陈莉茵）

【CFB炉掺烧三泥焦】 2014年，为实现公司油泥、罐底泥、浮渣“三泥”厂内消化，避免“三泥”出厂造成环境污染，生产调度部统筹协调清罐底泥、沥青渣油、丁二烯废焦油，送“三泥”搅拌装置加工成三泥焦至自备热电站CFB炉掺烧。全年CFB炉掺烧三泥焦48758吨（实际处理油泥2115.37吨，丁二烯废焦油50.85吨，沥青渣油503.97吨），掺烧比例10.71%，有效降低动力成本。

（朱春胜）

【水务专业竞赛指标明显提升】 2014年，公司11项水务专业竞赛指标的横向和纵向指标达标率分别为63.6%和63.6%。供水单位现操、化学水标准离子水耗、污水单位电耗和污水处理单位现操比上年分别提升3.95%、27.3%、20.3%和9.63%(见表4)。10月19～22日，集团公司水务专业现场考评组第七组来广州石化进行年度水务专业现场考评，考评组查出二循A供水管两条线无计量、高浓度系列二级浮选出水油含量超工艺卡片等问题15项、书面提出技术开发部分析的循环水全分析与监测指标应当纳入LIMS等建议12项、现场口头提出问题或建议14项，到2014年底，完成整改37项，整改率90.2%。

（许　斌）

表4　**2014年广州分公司水务专业竞赛指标完成情况**

项目	新鲜水			循环水			化学水		污水		
	供水单位电耗	供水自用损失率	供水单位现金操作费用	循环水单位电耗	循环水标准补新水率	循环水单位现金操作费用	化学水标准离子水耗	化学水单位现金操作费用	污水处理单位电耗	外排污水达标率	污水处理单位现金操作费用
计量单位	(千瓦·时)/(千立方米·米)	%	元/立方米	(千瓦·时)/(千立方米·米)	‰	元/立方米	立方米/千摩尔	元/立方米	(千瓦·时)/立方米	%	元/千污染当量
横向指标	5.04	8.00	0.70	4.42	11.07	0.16	20.00	2.55	1.13	99.80	2190.77
纵向指标	5.37	5.47	0.76	4.90	10.24	0.15	41.21	2.51	1.18	100	2055.45
2014年	5.43	6.43	0.73	4.97	10.51	0.15	29.97	2.46	0.94	100	1857

（许　斌）

【无磷缓蚀阻垢剂在循环水应用通过公司技术评定】 2013年9月起，公司在动力一站和PP2循环水系统开展为期6个月的无磷缓蚀阻垢水处理技术工业应用试验，结果显示：动力一站循环水平均腐蚀率0.024毫米/年、粘附速度8.08毫克/(平方厘米·月)，聚丙烯二循环水平均腐蚀率0.038毫米/年、粘附速度9.41毫克/(平方厘米·月)，日常水质分析数据和水质监测数据均达到石化股份公司工业水管理办法要求，循环水中磷含量达到广东省DB44/26-2001第二时段二级排放标准。该技术属于环保型循环水处理技术，具有进一步推广应用价值，2014年5月16日通过公司技术评定，转入正常生产应用。

（许　斌）

设备综合管理

【概况】 机械动力部是广州石化机械动力设备的管理部门，下设综合管理室、设备管理室、动力室和设备监控室，主要职责是负责机械、动力、仪表、防腐、土建、检维修计划、固定资产等设备技术管理和业务领导，其前身是成立于1977年12月27日的广州石油化工机械动力科。2014年底，共有职工66人，其中教授级高级专业技术职称1人，高级专业技术职称30人，中级专业技术职称25人。

2014年，公司加强设备预防维护及隐患排查治理，全面开展“我的设备我维护”劳动竞赛活动，强化设备腐蚀管理，确保装置安稳长满优运行，炼油Ⅰ系列及化工区长周期运行水平在总部“四年一修”试点单位中处于领先水平。完成全年设备经济技术指标：设备完好率99.97%，≥99%，主要设备完好率99.78%，≥99%，电力系统继电保护动作准确率100%，≥99.8%；仪表完好率99.97%，≥98%，自控率99.48%，≥92%，使用率99.90%，≥98%。按年初确定的KPI（Key Performance Indicator，关键业绩指标）设备考核指标，落实作业部、专业中心完成情况，评选出炼油一部蒸馏一装置、炼油四部加氢精制三装置等6个TnPM（Total normalized productive maintenance，全面规范化生产维护）管理先进单位，评出伍力、何永光等16名TnPM管理先进个人；董雪林获第六届全国设备优秀工作者及广州石化突出贡献专家称号。

（杨晓芳）

【完成8套装置检修消缺工作】 2014年1月起，公司先后完成连续重整二、6.5万制氢、丁二烯抽提、聚乙烯、聚丙烯一、聚丙烯二、聚苯乙烯、电站煤粉锅炉等装置检修、消缺任务，解决1498项隐患问题；完成仪表系统电源配置情况的普查、整改，提高控制系统电源可靠性。

（刘志就 李月利）

【设备隐患排查治理及技术攻关】 2014年，公司设备隐患排查治理项目127项，其中A类项目8项，年底完成治理97项。全面检查和治理厂外管道、厂属码头、海军码头和黄埔电厂等区域安全隐患，完成金属修补61个点，涂料防腐施工2万平方米，保温整治施工2600平方米。开展“最不放心机泵管理”工作，筛选出公司、作业部、装置3个层面最不放心机泵，进行技术攻关，全年完成炼油区16台、化工区27台机泵攻关。

（李月利）

【关键机组无非计划停机】 2014年，公司通过加强日常维护保养和巡检工作，抓关键机组长周期运行攻关，落实机组特护工作，有效解决裂解装置裂解气压缩机间歇振动、蜡油催化裂化装置烟机结垢频繁切除处理等问题，关键机组安全运行周期提高，全年A类机组无非计划停机。

（刘志就）

【编制发布设备标准规范化管理文件】 2014年，公司编制并发布系列设备标准规范化管

2014年3月6日，机械动力部、仪控中心、厂家到14万制硫装置，联合对ESD系统故障进行分析、诊断 （刘志军 摄）

2014 年 3 月 21 日，机械动力部组织在焦化三装置焦炭塔底盖机故障 B 级应急抢修演练（江鉴洲 摄）

理文件。4 月 22 日发布《广州石化现场仪表设备防雷接地指引》；6 月 17 日发布《2015 年大修计划编制指南》；7 月 16 日发布《广州石化生产过程报警系统（仪）报警管理办法》；10 月 13 日发布《管束采购技术协议模板》；10 月 22 日发布《集散控制系统设计审查购置要求及验收技术通则（试行）》；12 月 10 日发布《广州分公司电气技术导则(试行)》。

（杨晓芳）

【开展加热炉标准化管理】 2014 年，公司建立加热炉运行月报，及时分析加热炉运行状况，规范加热炉技术分析，提升加热炉操作运行水平；每月组织对加热炉运行状况检查评比，实行月度会通报，有效促进加热炉现场面貌改善和运行效率提高。是年，裂解炉热效率 93.92%，达历史最好水平。

（杨晓芳）

【建立重点装置腐蚀卡片】 针对公司加工原油性质及装置设备腐蚀问题，技术人员曾彦华、刘新阳等创造性建立重点装置腐蚀卡片，自 2014 年 1 月 1 日起在炼油区蒸馏、加氢、催化、重整、焦化五大类重点装置实施，加强对设备腐蚀的预控力度。

（曾彦华）

【完成 7 套装置泄漏检测与维修】 2014 年 8 月，公司完成 LDAR（泄漏检测与维修）第二期相关工作，包括常减压蒸馏三、芳烃抽提一、芳烃抽提二、苯乙烯、气体分馏三、连续重整二和加氢裂化 7 套装置数据整理、现场挂牌、现场检测、泄漏修复等工作，挂牌 11969 块，检测总点数 30887 个，其中泄漏点超标数 256 个，泄漏率 0.83%。成功修复点数 201 个，修复率 78.5%；未修复点 55 个，根据广东省环保厅 LDAR 技术规程要求纳入延迟修复计划。

（曾彦华）

【设备改造创效 1950 万元】 2014 年，全年设备改造节能 3900 万千瓦·时，共创造效益 1950 万元。① 1 月，连续重整二装置加热炉节能改造，排烟温度下降 40℃，蒸汽产量增加 3 吨／时。② 3 月，完成连续重整二装置再生循环往复压缩机 C301 等 7 台机泵节能改造。

2014 年 3 月 25 日，广州设备管理协会 2014 年年会暨设备管理交流会在广州石化召开（江鉴洲 摄）

③ 4月，乙烯裂解装置乙烯外送泵G3101S进行叶轮流道扩充改造，满足单泵输送乙烯能力。④ 6月，裂解炉F炉风机实施永磁改造。⑤全年采用节能灯具600套，组织装置设备保温检测排查，重点治理保温保冷失效的管线和设备，修复保温管线1300米，设备56台，保温破损2100处。

（刘志就 陈美才）

2014年4月1日，公司召开专题会议，部署设备管理自查自纠工作

（江鉴洲 摄）

【仪表系统问题减少2%】 2014年，公司继续加强仪表设备防水、防潮、防雷“三防”检查工作。全年检查仪表回路13018个，复查4438个，查出问题1800项，完成整改1792项，全年仪表系统故障率减少2%。

（陈美才）

【设备新技术应用管理】 2014年4月，公司在150万吨/年催化汽油吸附脱硫装置成功研制应用高通量滤芯，在同一运行周期内比原使用过滤器运行负荷高，压差与投用初期无变化，提高设备的可靠性；3月对裂解装置脱丙烷塔脱硫泵（G1515A/S）、7月对汽油加氢装置第二级急冷泵（G1740A/S）进行改造，由普通机械密封改为干气密封，改造后由原来每年3～4次检修变为2014年全年无检修；截至5月，组织完成裂解炉高压蒸汽阀FV1173A-G的技术攻关，阀门检修由原来3个月一修延长到14个月一修，延长阀门的使用周期，减少检修次数。

（杨晓芳）

2014年5月6日，公司召开设备管理人员座谈会，进一步加强设备队伍建设，提升管理水平 （钟勇浜 摄）

【RBI技术应用】 2014年，公司对化工区裂解等3套装置、炼油区常减压蒸馏一等6套装置开展RBI（基于风险的检验）评估工作，为压力管道取证和2015年炼油Ⅰ系列及化工区大修优化设备检验工作提供技术保证，完成压力容器942台、压力管道5342条共计245.9千米管线的评估工作。

（曾彦华）

【开展压力管道取证工作】 2014年，公司利用消缺及在线检测技术，创造条件对压力管道进行检验，先后完成聚丙烯一、重油催化裂化、14万吨/年硫黄回收等32套装置的压力管道取证工作。

（杨晓芳）

表 2　**2014 年广州分公司设备事件统计表**　单位：起

一、事件分类				
静设备故障	动设备故障	仪表故障	电气故障	合计
13	10	19	12	54

二、原因分类			
现场管理维护不到位	设计制造安装质量缺陷	施工质量控制验收工作不到位	违章操作不当
31	11	5	12

（杨晓芳）

表 3　**广州分公司 2014 年 12 月 TnPM 管理月报**

项目＼单位	化工一部	化工二部	公用工程部	炼油一部	炼油二部	炼油三部	炼油四部	贮运部	动力事业部	检验中心	仪控中心	合计
各种技术攻关总数／项	2	3	6	4	2	5	7	33	141	0	0	203
OPL 总数／篇	43	132	46	29	56	16	52	65	86	83	110	718
人员培训总数／人次	228	326	275	168	307	178	320	357	1228	187	64	3638
合理化建议条数／条	79	249	42	7	47	22	48	85	3	72	121	775
施工作业单总数／项	176	121	139	133	101	197	86	71	79	0	0	1103
“五源”查找数量／项	165	847	144	341	172	56	159	142	277	147	173	2623

（杨晓芳）

安全环保管理

【概况】 2014 年，公司以建设绿色低碳城市型炼化标杆企业为发展目标，借力“从严管理年”和“安全生产月”活动，扎扎实实地抓好安全生产、环境保护工作，实现安全环保形势总体稳定。深入落实安全生产责任制，着力提升企业形象，在“安全生产月”活动期间开展专项隐患排查 124 次，查出安全薄弱环节 95 处，制定提升方案 100 项，修订公司管理制度 89 项；实施“公众开放日”，邀请环保部门、地方政府、社区居民及媒体到厂区现场参观，得到各界参观人士认可。加强隐患治理，着力强化安全风险管控。开展厂外管线隐患排查治理，完成 169 项隐患整改，需政府协调的 128 项问题全部完成整改。加强项目施工安全监管。全面推行三级网格管理模式，对承包商实行“一罚、二停、三清退”管理，约谈承包商 28 次，19 名违章施工人员被列入“黑名单”。强化应急管理，编制修订《厂界外管线突发事件》等应急预案并完成省市区三级政府和街道备案；加强企地应急联动，参加原萝岗区、黄埔区组织的应急救援演练，组织开展公司级火灾和环境事故“双盲”演练，提高应急救援能力；开展专项 HSE 督察服务，组织 HSE 总监联合督察 20 次，坚持组织 HSE 周检查，下发 HSE 周检通报 46 期，增强安全监督实效。

全面开展“碧水蓝天”治理，推进环保升级改造行动。热电站 CFB 锅炉环保升级改造、炼油污水污污分治等 11 个“碧水蓝天”项目完工投用，重油催化裂化装置烟气脱硫污水 PTU 扩能改造项目暂缓实施外，其他项目全部完工投用。

加强源头控制和监督，现场环保风险防控能力提升。加强监控，全面实施环保预警机制，开发环境监控管理系统，设置两级预警提醒，并通过安全环保监督大队24小时现场督察，与市环保局12369建立联动机制，及时处理内外部投诉。加强源头控制，组织增设10个烟气排放口及内部污水排放口的在线监测仪器，同时建设公司内部在线监测网络，将数据转入公司内部预警系统。开展“超洁净排放”技术改造，率先在石化系统实施固体燃料锅炉“超洁净排放”改造工作，改造后4台锅炉氮氧化物、二氧化硫和烟尘的污染物排放浓度不仅满足国家标准，实现提前1年完成广州市政府锅炉“超洁净排放”要求，成为国内首个采用“半干法循环流化床”烟气脱硫脱硝的成功案例。泄漏检测与维修（LDAR）技术示范项目效果显著，6月通过广东省环保厅验收。全年对57463个密封点进行泄漏检测，经测算两个阶段8套装置全年挥发性有机物削减量约50吨，削减率16.9%。全年没有发生上报集团公司事故，发生事故事件总数46起，同比下降20%，实现确保目标。员工百万工时可记录事件率、百万工时损失工时事故率0.50，其中百万工时损失工时事故率超指标；二氧化硫和氮氧化物排放总量实现年度目标；没有发生急性中毒事故，职工职业健康体检率100%。

（毛　海）

针对3月3日发生在中国石化东莞石油分公司员工食堂发生的煤气罐爆炸事故，3月4日上午，安全环保部、行政保卫部、消防支队联合对公司范围内职工食堂、明珠宾馆、单身公寓及厂内叉车液化气罐等进行专项安全检查，共发现48个问题，并现场要求整改

（胡　斌　摄）

2014年3月25日，广州石化泄漏检测与维修（LDAR）项目人员在现场工作

（钟勇浜　摄）

【应急管理】 2014年，公司进一步强化应急管理工作。①加强应急管理培训。各单位利用班组安全学习等形式开展应急管理培训，全年培训生产经营单位应急管理人员736人次，基层班组操作人员3532人次。②完善应急预案。制定《厂界外管线突发事件应急预案》，其包括1个专项预案、69个“一线一案”、34个“一点一案”，6月27日完成外审，8月28日取得省市区三级政府和街道的备案证明；完成《生产安全事故应急预案》修订，包括综合预案1个、专项应急预案26个，7月28日完成外审，10月17日取得备案证

2014年3月28日，安全环保部召开"从严管理年"活动全体职工动员大会 （余峻才 摄）

明；③强化应急演练。3月28日，联合萝岗区政府在云埔工业区体育生态公园开展"马广"原油长输管线泄漏应急救援联合演练；6月26日，与广州市质量监督局在炼油区至化工区管廊开展石脑油管线泄漏处置应急演练；8月21日，组织以加氢二B装置E203/3封头泄漏着火导致的火灾、水体污染事故联合应急演练；9月12日，公司作为主要参演单位，参加黄埔区组织的隔墙北路油气管道事故联合应急演练。6月27日，中国石化消防联防华南区域会议在广州石化召开，销售华南公司、管道储运公司、茂名石化等单位与广州石化就今后区域联防工作的开展进行探讨，为在片区内参加跨区域救援奠定基础。年内，开展作业部级应急演练52次，班组开展应急演练3643次。

（毛　海）

【"从严管理年"活动】 根据中国石化《关于深刻吸取"11·22"事故教训，全面开展"从严管理年"活动的决定》安排，2014年4月16日，公司下发《关于全面贯彻落实集团公司"从严管理年"活动》通知，部署"从严管理年"活动，成立"从严管理年"活动领导小组。活动分全员大讨论、全面诊断、梳理和分析问题、整改落实问题、总结评估4个阶段，从突出解决在安全环保上认识不到位、措施不到位问题、突出解决部分领导干部能力不足、素质不高和作风不实、突出解决员工队伍责任心和执行力不强、突出解决基层组织涣散、基础管理薄弱、突出解决从严管理不落实5个方面入手，从严要求，从严管理，提升企业安全管理水平。3～5月，公司以安全环保为主题开展形势任务教育活动，警示干部职工"只有做好安全生产，企业才有发展空间"的危机意识，提升职工参与企业安全管理的主体责任意识。深入开展"安全生产月"活动，组织内、外部HSE培训项目45个班（次），5374人（次）接受培训；企业负责人、安全主任(安全管理人员）、特种作业人员等均按要求参加上岗资格取证

2014年4月8～11日，广东省安全科学技术中心在广州石化举办2期危险化学品生产经营单位主要负责人和安全生产管理人员继续教育培训班 （张喜胜 摄）

或再教育培训，553名班（组）长参加HSE知识轮训。6～7月，各管理部室从严格直接作业环节安全管理着手，把工作着力点放在现场。加强值班管理，由普通管理人员值班转变为副处级以上干部进行夜间和节假日总值班，提升生产应急响应处理能力和工作效率。节假日及生产异常波动期间，严格执行领导带班制，推动各级安全生产责任制落实。下半年，以学习贯彻集团公司《职工违纪违规行为处分规定》《生产安全事故领导干部处分办法》等规章制度为重点，组织修订相关制度并抓好落实。9月26日，出台《职工违纪违规行为处分实施办法》，进一步规范员工安全行为；组织《广州石化生产安全事故领导干部问责办法》《广州石化环境事件领导干部问责办法》等制度修订。

（毛　海）

2014年5月28日，广州市环保局局长杨柳到广州石化了解挥发性有机物泄漏检测与维修（LDAR）项目进展、烟气超洁净排放、污水零排放等情况，协调解决存在问题　（黄敏清　摄）

【严格事故事件管理】 2014年，公司进一步加大对事故事件、生产波动、设备隐患、投诉和非计划停工管理力度，10月20日，出台并实施《广州石化事故（事件）管理规定》，对生产波动、设备隐患、投诉、非计划停工，全部比照事故、事件进行管理。按照“四不放过”要求，由责任单位和管理部门分别对事故、事件原因从技术和管理2个方面进行深刻剖析，制定防范措施。全年考核生产波动、设备隐患、投诉及事故事件157项，累计扣罚金额57.79万元。

（毛　海）

2014年9月22日，广东省发改委能源局局长张祖林率广东省安委会打非治违专项行动督察小组到广州石化开展专项督察，督察组重点检查了厂外管线、消防、危险化学品管理3个方面的内容　（吴国胜　摄）

【安全环保投诉管理】 2014年，公司进一步加大对现场安全环保监管力度，4月25日，广州石化安全监督大队和广州石化环保监督大队合并为广州石化安全环保监督大队；修订、优化投诉处理制度和和流程，24小时受理投诉，监督人员接到投诉（举报）后15分钟内到达现场，对各类安全环保投诉及时查处，同时对 HSE 管理制度执行情况进行监督检查。全年收到内部投诉 107 起，其中臭气投诉 92 起，占 86%；水污染投诉 10 起，粉尘投诉 3 起，噪声投诉 2 起。外部投诉 165 起：臭气 162 起，黑烟 1 起，噪声 1 起，其他 1 起。

（毛　海）

2014 年 9 月 23 日，广州石化举办安全管理人员培训班。邀请燕山石化培训中心专业老师为广州石化各单位安全总监、安全组长等骨干授课（钟勇浜 摄）

【总部安全环保巡视和安全生产大检查】 2014 年 4 月 8 ~ 20 日，集团公司安全环保巡视组来广州石化进行安全环保巡视，通过单独约谈、集体座谈、现场调研、沙盘演练等方式对公司安全生产责任制落实情况、HSE 体系建设和运行情况、公司安全环保形势现状及职工安全环保意识状况、基层现场管理问题等进行深入调研，完成《广州分公司安全环保评价报告》，并提出加快营造企业安全环保文化进度、进一步完善改进 HSE 管理体制和机制等 7 项整改建议。2014 年 11 月 22 ~ 25 日，集团公司安全环保巡视组再次来公司进行“回头看”，复查广州石化对 4 月查出问题的整改落实情况。 2014 年 8 月 24 ~ 30 日，集团公司安全生产检查组来公司进行安全生产大检查。检查组采用随机抽查、重点抽查等方式对公司安全生产责任制落实、隐患排查治理、关键生产安全管理、危险化学品安全管理、消防气防安全管理等情况进行检查，查出问题 78 项，至年底，完成 71 项问题整改。

（毛　海）

2014 年 12 月 26 日，公司举办环保法规标准与 LDAR 技术培训班（钟勇浜 摄）

【厂外管网隐患排查治理】 2014 年，广州石化成立厂外油气管道相关事宜统筹协调工作小组，及综合协调小组、果树农作物小组、建构筑物占压小组、电力电信线路小组、建设项目小组、涵洞河涌防护小组、应急联系组 7 个专业工作小组，深入开展管网隐患排查治理工作。工作小组主动与地方政府协调，共同推进厂外油气管道隐患治理工作。至年底，属于企业内部整改的隐患及问题 169 处，全部完成整改；需要地方政府协调帮助解决的隐患及问题128项，全部完成整改。

（毛　海）

【开展HSE总监联合督导服务】 2014年，公司继续深入开展HSE总监联合督导服务活动，采取专项检查与专业联合督察相结合模式，加大检查、讲评和考核力度。全年组织HSE总监联合督察20次，查出隐患658项，全部完成整改。建立周检、互检机制，每周对生产装置和直接作业环节进行监督检查，编制检查通报（周报）46期。

（毛　海）

【安全隐患治理】 2014年，公司继续实施隐患治理项目责任制，成立隐患治理管理团队，强化对隐患治理项目过程管理，每月召开隐患治理协调会对项目进度进行评估，对项目进度严重滞后的项目团队成员进行考核，全年组织召开15次隐患治理例会，对24个集团公司级隐患项目和26个公司级隐患项目实施治理，完成集团公司级安全隐患项目整改22项，公司级隐患项目中的“S-Zorb和焦化汽油装置火灾报警系统控制器移位”需待装置消防验收后实施，其他项目全部完成整改。

（毛　海）

【“碧水蓝天”专项治理取得成效】 根据公司“碧水蓝天”专项治理的总体安排，2014年12项环保隐患治理项目按计划实施，其中炼油污水污污分治工程、热电站CFB锅炉烟气脱硫脱硝改造、3号煤粉炉烟气脱硫脱硝改造工程通过竣工环保验收，4号煤粉炉烟气脱硫脱硝改造、蜡油催化烟气脱硫除尘脱硝改造投入运行。广州分公司在中国石化系统内率先实施固体燃料锅炉“超洁净排放”改造工作，先后完成4台锅炉改造，改造后4台锅炉氮氧化物、二氧化硫和烟尘的污染物排放浓度低于50　毫克／标准立方米、35　毫克／标准立方米、5毫克／标准立方米以下，满足国家《火电厂大气污染物排放标准》（GB13223-2011）重点区域排放限值要求，提前1年实现广州市政府超洁净排放要求。该项目是国内首个采用“半干法循环流化床”烟气脱硫脱硝的成功案例。截至2014年底，除“重油催化裂化装置烟气脱硫污水PTU扩能改造”项目因拟将烟气脱硫废水送动力锅炉作为半干法脱硫注水综合利用暂缓实施外，“碧水蓝天”治理的其余项目均按期完成。

（毛　海）

2014年12月31日，黄埔区常务副区长蒋宝鸿（前排左三）带队对广州石化厂外管线整治情况进行检查　（李宏智　摄）

【泄漏检测与维修技术示范项目通过验收】 2013年10月，公司开始实施挥发性有机物泄漏检测与维修（LDAR）工作。2014年6月12日，广东省环境保护厅和广州石化联合组织召开广东省石化行业泄漏检测与维修（LDAR）首期试点暨广州石化LDAR技术示范项目验收会，公司20万吨／年乙烯裂解、200万吨／年蜡油催化裂化两套示范装置LDAR项目通过验收。广州石化LDAR示范项目探索性地将信息系统技术手段应用到LDAR项目建立和运行管理全过程，有序完成项目建立、现场检测和维修、实施效果评估等工作，在国内首次成功搭建并运行了一个系统全面的、可视化的LDAR系统管理平台，实现LDAR工作的电子化追踪、管理和审核，在试点装置实现良好的环境、经济和社会效益，为广东省乃至全国探索建立了一套系统、科学、规范的LDAR工作流程和运行管理模式，具有较强的可操作性。全年对57463个密封点进行泄漏检测，经测算两个阶段8套装置全年挥发性有机物削减量约50吨，削减率16.9%。

（申屠灵女）

【全面实施环保预警机制】 2013年8月，公司环保预警系统正式启动，依托LIMS（实验室信息管理系统）系统和在线分析系统，建立生产工艺和环保排放指标预警系统，设置两级预警值，当指标达到预警设置值时，系统信息平台自动将信息发送给相关负责人员，实施提前干预，避免环保控制指标超标。经过系统调试和试点运行，2014年起全面启用生产工艺和环保排放指标预警系统，将影响环保的工艺参数、内排、外排污染物数据，设置两级预警参数提醒操作和管理人员及时调整和控制，实现环境保护预防管理，确保达标排放。全年该系统发出各类环保报警372次，其中公司级预警120次（废气预警93次，废水预警27次）、作业部级预警252次（废气预警135次，废水预警117次）。

（申屠灵女）

【开展臭气排查和治理效果显著】 2014年，公司针对溶剂脱沥青溶剂硫化物含量高引起沥青罐、重催蜡油原料罐罐顶气硫化氢含量高、异味严重问题，实施脱沥青溶剂脱硫项目，有效改善沥青罐罐顶气排放状况。利用自主开发的挥发性有机物和异味治理工艺，将污水汽提酸性水罐罐顶气密闭送瓦斯，该工艺2014年在污水汽提二、污水汽提三酸性水罐罐顶气治理中应用，有效解决酸性水罐罐顶气污染问题，并实现挥发性有机物资源回收利用。结合开展泄漏检测与维修监测结果，贮运部通过采取将罐顶通气孔石棉垫更换为密封性能更好的橡胶垫片、用电工泥加玻璃布密封浮盘支腿泄漏点和对浮盘的一次密封进行补水、二次密封机构调整等措施减少外浮顶罐罐顶挥发性有机物泄漏，取得显著效果，收转区G1609罐顶经过治理后二次密封泄漏点的挥发性有机物检测数据从42071毫克／标准立方米大幅减少至59.3毫克／标准立方米，通气孔泄漏点挥发性有机物浓度从24598.2毫克／标准立方米大幅减少至1134.4毫克／标准立方米，减少95.39%。

（申屠灵女）

【多个项目通过环保验收】 2014年6月10日，受国家环境保护部委托，环境保护部华南环境保护督察中心组织广东省环境保护厅、广州市环境保护局和黄埔区环境保护局组成验收现场检查组对广州石化热电站资源利用改造工程（CFB工程）竣工环境保护情况进行现场复查，同意该工程通过竣工环境保护验收现场复查。8月13日，广东省环境保护厅组织广州市环境保护局、黄埔区环境保护局对广州石化150万吨／年催化汽油吸附脱硫（S–Zorb）装置进行竣工环境保护验收。验收专家认为广州石化催化汽油吸附脱硫装置的工况、废气、废水、厂界噪声、公众意见等均符合验收标准，基本具备竣工验收条件，通过省环保厅现场验收。

（申屠灵女）

【环境监测管理】 2014年，公司环境监测同时实施人工监测和自动监测，重点对炼油区异味敏感点进行污染源及环境大气监测，开展油罐臭气治理项目监测，配合安全环保监督大队监测现场异味投诉，为查找恶臭源提供依据。全年配合地方执法监测46次，完成废水监测12854项次、外排废气监测52308项次、环境大气监测2310项次、职业卫生监测7273项次，计划完成率100%，完成计划外分析9564项次。

（张志梅）

【强化承包商安全管理】 2014年，公司进一步强化承包商安全管理，5月27日和11月26日，公司2次召开加强承包商管理专题会，从承包商准入管理、承包商安全教育、承包商现场安全监管、承包商考核评估等对承包商安全管理工作进行部署。①组织修订承包商安全管理制度，对《承包商安全管理规定》《承包商安全资质审核管理规定》等5个相关制度进行整合，明确管理职责，强化承包商作业现场HSE管理。②加强对承包商的资质审查，对承包商是否进行非法分包转包开展专项检查，清退不符合要求的承包商；严把教育关，强化承包商作业人员尤其是初次进入广州石化作业人员的安全教育，延长其教育时间，对无法达标的作业人员坚决不予进入。③加强承包商现场安全监督，实行“一罚、二停、三清退”管理，在污污分治、水体防控等施工现场全面推行安全网格化管理，实施管理部室、作业部和施工单位三级网格管理模式，严格落实施工安全隐患排查和整改措施确认工作，实现施工“零事故”目标。全年约谈承包商28次，考核97.04万元，下发隐患整改通知书795份，19名违章施工人员被列入“黑名单”。

（毛　海）

【**规范职业卫生管理**】2014年，公司进一步规范职业卫生管理，2月14日和8月20日，2次召开职业卫生专题会，部署职业卫生工作。①加大对《职业病防治法》宣贯，5月8日，举办职业卫生基础建设专题讲座。11月11～13日，举办企业主要负责人和职业卫生管理人员培训班。通过开展“职业病防治法宣传周”、知识竞赛、专家讲座、职业防护专项检查等活动，提升职工职业卫生防护意识。②做好职业健康监护管理工作，组织3947名生产一线职工参加职业健康体检，体检率100%。完善职业禁忌临界人员台账。对于临界人员提前进行干预，采取跟踪观察、调岗、轮岗和优化岗位工作内容等措施，避免临界人员发展成疑似职业病例或禁忌症人员。完成2013年职工职业健康体检档案及职工健康体检档案的整理与录入，整理体检档案5259件，并移交档案馆保存，电子版由档案系统移交，保证职工个人体检档案完整性，方便职工随时查阅。③加强职业病危害因素现场管理。制定《高毒和噪声、粉尘区域划分维护管理》方案，在重整二装置和动力二站进行试点工作，结合现场监测数据的告知、人员培训及现场检查，进一步提升现场职业防护工作效果。④加强职业卫生现场检查监督。组织硫化氢防护专项检查工作和现场个人劳动防护情况专项检查，整改问题253项。

（毛　海）

表1　**2014年公司级以上事故情况**

序号	事发日期	事故名称	责任单位
1	1月10日	炼油四部“1·10”6.5万制氢装置调节阀143FV050B阀芯脱落造成制氢装置紧急停工事故	炼油四部
2	2月21日	炼油二部“2·21”14万制硫装置ESD系统冗余CPU停运造成装置停车事故	仪控中心
3	3月3日	炼油四部“3·3”3.5万制氢装置联锁停工事故	炼油四部
4	5月13日	动力事业部“5·13”252号变电所电弧伤人事故	动力事业部
5	6月8日	炼油二部“6·8”重催装置主风机联锁误动作装置自保事故	仪控中心
6	6月10日	炼油二部“6·10”重催装置切断进料停工事故	炼油二部
7	6月15日	化工二部“6·15”聚乙烯装置暴聚事故	化工二部
8	6月19日	贮运部“6·19”8号罐区巡检扭伤事故	贮运部
9	11月25日	“11·25”珠江排放口超标事故	公用工程部
10	12月7日	贮运部“12·7”调车员脚受伤事故	贮运部

表2　**2013～2014年公司事故事件情况对比**

时间	事故	事件	事故事件合计
2013年	21	37	58
2014年	21	25	46
比上年增减/%	—	−32.43	−20.69

表3

2014年公司主要环保指标完成情况

考核指标	年度指标值	2014年核算	2013年核算
无重特大环境污染和生态破坏事件发生	0	0	–
外排废水达标率/%	98	100	–
二氧化硫/吨	11379	12280.78	12148.29
氮氧化物/吨	6016	6299.19	6479.48
化学需氧量/吨	260	306.75	277.75
氨氮/吨	33	39.58	35.84
危险废物妥善处理率/%	100	100	–

备注：1.二氧化硫及氮氧化物由于实施超洁净排放改造后排放量大幅度削减，环保部门未按实际核算
2.化学需氧量和氨氮按产品系数法核算

表4

2014年环保隐患治理项目实施情况

序号	项目名称	投资/万元	计划完成时间	完成情况
1	蜡油催化烟气脱硫除尘脱硝改造项目	11460	2014年11月30日	完成
2	热电站CFB锅炉烟气脱硫脱硝改造	3811	2014年6月25日	完成
3	热电站3号、4号煤粉炉烟气脱硫脱硝改造	10464	3号煤粉炉于2014年7月30日投用，4号煤粉炉于2014年11月30日投用	完成
4	污染源在线监控项目（一期）	1859	2014年12月30日	2015年4月30日完成
5	主要外排口在线监测系统建设（一期）	100	2014年12月30日	完成
6	重油催化裂化装置烟气脱硫污水PTU扩能改造	652	2014年12月30日	暂缓实施
7	厂界噪声治理	600	2014年12月30日	完成
8	污水汽提二容201增加油气收集系统	520	2014年12月30日	完成
9	实施挥发性有机物泄漏检测与维修（LDAR）	300	2014年12月30日	完成
10	煤场排水系统改造	400	2014年12月30日	2015年10月30日完成
11	水体环境风险防控措施项目	7990	2013年5月底/2014年12月31日	2015年3月31日完成
12	炼油污水污污分治工程	16251	高浓度2013年11月30日完成；低浓度2014年12月30日完成	完成
13	3号污油罐区罐顶气废气治理	883	2013年12月30日	2015年4月完成

表 5

2014 年集团公司级安全隐患治理项目

序号	项目名称	项目所在单位	计划投资／万元	要求完成时间	完成情况
1	炼油区氮气系统隐患治理	生产调度部	285	2014 年 12 月 30 日	完成
2	6 号罐区紧急注水系统隐患整改	贮运部	165	2014 年 12 月 30 日	完成
3	应急指挥中心视频集成及功能完善	安全环保部	208	2014 年 12 月 30 日	2015 年 2 月 4 日完成
4	炼油一部装置消防隐患治理	炼油一部	354	2014 年 12 月 30 日	完成
5	炼油装置空冷钢结构防火涂料安全隐患整改	机械动力部	739	2014 年 12 月 30 日	完成
6	炼油中区电缆沟隐患治理	动力事业部	192	2014 年 12 月 30 日	完成
7	6 号罐区机泵运行监控隐患治理	贮运部	169	2014 年 12 月 30 日	完成
8	炼油区防雷接地隐患治理	动力事业部	899	2014 年 12 月 30 日	2015 年 2 月 8 日完成
9	炼油区罐区弱电防雷隐患治理（三期）	仪控中心	226	2014 年 12 月 30 日	完成
10	两区管线沿途增设消防设施	消防支队	123	2015 年 4 月 30 日	完成
11	化工二部钢结构增加防火涂料	化工二部	234	2015 年 7 月 30 日	完成
12	化工高压变及主变火灾报警隐患治理	动力事业部	359	2015 年 7 月 30 日	2015 年 6 月 29 日完成
13	6 号、10 号罐区增设二次脱水系统（一期）	贮运部	693.94	2015 年 9 月 30 日	2015 年 12 月 30 日完成
14	19 号凝液罐进出口线隐患治理	贮运部	126	2015 年 9 月 30 日	完成
15	HSE 管理系统配套设施完善	安全环保部	90	2015 年 9 月 30 日	完成
16	火车装油台、焦化区域加装工业电视（一）	贮运部	120	2015 年 9 月 30 日	2015 年 9 月 30 日完成
17	贮运东二区 PLC 系统隐患治理项目（一）	贮运部	250	2015 年 9 月 30 日	2015 年 11 月 30 日完成
18	化工至炼油管线建筑物拆除和树木清除	化工一部	500	2014 年 12 月 30 日	完成
19	两区管线增设应急设施	化工一部	170	2014 年 12 月 30 日	完成
20	检验中心实验室通风系统尾气吸收改造	检验中心	232.5	2015 年 9 月 30 日	未完成
21	两区管廊管线取证	化工一部	286	2014 年 12 月 30 日	完成
22	化工区装置互供压力管道取证	化工一部	752	2014 年 12 月 30 日	完成
23	收转罐区埋地管线隐患治理	贮运部	250	2014 年 12 月 30 日	2015 年 12 月 装置大修同步完成
24	厂外管线增设应急设施	贮运部	432	2014 年 12 月 30 日	完成

经营管理

◇ 计划经营管理

◇ 财务管理

◇ 审计管理

计划经营管理

【概况】 2014年，宏观经济增速放缓，国际油价运行区间下移。上半年，国际原油期货基本维持在每桶110美元；下半年，从7月开始油价快速下跌至12月的65美元左右。受炼油、化工市场需求疲软以及总部对炼油装置加工负荷控制影响，一季度，公司原油加工量排名比其他兄弟单位落后。二季度，通过与总部沟通，争取加大加工量。尤其是下半年，利用装置运行良好状况，精心组织生产，以安稳长运行为基础，努力做大炼油加工总量，全面提升绩效，实现资产分公司减亏。2014年，公司年加工原油1261.20万吨，生产乙烯22.21万吨。生产新产品4.86万吨、专用料13.61万吨，分别为年度计划的105.66%和113.43%。公司亏损2.47亿元（其中炼油亏损4.36亿元，化工盈利1.89亿元）；广州资产分公司亏损2498万元，比限亏目标减亏1102万元。

实施"增产汽油、航煤"措施，完成产品出厂量：汽油销售出厂240.26万吨，同比增加24.76万吨，增长12.62%，月产量突破21万吨。其中，95号以上汽油产量93.11万吨，占汽油比例38.71%，比上年提高8.15%。高标号汽油比例由年初的30%提升到47%，在石化股份公司千万吨炼油企业中排名第2；出厂航煤167.21万吨，比上年增加37.54万吨，增长28.94%；柴油426.62万吨，比上年增加15.16万吨，增长3.68%。加强生产经营优化和产销衔接，在市场需求趋弱情况下，努力做好产品出厂降库工作，疏通生产后路，确保年度工作任务。完成产品出口131.28万吨。累计综合商品总量1248.76万吨，炼油产品产销率100.30 %；化工产品产销率99.20%；实现销售收入649.31亿元。

（黄慧锦 卢志超）

【采购原油1268.18万吨】 2014年，公司采购进口原油1268.18万吨，涉及达混等9种油种，其中一般贸易原油中，联合石化公司代理761.03万吨，比例占80.96%；中国海油及其他非国贸代理比例19.04%，非联合石化公司代理比例同比上年下降5.93个百分点。原油重质化、劣质化程度与上年基本持平，平均API上升0.90，酸值下降0.04毫克氢氧化钾／克，一次轻收下降1.33%，渣油收率下降1.44%。按品质分类，高硫－中质－低酸原油占41.55%，含硫－中质－低酸原油占14.44%，含硫－重质－含酸原油占11.68%，高硫－重质－低酸原油占10.44%，低硫－重质－含酸原油占比9.03%。全年原油平均到岸价格102.99美元／桶。

（何永钊 黄慧锦）

【原油入库价居总部第五】 2014年，公司围绕国际原油价格大幅波动格局，实行每周对原油市场盯盘分析，落实原油性价比测算、排名，制定优化原油采购计划，采购性价比靠前的原油。全年采购达混原油114.45万吨，降低了原油采购成本。全年进口原油入库价（含杂费）4611.45元／吨，比集团公司均价低83.56元／吨，在总部12家千万吨炼油企业中

2014年5月30日，广州石化与中国石油天然气股份有限公司签订25年长期合同。与当前广州市燃气集团有限公司的工业用户天然气价格相比，每年为公司节约近1.8亿元 （龙琼玲 摄）

2014年6月27日，中国石化化工销售公司华南分公司党委书记周昌、副总经理徐善明、王伟波等一行9人到广州石化调研交流，围绕理顺产销衔接问题进行座谈　　（钟勇浜 摄）

排名第五。

（黄慧锦 黄华勇）

【完成原油加工量1261.20万吨】 2014年，公司根据国际原油市场价格和总部生产经营方向，加大与总部、各销售公司的协调力度，合理安排生产装置，优化生产经营计划，努力做大原油加工总量。全年完成原油加工量1261.20万吨，创年度原油加工新高；占石化股份公司2014年原油加工总量的5.36%，在集团千万吨炼油企业中排名第五。摊薄了加工成本，充分发挥了装置产能。

（黄慧锦）

【来料加工及产品出口】 2014年，公司加工来料原油328.22万吨，比上年上升7.07%，来料加工平均到岸价格103.51美元／桶。全年出口产品130.90万吨，其中出口汽油6.69万吨、航煤96.75万吨、柴油26.86万吨、二甲苯0.6万吨。

（黄慧锦 黄华勇）

【炼油技术经济指标提升】 2014年，公司加强生产经营管理，优化原料配置，提高装置负荷，促进关键技术经济指标有效提升。炼油产品商品率95.80%，接近年计划指标95.86%；高附加值产品产出率81.77%，比年计划指标提高0.89个百分点；轻油收率76.03%，比年计划提高0.91个百分点；原油加工损失率0.39%，与年计划持平；原油途耗率0.07%，比年计划下降0.02个百分点；原油贮耗率0.06%，比年计划下降0.01个百分点。乙烯收率34.43%，比年计划提高0.63个百分点；裂解损失率0.37%，比年计划下降0.01个百分点。

（吴培建 黄耀权 黄慧锦）

【引入中国石油天然气】 2014年10月16日，公司成功从中国石油西气东输二线引进天然气，到厂价格3.35元／立方米，该项目对公司产品升级换代、确保环保排放达标、改善工作环境和企业生存发展具有重要意义。全年使用天然气11765.14万立方米，其中广州燃气集团有限公司天然气9104.14万立方米；中国石油天然气2661万立方米。使用中国石油天然气比广州燃气集团有限公司天然气年节约成本3555万元。

（黄慧锦 周明亮）

【自销产品创效7912万元】
2014年，公司销售团队积极应对大量非标货的冲击，通过各种渠道收集信息，在整体市场疲软，产品销售极度艰难情况下，坚持竞价销售，确保不堵库情况下，抓住市场走势推价放量，实现产品当期效益最大化。全年自销产品创效7912万元。其中，销售戊烷发泡剂54932吨，销售均价 6092元／吨（不含税），累计价差比石脑油高649元／吨（不含税），超确保目标99元／吨，比奋斗目标低21元／吨；相比石脑油创效3567万，比确保目标高67万元。

（黄慧锦）

【航煤销售量创年度最好水平】
2014年，广州分公司做大航煤总量，年销售航煤167.21万吨，比上年增加36.69万吨，增长28.94%，其中管输出厂113万吨，航煤管输出厂首次超100万吨／年，创历史纪录。

（黄志全 黄慧锦）

【液化气销售逆境创高】 2014年，在液化气市场价格下行情况下，公司与炼化销售公司制定新的销售策略，采取低库存、缩短分析时间、半罐操作等措施，有效保证产品出厂。全年累计销售液化气56.54万吨，同比增加7.22万吨；实现销售收入32.76亿元，销售均价（不含税）5794元/吨，比奋斗目标高35元/吨。

（黄慧锦）

【乙苯出厂量创新高】 化工二部8万吨/年干气制乙苯装置2013年9月1日复产后，保持连续高负荷稳定生产，2014年装置运转率100%、负荷率119.85%，累计生产乙苯11.11万吨，出厂乙苯5.66万吨，超年计划4.3万吨，月度最大出厂量6025吨。

（林尤刚 黄慧锦）

【国Ⅴ95号汽油投放市场】 2014年5月15日，公司首批6130吨国Ⅴ95号车用汽油经管道成功输往广东石油分公司黄埔油库，投放广东市场。全年共向市场供应95号汽油129.65万吨。

（黄慧锦）

【专项优化测算效果明显】 2014年，公司加强增产汽油、航煤等重点专项优化测算。通过将加氢裂化轻石脑油、两套重整戊烷油等组分调入汽油、流程改造、优化调和方案等，有效增加车用汽油、高标号汽油产量，7月，成功生产出98号汽油，并稳定在1万吨/月以上，全年月均汽油产量突破21万吨，柴汽比1.74，比上年下降0.19个百分点；利用RSIM模型提高加氢裂化、蒸馏一和蒸馏三装置的航煤产量，航煤月产量最高突破15万吨；优化航煤加氢装置生产，逐步将加工负荷提高至133吨/时，达到设计负荷的111%；增开加氢一A装置加工航煤，使两套蒸馏生产的航煤半产品全部变成产品，产品质量合格率达到100%；全年航煤产量同比增加37.54万吨，月均增产3.2万吨，创效2000万元以上。

（黄慧锦 陈晓龙）

【航煤在芳烃油站装车出厂】 由于珠海机场简易油码头将于2014年12月31日关闭停止使用，珠海机场航煤水路运输全部改为公路运输。为节省费用，公司采取利旧措施，利用3号白油料公路发油设施实现航煤公路出厂。该项目于10月完成施工并一次投用成功。

（黄志全）

【混油加工出厂】 2014年6月，公司利用炼油二次装置富余加工能力加工混油。全年协调混油出厂累计1.4万吨，其中粤Ⅳ93汽油0.7万吨、国Ⅳ柴油0.7万吨。

（黄志全 黄慧锦）

【调整优化创效奖频次】 2014年，公司根据优化创效奖实施情况，将奖励周期由月度调整为季度。奖励项目必须经过生产调度部审核、财务部核对、专业副总经理批示后再经公司经济考评会通过后兑现奖励。奖励流程清晰、审核更严格，起到更好的激励作用。

（黄慧锦）

【效益作为重点目标考核指标】 2014年，公司在实行了2年的重点效益目标考核基础上，结

2014年6月30日，广州分公司副总经理田宏斌在中国石化“升级国Ⅴ·环保出行”新闻发布会上介绍国Ⅴ汽油生产情况（陈国斌 摄）

财务管理

【概况】 2014年，面对国内经济增长缓慢、市场需求不旺、产品价格低迷、国内炼油产能过剩、市场竞争激烈、国家政策变化多、汇率风险大，与此同时受国际原油价格持续下跌影响、成品油价格遭遇“十一连跌”、企业成本效益压力较大等诸多不利局面，公司财务管理围绕“服务、规范、价值管理”方针，坚持以创造企业价值为宗旨，以提升管理绩效为导向，以夯实基础、完善制度为抓手，坚持从严管理，推进财务管理向价值管理转型，在全面预算管控、价值管理提升、财会基础完善、财务风险防范、财务队伍建设等方面取得良好成效。至年底，广州分公司资产总额142.55亿元，全年实现营业收入651亿元，实现利税183.96亿元（含进口原油海关增值税），同比减少3.81亿元；利润总额-2.7亿元，同比减利9.99亿元；税金及附加总额186.66亿元，同比减少6.18亿元；炼油吨油完全费用176.87元，同比降低35.34元；化工吨产品完全费用1345元，同比降低198元。广州资产分公司资产总额5.69亿元，全年亏损2498万元，同比减亏413万元，比总部限亏指标减亏1102万元。

是年，广州分公司被石化股份公司评为2014年度财务管理先进单位。

（李敬业）

【财务管理成绩优异】 2014年，公司财务管理在石化股份公司财务系统综合考评月度评比中成绩优秀，取得21面红旗，其中经济活动分析质量7面，成本费用指标完成情况3面，资金预算执行率4面，会计报表及核算质量4面，价格管理工作1面，税收管理工作1面，在建工程转资1面。

（李敬业）

【预算执行率大幅提升】 为进一步加强全面预算管理，实现对成本效益的精细化管控，财务部进一步强调计划执行重要性，依托模拟利润考核系统，严格预算执行，刚性考核，大幅降低预算执行偏差率，有效实施生产全过程管理监控。①提升成本费用管控能力及预算完成准确率效果显著，在2014年度总部“比学赶帮超”活动评比中，成本费用管控进步程度排名第5，预算完成情况有8个月得到加分。②实现对各项费用列支进度的合理统筹，有效促进对当年各项费用的管控及下年年度预算工作的顺利开展。

（李敬业）

2014年8月25日，中国石化资本运营部副主任何建英（右二）到广州石化调研 （钟勇浜 摄）

【立足财务视角促进全流程优化测算】 2014年，为不断适应经济形势变化，降低因原油价格连续下跌、市场需求不旺、国内炼油产能绝对性过剩、化工产能结构过剩及生产波动等因素对效益的影响，财务部坚持以测算为工具，融入公司生产经营，持续参与原油采购成本、化工原料、产品结构、生产运行等方面的优化工作，努力实现全流程优化。全年先后开展干气制乙苯与苯乙烯烃化单元效率对比、优化化工原料、轻催装置大修时间安排、装置运行方案对比、外购蜡油保本价、外购己烷油效益、吨乙烯原料成本优化等多项优化测算及效益滚动测算。

（李敬业）

【推进合同能源管理】 2014年，公司深入开展合同能源项目效益测算，结合总部“能效倍增”计划，启动节能分享型合同能源管理新商业运作模式，以财务视角客观评价项目效益，指导合同内容经济合理，拓宽公司投资渠道，最大限度地以零投资获得节能设备及长效节能效益，年内完成3项节能项目签订，预计每年可节约电耗1978千瓦·时。

（李敬业）

2014年10月10日，广州市国税局党组成员、总会计师陈忠文一行到广州石化调研（钟勇浜 摄）

【强化项目后评估效益测算】 2014年，公司注重加强优化项目后评估测算，通过“回头看”查找“短板”、发现“长板”，客观评价优化项目创效贡献程度，分析实际与预计成效的差异原因，有针对性提出改善建议，建立可持续应用与推广的良性循环，全年完成柴油加氢改质、干气制乙苯两套新投产装置、3个改造项目及外购蜡油、外购天然气的后评估工作，项目总投资超过10亿元，加强对项目投资的过程控制、效果评价，同时为新项目投资提供正确、合理、有效的新思路。

（李敬业）

【深化财务分析】 2014年，公司深入开展经济活动分析，利用生产经营例会、生产计划讨论会、优化会、生产协调会、产销衔接会等经营管理会议，以分析为手段，探究原因，提出建议，推动企业改善生产经营管理水平。①注重横向对比分析，推动“短板”变“长板”。通过与镇海炼化、金陵石化、茂名石化、燕山石化、齐鲁石化、上海石化、海南炼化、青岛石化等兄弟企业在原料、产品结构、加工成本、资产回报等方面的横向对比分析，发现自身弱势，挖掘成本动因，推动业务部门切实改善成本现状，全年蜡催、重催等主要装置辅材分别比上年降低1.50元／吨、1.79元／吨；通过合理搭配煤焦比、合理安排燃料油及燃料气比例，燃动成本显著降低，节能降耗取得成效。②深化专项分析，推动管理精细化。采取利润影响因素分析方法，从加工量、原油与产品结构、库存、加工费等方面分析效益状况，对流程优化及节能降耗提出建议措施，从财务角度促进生产经营优化。

（李敬业）

【规范业务流程理顺会计核算】 2014年，公司SMES（中国石化生产执行系统）系统全面上线，要求企业实现废料、中间料、半成品等物料的实物平衡，财务部依据实物流程变更适时调整成本核算方案，实现SMES系统物料平衡与ERP成本核算的平稳过渡，成本更贴近实际，会计信息质量进一步提高。①将未取得合格证的“三聚”成品以半成品体现（原采用还原口径方式体现为原材料），真实体现物料实际库存价值。②对于乙基苯、苯乙烯焦油等物料多装置产出共用同一液态物理罐、下游多个流向的现状，摒弃手工拆分计量消耗量方式，采用多源并流核算，使下游装置耗用成本及销售成本与生产实际更贴近。③考虑资源综合利用税收优惠政策，合理设定酸性气中间产品价格，最大限度取得国家税收优惠。④新增ERP业务流程将作副产品使用的正丁烷物料记账至辅助材料，使装置成本分类归集更合理。

（范赛劲）

【组建班组核算系统】 2014年，为进一步推进全员成本工作，发挥基层员工的积极性和创造性，财务部深入生产一线，挖掘成本动因，创新班组核算模式；班组经济核算项目由财务部总体规划，企业管理部、生产调度部等部门配合，各作业部具体设计、建设与维护。按照“总体规划、分步实施、先易后难、持续推进”原则，建立“财务指标—生产指标—操作参数”三者的转换关系。年内实现 EXCEL（成本核算）核算结果在总厂网页的展示，同时在 SMES 的操作管理模块实现核算结果与优化展现。通过效益指标与工艺参数的逻辑关系，强化班组人员对成本动因的关注与控制，提升整体操作水平，为企业优化产品结构、降低能耗物耗做出贡献。

（范赛劲）

2014 年 12 月 23 日，广州石化与中国进出口银行广东省分行签约，享受该行总额 5 亿元人民币的优惠利率进口信用贷款，将为广州石化节约短期借款利息支出 1650 万元　（钟勇浜　摄）

【优化资金运作创效显著】 2014 年，人民币汇率改变单边升值的走势，汇率出现宽幅波动，公司及时调整境外融资策略：①调整来料加工补证原油的核销节奏，由两月核销一次改为每月核销一次，用均衡策略应对和平缓汇率风险；②从 2 月起，停止除总部安排以外的一般贸易原油境外融资操作，降低汇兑损失。全年原油贸易融资 4.57 亿美元，赚取利差 9100 万元，增加汇兑成本 3600 万元；比上年压减贸易融资 2.68 亿美元，避免汇兑损失 3000 万元。在汇率走向变盘情况下创效 8500 万元。

（蔡　伸）

【调整融资债务结构】 2014 年，公司在境外融资难以操作情况下，调整融资结构，适当增加境内融资并充分挖掘其他融资工具潜力，增加背书转让外部单位的银行承兑汇票结算 2.1 亿元，以取得化工销售公司和总部贴息收入；坚持贯彻量入为出的理财观念，细致资金平衡管理，灵活用好银行保函等金融工具，有效压减融资规模 8.48 亿元，全年降低资金成本 4613 万元。

（蔡　伸）

【妥善解决一次性住房补贴资金来源】 2014 年初，公司利用集团公司实施对职工一次性住房补贴政策“收官”的契机，着力解决集团公司统一实行住房改革政策后，部分企业房改部门核增指标滞后报批，造成一次性住房补贴拨补不足问题，积极向集团公司财务部行文禀明广州资产分公司未拨补到位的原因，8 月 18 日，集团公司同意按核增指标全额拨补资金 1153 万元，妥善解决广州资产分公司作为限亏企业所面临的资金困难。

（蔡　伸）

【修订完善资金制度】 2014 年，根据集团公司开展“从严管理年”要求，公司进一步夯实资金管理工作基础，在收集和整理现行国家和集团公司下发的有关资金管理的各项规章制度基础上，按“安全第一、风险受控、提升效率”原则，完善资金预算管理，强化月度预算偏离度分析与经济责任考核；严格控制预付款发生，对于预付款项支出要求业务单位提供保函做反担保；突出资金过程管理的控制要求，经反复讨论修订完善，11 月 10 日出台并实施 2014 版《广州石化资金管理办法》。

（蔡　伸）

【资金占用管理获总部考核奖励 111 万元】 2014 年，石化股份公司加强资金占用管理，从严下达应收款项清收和存货占用考核指标，广州分公司积极对标，将资金占用指标作为企业年（月）度目标逐家分解下达，把控制责任落实到具体单位，并与年度经济责任考核挂钩，采取“滚动测算，细化措施”方法力争达标，8月起开始扭转超标考核的被动局面，在消化7月份考核扣款基础上，全年获得考核奖励净额111万元。

（蔡　伸）

【夯实资产核算基础完善工程管理流程】 2014年，公司持续深入开展全流程业务梳理、建章立制工作，先后完成《项目财务管理要点提示与制度汇编》《固定（无形）资产管理财务要点提示》《修理费财务要点提示》《记账凭证业务操作手册》等规章制度编制；8月18日，出台并实施《广州石化在建工程转资管理规定》，进一步规范资产业务核算操作。组建投资项目管理、存量资产管理业务团队，实现人人参与、牵头人负责的业务模式。持续推进在建工程结算业务，先后完成63个项目的正式转资，并建立完善限上项目建模工作，逐步推进竣工决算报表的滚动编制，使限上项目从动工开始即处于动态监控状态。加大固定资产报废实物处置核查力度，加快固定资产报废核销进程，全年完成报废核销2028万元。加快修理费结算进度，完成2013年及以前年度工程结算，2014年起调整对采购订单服务收货流程，在保持现有业务操作模式下，调整服务收货时间，由机械动力部每月按工程结算书审定价安排服务收货，财务部加强对订单收货情况考核，有效推进结算工作的良性循环。

（聂崇超）

【落实税收优惠政策】 2014年，公司积极落实税收优惠政策，实现税收优惠486.88万元，其中残疾人工资加计扣除79.89万元、专用设备抵免56.25万元、研发费加计扣除203.76万元、权益性投资免税收入抵减所得税146.98万元。

（张　琦）

【完善规章制度】 2014年，公司进一步理顺财务管理业务流程，完成《广州石化发票及增值税抵扣管理办法》《广州石化差旅费报销实施细则》《广州石化费用报销管理办法》《广州石化消防警卫费管理办法》等制度修订，配合业务部门制定业务接待费、办公费、会议费、车辆使用费、培训费用等相关制度，严肃财经纪律，从制度上规范业务操作，从源头上把控风险。

（吴韶勇）

【规范非生产费用操作行为】 2014年，公司在制度上对业务接待费等八大费用的使用范围、报批程序、操作方式等进行重新界定与约定，实际执行中严格把关并多次以通知形式明确对图书资料、食品等票据要求与物品范围。操作手段上逐步采取集中管理模式进行管理，完成差旅机票集中统一订票支付业务的运行模式以及低值易耗品、办公用品、办公设备实施集中采购的方案设计。全年八大费用控制取得明显成效，整体下降幅度超过30%。

（吴韶勇）

【清查处置不良存货】 2014年，公司开展低效、无效资产清查，摸清家底，及时清理处置。累计结转半成品1059.32吨，盘盈汽、柴油3.37吨，处理报废物资857万元，加快资金变现能力。

（吴韶勇）

【加强培训多扛“红旗”】 2014年，为在集团公司财务会计工作考评月度评比中取得好成绩实现多扛“红旗”，广州资产分公司财务资产部全年组织5次全员业务培训，向集团公司提报16条系统建设的合理化建议，被采纳4条，在2月、4月和12月的集团公司考评中获得“红旗”。

（黄世红）

【清理长期应付款项】 2014年，公司财务部会同企业管理部、行政保卫部、工程管理部、机械动力部、明珠宾馆等业务部门商讨亿仁医院原留存的广州石化职工“黄卡”余额、户口借用押金、租户押金、施工绿化押金、原乙烯公司职工单身住房等押金、工程质保金、投标保证金、佛陶基金返还个人部分的清退方案，分别采取“挂网”通知，与组织劳人部职工信息库配对查找原所在部门后由原部门劳资员通知，对于丢失原收据的情况由所在部门出具证明等方式，经过近1年的清理，3年以上应付款由442万元降到120万元，减少322万元，降幅73%。其中，欠个人款169人，历史投资项目工程款清欠308万元。

（黄世红）

【清查房产2套】 2014年，财务部牵头组织行政保卫部、机械动力部等部门对公司部分房产进行清查，经过追查资产来源，勘察资产现场，根据实际情况，对薄膜厂电仪楼进行资产拆分入账，对珠江水源仓库以及广州员村昌乐园34号103房进行资产评估，并报总部备案后，2套房产净值合计130万元盘盈入账，达到账实一致。

（黄世红）

【促进明珠宾馆酒店管理系统升级建设】 明珠宾馆酒店管理系统在明珠宾馆、财务部、信息中心三方通力协作下，经过完成立项、竞标、商务谈判、签订合同等程序后，2014年1月开始进入系统安装与培训阶段，6月，完成系统测试调整，6月26日正式上线并轨运行。财务部继续跟踪检查分析7月、8月、9月财务需求报表差异原因，确保酒店管理系统财务需求报表与台账、手工结算单、会计账务一致，并向明珠宾馆发出工作联络单，对完善系统业务操作提出15条建议，促进酒店系统在2014年底实现单轨运行。

（黄世红）

【完成首个《财务管理工作报告》编撰】 2014年，公司首个《财务管理工作报告》完成编撰工作。该报告从价值创造、成本管控、分析模式、流程梳理、基础规范等方面总结广州石化2013年度在管理会计、财务会计两个领域方向取得的成效。同时，结合内外部审计、检查及自查自纠中发现的问题，客观识别披露基础规范、资金管理、存货管理、投资管理、固定资产管理、税务管理、土地管理等方面的风险25项，并提出应对措施。

（李志清）

【编制会计基础规范】 2014年3月，财务部出台岗位业务操作指引、记账凭证填制和原始凭证规范等制度，对凭证填制、账务处理、档案保管等进行明确规定。通过近一年的执行实施，会计基础规范意识和标准化操作水平有所提高。

（李志清）

【建立问题回顾与总结机制】 2014年，财务部根据每月稽核报告披露的存在问题分类汇总，建立财务稽核存在问题清单，便于全体财务人员对照自查纠偏，减少重复错误，对往来款项清理、暂估业务清理、信用管理、关联交易清理等业务提出工作建议并逐一落实，促进夯实会计基础工作。

（李志清）

【落实风险规避措施】 2014年，公司财务管理工作通过对稽核结果的进一步研判，嵌入业务流程实际，提出工作建议并积极推行，促进财务管理水平提升。①通过披露往来单位月末未清账项目存在较多的非正常发生业务问题，促成财务人员提升及时清账意识，促成部分长期挂账的历史问题的往来业务的有效清理；②通过披露应付暂估业务清理不理想、增值税专用发票过期抵扣问题，促成历史应付暂估业务的清理工作得到有序安排；③通过披露客户超信用额度情况及动力款催收不及时问题，促成动力销售业务收款环节的流程再造及信用管理范围的完善；④通过披露关联交易平台业务处理不及时问题，促成财务部对交易平台单据处理的日常监控得以加强等。

（李志清）

【加强团队建设提高队伍素质】 2014年，财务部着力加强团队建设，提升员工素质。①进一步推行“提升窗口服务”劳动竞赛活动，多渠道宣传办事流程，规范财务服务标准，提升专业修养，优化服务质量，提高办事效率。②开展“每月一讲”，有针对性开展业务培训，提倡知识交流与分享，营造良好学习气氛，提高财务人员财务知识的全面性，促进员工深入理解财务管理。③创新团队管理模式，成立投资项目管理、存量资产管理、预算分析管理、成本管控、资金管理、费用核算与管理等多个业务团队，营造人人参与、牵头人负责的业务模式，提升员工责任意识，加强分专业、分专题的业务管理，有针对性地集中力量研究新问题、探讨新思路、提出新措施。④建立财务部绩效考核激励机制，调动财务人员工作积极性，提高财务人员责任心，财务工作质量再上新台阶。

（李敬业）

审计管理

【概况】 2014年，公司围绕总部审计工作总体思路和要求，结合公司管理的薄弱环节或可能对企业持续发展产生重大影响的业务领域和重点问题，组织开展经济责任审计、生产经营管理和经济效益审计、内控独立审计评价和工程造价审计等。全年开展综合审计项目15项，提出管理建议38条。其中，审计局统一组织开展“碧水蓝天”专项行动计划跟踪审计、油罐库区安全管理专项审计、自行采购物资管理专项审计、“八项费用”支出管理情况专项审计、商业保险专项审计调查和对照审计署《审计公告》有关问题自查自纠工作等；完成华德公司总经理任中经济责任审计、产品盘点管理情况审计和内控独立审计评价等。完成固定资产投资、日常检维修等预结算造价审计8.27亿元，审计审减2226.47万元，审计审减率2.69%；考核扣罚施工单位及造价审核公司结算误差302.94万元，挽回经济损失2529.41万元。结合工程项目建成投用后发生的问题，梳理诊断固定资产投资项目管理相关制度；持续完善国家、地方、总部及广州石化四级审计业务实用法规制度库；加强审计队伍建设，不断提高审计人员综合素质和执业能力。审计工作在有效防范风险、促进公司管理水平的持续提升和推进党风廉政建设等方面发挥重要作用。

（吴少珠）

【“碧水蓝天”专项行动跟踪审计】 2014年6～7月，按照集团公司审计局《“碧水蓝天”专项行动跟踪审计实施方案》要求，公司审计部对广州分公司“碧水蓝天”专项行动进行跟踪审计。审计重点审查广州分公司环保专项行动计划执行情况、项目建设所需资金拨付使用情况、会计核算情况、设备材料等物资采购情况和项目运行效果情况等主要内容。审计发现公司存在已开工建设项目未完成相关审批程序、计划执行滞后、批复建设完成时间存在“一刀切”现象等问题，提出3条审计意见和建议：①要重视环保项目建设，重视存在问题整改，降低环保事故发生风险；②发展规划部积极与总部沟通，科学合理安排项目建设工期，避免批复建设时间“一刀切”；③工程管理部在确保项目安全和质量基础上，周密统筹实施时间节点，力争按时完成项目建设并有效运行投用。

（吴少珠）

【油罐库区安全管理情况专项审计】 2014年6～8月，按照集团公司审计局《企业油罐安全管理情况专项审计工作方案》要求，公司审计部对广州分公司油罐库区安全管理情况进行专项审计，重点排查消防、油品泄漏、人员伤害和环境污染等安全管理方面存在的主要风险，现场抽查企业与社会公共设施临近（或交叉）地区、易造成社会影响（如水源、铁路、公路）的罐库区安全性能是否符合相关要求等。审计发现存在油罐库区内消防车道、管道和静电消除装置等设计及建设不符合要求；罐区部分防

2014年4月9日起，集团公司安全环保巡视组炼化企业第三组对广州石化安全开展为期2周的环保巡视。图为4月11日下午，巡视组组长、集团公司生产经营管理部调研员吕长江与广州石化各环保装置、项目负责人约谈

定资产投资管理制度，诊断固定资产投资在项目建议、立项、设计、采购、施工、中交等各环节制度是否建立健全、职责分工是否明确恰当、制度执行能否到位，分类分层次进行分析梳理并提出9条改进完善的建议。

（吴少珠）

【工程造价审计】 2014年，公司完成预、结算审计5302份，审计金额82728.83万元，审定价80502.36万元，审计审减2226.47万元，审计审减率2.69%；剔除炼油完善配套及环保治理—焦化三EPC总承包项目38136.83万元，审计审减率达到4.99%。根据广州石化《关于工程造价审计监督的规定》及合同条款，累计执行工程总审减扣罚款261.49万元，考核外部审核机构结算审核误差扣罚41.45万元，挽回经济损失2529.41万元。审计发现承包商存在虚报工程量高估冒算现象，发现公司在固定资产投资项目工程管理方面存在现场签证管理仍不够严格规范，工程施工管理不规范，先施工后出图、中交后又发生设计变更及结算价超补签合同价等问题；在检维修项目管理方面存在工单、签证审核把关不严，ERP系统和线下设备档案数据资料不完善、不准确，预、结算初步审核还不够认真细致等问题。针对审计发现问题提出严格“施工蓝图未确定的工程量”结算，严肃投资控制审批；工程管理部门应加强投资项目施工管理和投资控制，切实履行管理职责，强化工单、签证审核把关，加强招投标管理方面等4条审计意见和建议，并通过年度审计工作会、结算协调会、修理费分析会、专题会等进行通报，要求有关单位进行整改。

（吴少珠）

【解决工程结算审计争议】 2014年，公司审计部从项目招投标资料、图纸、变更及签证等着手，结合工程量计算规则、计价规范和工程归档资料，深入现场核实论证，解决焦化三厂区竖向工程、水体防控西排洪沟改造工程2项久拖未决的结算审计争议，有效遏制弄虚作假、高估冒算行为。同时，公司对个别施工单位在结算中弄虚作假、扰乱企业管理秩序的恶劣行为做出专项通报和严厉处罚。

（吴少珠）

【工程结算服务前移】 2014年，公司将工程结算服务前移，将事后监督变为事中、事前帮助，促进规范管理，打好结算基础。①通过月度结算例会、修理费分析会等及时通报审计发现的问题，提出整改要求；②加强送审结算的审核把关，对签证不规范、计价依据不足等情况要求事先整改；③深入重点项目施工现场，及时对施工单位和工程管理人员就有关计价规范问题给予专业指导，协助业务部门做好计价测算，提高造价控制水平。

（吴少珠）

【落实审计负责人年度“双述职”】 2014年12月，按照总部审计体制“双重领导”和“双重管理”要求，公司审计部主要负责人首次到集团公司审计局进行述职，落实重大审计事项“双报告、双负责”、审计部门负责人年度“双述职”工作。

（吴少珠）

【审计制度建设】 2014年，公司结合具体审计项目，继续完善国家、地方、总部及广州石化四级审计业务实用法规制度库，新收集财经审计法规制度49项（条），为落实依法依规审计、科学审计提供便捷高效的支撑，促进内部审计标准规范统一。

（吴少珠）

【审计队伍建设】 2014年，公司继续开展多元化培训，提高审计人员综合水平。①结合审计项目促进AIS系统抽样功能的深化应用，坚持以项目促培训，确保审计质量和效率；②安排53人次参加总部审计局、定额站及总会计师协会举办的培训班和再教育；③由审计项目主审或组长就具体审计实施方案对审计组成员进行培训，讨论学习审计要求，提高实施效果；④做细做实土建专业导师带徒活动，教学相长，有效改善审计人员专业结构；⑤由审计部班子成员分别进行专题讲课，加强审计人员的跨专业学习，提高综合能力；⑥继续加强审计领军人物和审计业务骨干培养。

（吴少珠）

【审计文化理念宣传学习】 2014年初，集团公司首次发布《中国石化审计文化建设纲要》，公司采用集中学习、知识竞赛等形式加强审计文化理念宣传学习，并把审计文化理念融入到日常工作，工作计划体现“防风险、促发展”审计宗旨，项目开展体现“四大审计”理念和“发现不了问题就是失职、发现问题不客观报告就是渎职”理念。通过宣传学习审计文化纲要，理解其精神内涵，并在工作中领悟、践行和展现审计文化，使审计人员逐渐达成理念认同与行为养成。

（吴少珠）

发展规划·工程

◇ 发展规划管理

◇ 工程管理

◇ 工程质量监督

发展规划管理

【概况】 2014年，公司围绕“从严管理、深化改革、提质增效、推进绿色低碳城市型炼化标杆企业”的总体发展思路，结合企业年度目标，通过转变观念、作风，突出发展质量、科技进步、绿色低碳，积极推动安全可靠、清洁环保城市型炼厂的建设，公司发展规划、一般技措、安全环保治理等固定资产投资工作完成预期目标。针对企业生产经营和安全环保形势较为严峻局面，着力加强环保治理和环保投入，“碧水蓝天”项目进展顺利，重点环保项目取得实质性进展，CFB机组烟气脱硫脱硝、3号、4号煤粉炉烟气脱硫脱硝、炼油污水污污分治等环保项目全部建成投用，环保工作取得突破，各项排放指标大幅下降。完成安全环保治理及清洁化生产升级改造方案研究，企业发展管理得到加强和完善；积极争取地方政府对广州石化的企业发展定位支持。

（文红梅）

【企业发展定位初步明确】 2014年6月，广州市政府领导拜会中国石化总部领导，双方就支持广州石化发展达成共识。7月，广州市就解决广州石化发展问题形成报告并经市政府常务会议和市委常委会议审议通过后上报广东省委、广东省政府，期间公司领导多次与总部领导及省、市相关部门进行沟通。广东省发改委牵头征询相关部门意见，省政府对广州石化下一步发展做出明确定位。经过2年的环境整治和升级改造，广州石化生产经营及环保整治业绩得到认可，中国石化总部及广州市政府取得共识：在搞好安全环保和生产经营的前提下，广州石化不搬迁，支持广州石化就地升级改造。发展定位的初步明确，为广州石化打造城市型炼化企业创造了良好的外部条件。

（文红梅）

【固定资产投资计划管理】 2014年，广州分公司下达投资计划48653万元，其中炼油板块42673万元，化工板块5118万元，信息板块662万元，科研板块200万元；广州资产分公司下达投资计划1050万元。年内，广州分公司完成投资53890万元，其中炼油板块48221万元，化工板块5118万元，信息板块351万元，科研板块200万元；广州资产分公司完成投资600万元。

（文红梅）

【完成安全环保治理及清洁化生产升级改造方案研究】 根据广东省环保厅挂牌督办通知要求，为解决企业存在问题，适应社会发展要求，公司联合中国石化洛阳工程有限公司在总部组织开展的“安全可靠、清洁环保型炼油与石化企业构建”研究课题基础上开展安全环保治理和升级改造行动方案研究，经公司办公会审议通过后，以新建渣油加氢为首选方案进行深入研究，公司领导班子2次组织讨论，明确下一步安全环保治理及清洁化生产升级改造方案。2014年7月3日上报总部，7月15日总部发展计划部组织方案审查，公司2次进行方案优化，8月，该方案获总部批复

2014年11月24日，中国工程院院士曹湘洪到广州石化调研超洁净排放工作，对该项目予以肯定 （谢果文 摄）

同意，并报广州市发改委审批。

（文红梅）

【“碧水蓝天”环保整治项目取得成效】 2014年，总部明确并下达投资计划的“碧水蓝天”环保治理项目取得实质性进展。其中，2014年6月，CFB锅炉脱硫脱硝除尘改造项目完工投用；3号、4号煤粉炉脱硫脱硝除尘改造项目分别于2014年8月和12月投用；2014年12月，轻催脱硫脱硝除尘改造项目投用，满足国家督办进度要求；炼油污污分治项目全面建成投产；炼油区清污分流改造项目可研获得批复；新建硫黄回收和污水汽提项目可研已上报并获得总部批复同意开展前期工作，年内完成项目“三同时”报批工作。“碧水蓝天”一般技措项目获批复7项，其中6项进入实施阶段；1项暂缓实施，待“重催脱硫废水用作半干法脱硫喷淋水”科研项目的研究结果。经过近2年持续的环保治理及加强管理，公司各项环保排放指标大幅降低。

（文红梅）

【项目“三同时”工作取得进展】 2014年，公司积极推进项目建设“三同时”（同时设计、同时施工、同时投产）工作。①出台《固定资产投资项目“三同时”工作实施办法（试行）》，成立项目“三同时”工作组织机构，明确职责。②积极推进19个项目的“三同时”历史遗留问题解决，其中1项（CFB项目）完成整体竣工验收，环评完成9项，环保验收完成5项；完成安全评价15项，完成12项安全设施验收；职业病危害预防评价完成18项，职业卫生设施验收完成10项；消防报建完成11项，消防验收完成9项；6个未批先建项目环评问题，广东省环保厅已正式下文明确炼油完善配套及环保治理项目由国家环保部审批，柴油质量升级项目由省环保厅审批，其余4个项目行政审批权下放到市环保局，有望尽快得到解决。③在建或拟建项目11项，其中环评完成7项，安评完成10项，职业卫生预评价完成10项，消防报建完成3项，节能评估完成6项。

（文红梅）

【装置优化及节能增效项目效果明显】 公司相继投用炼油三四部低温热利用、重油催化裂化装置余热锅炉改造、引天然气及制氢、焦化二优化改造及有关“样板炉”改造、焦化汽油加氢改造等一批优化、节能增效项目，装置技术水平和运行水平明显提升。2014年，实施增产汽油、航煤项目8项，项目全部完成后可消除增产航煤和汽油瓶颈，保证增产后的产品质量；混合碳四分离及利用项目基础设计已完成并开展“三同时”工作；蜡油催化裂化装置能量优化改造项目改造方案获得总部原则同意并成立专项工作组；乙烯裂解B炉和D炉原料优化改造项目完成基础设计、“三同时”并下达实施计划。

（文红梅）

【混合碳四分离及综合利用项目启动】 2014年3月，完成混合碳四分离及综合利用项目基础设计编制，10月完成安全评价，12月完成职业病危害预防评价，下达提前实施计划，正式开展项目详细设计。

（文红梅）

【B1110B、B1110D裂解炉改造】 2014年4月，完成该项目基础设计并上报总部。8月28日，获得广州市职业安全健康协会出具的职业病危害预评价报告审核意见书；9月10日，广州市安全监管局出具安全预评价备案告知书；10月24日，广州市黄埔区环境保护局给出环境影响报告表审批意见。11月24日，广州市黄埔区发展和改革局给出节能评估报告的审查意见；裂解炉改造项目完成“三同时”工作。B1110B炉改造后，可适应长周期裂解加氢尾油；B1110DD炉改造后，可全炉长周期裂解轻烃。

（文红梅）

【热电站CFB锅炉烟气脱硫脱硝改造项目投用】 该项目属于环保治理项目，采用国内选择性非催化还原法（SNCR）+催化氧化吸收（COA）脱硝技术、炉内脱硫和炉后半干法脱硫技术对2台420吨／时CFB锅炉增设烟气脱硫脱硝设施。改造后两台CFB锅炉的氮氧化物排放浓度小于100毫克／标准立方米，二氧化硫排放浓度小于50毫克／标准立方米；年氮氧化物减排量1852吨，当量减排1949吨；二氧化硫减排量

2000.8吨，当量减排量2106吨；按每当量氮氧化物排污费600元／吨计算，每当量二氧化硫排污费1250元／吨计算，每年可节约排污费380.23万元。工程于2014年1月开工建设，6月底建成投用。

（文红梅）

【热电站3号、4号煤粉炉烟气脱硫脱硝改造项目基础设计获总部批复并投用】 该项目属于环保治理项目，采用国内循环流化床半干法脱硫技术、低氮燃烧加选择性催化还原法(SCR)脱销技术对2台220吨／时煤粉锅炉增设烟气脱硫脱硝设施。2014年2月，项目基础设计获得总部批复，批复投资10464.72万元，2月18日开工建设。在实施改造过程中，恰逢广州市推出《燃煤电厂“超洁净排放”改造工作方案》，要求广州石化于2015年底前完成所有燃煤设备“超洁净排放”的改造工作。为满足市政府要求，公司利用3号、4号煤粉炉实施脱硫脱硝改造时机，向总部提出设计变更申请，增加“超洁净排放”改造内容，批复投资1557.60万元。两台煤粉炉脱硫脱硝除尘项目在8月和12月先后建成投用，实施后排放烟气达到地方政府提出的“超洁净排放”标准。

（文红梅）

【新建污水汽提溶剂再生和硫黄回收项目】 2013年，公司新建污水气体溶剂再生和硫黄回收项目完成可研报告并上报总部发展计划部。总部组织审查后，批复同意开展项目前期工作，2014年，完成安评、职业卫生预评价，并开始环评和节能评估前期工作。

（文红梅）

【一般技措及大修同步实施项目实施】 为确保2015年炼油I系列及化工区大修期间同步技措项目顺利实施，2014年3月初，发展规划部牵头组织开展项目提报工作，公司组织召开多次专题会，对拟列入大修期间同步实施的的技措项目进行审查、讨论，8月，确定列入大修同步实施的技措项目93项，其中炼油专业41项，化工专业52项。年内，炼油、化工板块安排实施一般技措项目（含设备更新、零购）149项，其中炼油板块95项，化工板块54项，计划总投资19739万元，其中炼油板块14821万元，化工板块4918万元。

（文红梅）

【老旧小区综合治理项目完成基础设计】 2014年1月2日，广州石化老旧小区综合治理项目可研报告获总部批复，批复总投资2657万元，另有费用性支出1200万元。5月，完成基础设计及审查，6月24日下达投资计划。该项目经公示征求小区居民意见，拟分步实施，一期对乙烯大院、怡德苑进行改造，完成施工图设计并进入施工准备阶段。完成明珠宾馆隐患治理项目施工图设计，12月，明珠宾馆电气改造部分开始施工，全年完成固定投资250万元。

（文红梅）

【固定资产投资管理水平提升】 2014年，公司着力提升固定资产投资管理水平。①加大设计院管理考核力度。对设计院施工图设计质量、设计进度问题实行3项考核，年内对存在较多问题的1家设计院实行暂停设计任务处罚，经综合比较新引进1家设计院，增强设计院之间的竞争，促进管理水平提升。为更好确保设计质量，经与洛阳院不断沟通，该院表示愿意积极承接广州石化一般技措项目设计。同时，对需通过招标确定设计院的项目，严格进行招投标工作。②明确项目责任人制。7月起对新开投资项目，要求项目所在单位、项目主管单位均要明确项目责任人，全过程跟踪、协调；对重大项目，由专业副总师亲任项目负责人，提升管理层次；对总部级的安全环保专项，成立工作团队，积极推进项目实施。③重点把好科学论证关。为切实提高发展质量、注重投资回报，对一、二类项目经公司办公会审议通过后才开展项目前期工作；对一般技措项目，在向总部申报前，公司内部组织充分讨论，综合考虑项目必要性和可实施性，在实施计划下达前，组织把好设计审查关。同时，更加重视在投资决策中优化，确保每个项目选的准确、建的及时、产出高效。

（文红梅）

【管理制度完善】 2014年，公司制订、修订完善《固定资产投资管理程序》《项目后评价管理规定》及《固定资产投资项目“三同时”工作实施办法（试行）》等固定资产投资制度，进一步理顺部门管理职责及分工。

（文红梅）

【项目后评价工作】 根据集团公司对项目后评价工作的要求及公司2014年度投资项目计划安排，2014年完成柴油质量升级和催化干气制乙苯项目的自评价工作以及12个一般技措项目的后评价工作，为改进以后的技术改造、固定资产投资以及项目管理等工作积累经验。

（文红梅）

【外部环境及政策对公司发展的影响】 2014年，公司发展受外部环境变化影响和制约加大。①国家及地方环保政策对石化企业发展的制约。地方政府和市民对安全环保标准越来越高、要求越来越严，环境污染定罪量刑门槛降低，大气、水、土壤污染防治行动计划陆续出台，新的环境保护法也将在2015年生效；5月22日，广东省环境保护厅、监察厅联合下发环境问题挂牌督办通知，要求广州分公司制订升级改造行动方案，2014年报有审批权的主管部门批准后实施，并于2017年完成整治任务。②外部协调难度大。6月，广州市政府领导同中国石化总部领导就支持广州石化就地升级改造达成共识；7月，广州市就解决广州石化发展问题形成报告并经市政府常务会议和市委常委会议审议后报广东省委，省委、省政府对广州石化的发展及区域定位意见是否有利于企业发展仍需企业积极争取。③石化产业格局正在发生深刻变化。中国炼油产能过剩严重，2013年全国炼油能力超过7亿吨，利用率仅67%。预计2020年炼油能力突破9亿吨，届时过剩更加严重。同时，进口原油政策很快将调整，已明确将赋予符合条件的炼厂原油进口和使用资质，石化行业在这方面将不再有保护政策，将面临与地方炼厂展开大规模竞争。化工市场依然竞争激烈，中东、北美低成本化工产品的冲击越来越大，中国与海合会等自贸区谈判加快，低成本的中东化工产品将享受零关税，对石化行业的冲击进一步加大。国内煤化工竞争优势、页岩气等新兴能源的开发以及民营化工企业发展加快，对传统石油化工行业的运营及规划发展带来巨大的冲击。

（文红梅）

工程管理

【概况】 2014年，公司工程建设以安全、质量和效益为中心，突出工程HSE管理和质量管理，全面开展创优质工程活动，加强项目专业化管理和费用、安全、质量、进度、合同“五大控制”，推进项目施工、物资采购、设备进场等全过程管理，实现项目建设五大控制目标。年内，完成工程建设项目32个标段的招标工作，节省费用1000万元，效能监察实现“三优一零”目标。完成固定资产投资4.5亿元，完成工程建设项目78项，全面完成投资计划。CFB锅炉烟气脱硫脱硝改造、3号、4号煤粉炉烟气脱硫脱硝改造、轻催烟气脱硫脱硝改造、炼油污水污污分治项目低浓度系列等4项限上重点环保项目全部建成投用。工程建设无质量事故，工程项目质量全面受

2014年3月13日，隐患治理项目硫黄回收装置山体隐患治理项目开始施工 （许冬青 摄）

控。竣工验收工作取得突破性进展，10 月 23 日，热电站资源综合利用改造工程通过地方政府竣工验收，为公司主要项目竣工验收工作取得的首个突破。

（许冬青）

【完成重点环保项目建设】 2014 年，公司重点环保升级改造项目先后完工投用，环保治理工作取得重大突破。4 项限上重点环保项目全部建成投用：① 5 月 30 日热电站 CFB 锅炉烟气脱硫脱硝改造项目完工中交，6 月 30 日装置顺利通过 168 小时试运行；② 9 月 24 日炼油污水污污分治项目低浓度系列完工中交；12 月 5 日氧化沟改造部分完工中交；③ 8 月 20 日 3 号煤粉炉烟气脱硫脱硝改造工程完工中交，11 月 30 日 4 号煤粉炉烟气脱硫脱硝改造工程完工中交；④ 11 月 30 日，轻催烟气脱硫脱硝改造项目完工中交。各改造项目均按期投用，达到设计指标值。

（许冬青）

【水体环境风险防控措施项目剩余工程动工】 2012 年 10 月 17 日，公司水体环境风险防控措施项目首期工程开工，2013 年 5 月 30 日前完成炼油区和化工区主要项目。由于费用不足及受石化路改造影响，炼油区西排洪、化工区南排事故水池和中转站事故水池暂缓实施。2014 年 11 月 17 日，该项目剩余工程动工，年底完成化工区南排事故水池主体结构、管道施工；中转站事故水池完成水池主体结构平衡层及底板砼浇筑施工，进行水池主体结构及管道施工。项目总投资 7938.49 万元。

（许冬青）

2014 年 11 月 11 日，化工区南排事故水池初具规模（许冬青 摄）

【安全生产应急救援队建设主要工程完成】 2014 年 3 月，公司安全生产应急救援队建设工程项目动工。7 月 4 日，消防三大队工程完工中交；消防二大队工程完成消防站、训练塔主体结构砌筑施工，完成营房主要工程，进行室内外装修及给排水及电气施工，项目总投资 7578.70 万元。

（许冬青）

【完成全年投资计划】 2014 年，公司全年完成固定资产投资 4.5 亿元，全面完成年度投资计划。工程管理部负责实施的固定资产投资项目 116 项，已完工 78 项。在建项目质量整体受控，各相关单位的质保体系运作基本正常，无出现严重质量事故。

（许冬青）

2014 年 11 月 19 日，水体风险防控措施剩余工程化工区南池主体施工（许冬青 摄）

表 1

2014 年公司中交项目汇总

序号	项目名称	中交时间	施工单位	投资额／万元
1	碳五装置增加消防炮	2014 年 1 月 3 日	建安公司	4.02
2	化工罐区部分罐安装半自动采样器	2014 年 1 月 9 日	建安公司	20.41
3	催化重整装置预加氢系统改造	2014 年 1 月 14 日	建安公司	193.8
4	重整二装置燃料气系统改造	2014 年 1 月 14 日	建安公司	67.53
5	重整二装置热媒水系统改造	2014 年 1 月 14 日	建安公司	11.64
6	芳烃二装置增产二甲苯	2014 年 1 月 14 日	建安公司	161.47
7	10 号罐区消防水排水流程隐患整改	2014 年 1 月 15 日	华穗公司	33.53
8	石化码头配套管线改造	2014 年 1 月 20 日	建安公司	49.99
9	11 号罐区流程优化	2014 年 1 月 22 日	建安公司	58.6
10	老年活动中心安全隐患整改	2014 年 1 月 28 日	华穗公司	379.77
11	加氢裂化增加低压瓦斯分液罐	2014 年 2 月 27 日	建安公司	16.29
12	C1340 增加 H_2S 在线分析仪	2014 年 2 月 28 日	建安公司	88.95
13	3 号污油罐区罐顶气废气治理	2014 年 2 月 28 日	江杭公司	880
14	蒸馏一常顶气送脱硫喷射系统	2014 年 3 月 7 日	建安公司	12.34
15	原油进厂、进常减压装置安装管线自动采样器	2014 年 3 月 31 日	华穗公司	176.23
16	焦化三重蜡油热出料流程完善	2014 年 4 月 2 日	建安公司	146.02
17	裂解控制室内部装修	2014 年 4 月 4 日	四公司	64.53
18	20 万吨／年高性能聚丙烯装置－循环水场改造	2014 年 4 月 15 日	建安公司	38.77
19	丁二烯新增 E-2107S 备用再沸器	2014 年 4 月 25 日	江苏江杭	39.54
20	丁二烯新增 E-2204S 备用再沸器	2014 年 4 月 25 日	江苏江杭	32.1
21	丁二烯大流量疏水器改用疏水罐	2014 年 4 月 28 日	华穗公司	58.58
22	“三泥”热萃取装置改造	2014 年 4 月 30 日	建安公司	170.56
23	天然气补充至重整二装置	2014 年 4 月 30 日	建安公司	52.56
24	丙烯装车设施增加卸车流程－压缩机部分	2014 年 4 月 30 日	五公司	65.05
25	丙烯装车设施增加卸车流程－卸车部分	2014 年 4 月 30 日	五公司	49.13
26	芳烃装油台改为液下装车鹤管	2014 年 5 月 19 日	建安公司	12.01
27	化工区公用工程集中控制改造	2014 年 5 月 22 日	建安公司	357.3
28	修建 PP1 装置过氧化物贮存间	2014 年 5 月 27 日	五公司	121.2
29	重油催化烟气余热回收系统改造（补充设计）	2014 年 5 月 30 日	四公司	162.32
30	热电站 CFB 锅炉烟气脱硫脱硝改造工程	2014 年 5 月 30 日	五公司	3811.23
31	硫黄回收装置山体隐患治理	2014 年 6 月 16 日	广东金东	179.42
32	炼油变电所增设火灾报警系统（二期）	2014 年 6 月 27 日	鼎安消防	321.22

（续表）

序号	项目名称	中交时间	施工单位	投资额／万元
33	炼油区淘汰型开关柜改造	2013 年 6 月 30 日	建安公司	777.89
34	贮运二甲苯卸车设施改造	2014 年 7 月 15 日	建安公司	41.01
35	CFB 锅炉炉前石灰石管线改造	2014 年 7 月 28 日	建安公司	33.14
36	新增 3 号、4 号煤粉炉脱硝改造液氨管线	2014 年 7 月 29 日	建安公司	88.4
37	150 万吨／年 S–Zorb 装置吸附剂系统改造项目——卸剂线部分	2014 年 7 月 30 日	建安公司	50
38	档案馆库扩容改造（一期）	2014 年 8 月 14 日	黄埔二建	392.5
39	公司办公楼食堂燃气安全隐患治理	2014 年 8 月 26 日	广西佳迅	60
40	焦化三柴油热出料流程完善	2014 年 9 月 1 日	建安公司	55.91
41	净化干气增加调节阀	2014 年 9 月 3 日	建安公司	31.89
42	黄埔石化码头管线增加紧急切断阀	2014 年 9 月 3 日	建安公司	204.98
43	中转罐区管线增加压力报警	2014 年 9 月 3 日	建安公司	10.69
44	N8 所至 N60 所电缆迁建	2014 年 9 月 10 日	华联电气	441.5
45	S–Zorb 装置增加原料油硫分析仪	2014 年 9 月 18 日	建安公司	164.63
46	16 号罐区工艺流程完善	2014 年 9 月 24 日	建安公司	68.85
47	炼油四部焦化柴油过滤器	2014 年 9 月 25 日	建安公司	239.79
48	中质油系统增加旋流除焦器	2014 年 9 月 30 日	建安公司	56.68
49	收转汽油罐新增循环、加锰线	2014 年 9 月 30 日	建安公司	13.58
50	化工污水处理场废气处理（废气收集部分）	2014 年 10 月 28 日	建安公司	345.64
51	炼油区换热器清洗场排污改造	2014 年 10 月 30 日	华穗公司	23.7
52	炼油区各变电所消防设施完善	2014 年 10 月 31 日	五公司	116.63
53	聚丙烯一装置颗粒料仓增设平衡管	2014 年 11 月 4 日	建安公司	32.58
54	20 号罐区航煤经芳烃油台出厂	2014 年 11 月 14 日	五公司	130.13
55	蒸馏三装置抽真空系统改造	2014 年 11 月 18 日	建安公司	246
56	重催中压蒸汽作沉降器汽提蒸汽	2014 年 11 月 20 日	建安公司	56.28
57	裂解装置消防隐患整改	2014 年 11 月 20 日	建安公司	25.31
58	热电站 3 号、4 号煤粉炉 DCS 系统改造	2014 年 11 月 21 日	建安公司	978.23
59	化工 B 罐区罐表系统隐患治理一期	2014 年 11 月 26 日	天津冠杰	40.79
60	雨水池水泵 PP401 增加备用泵	2014 年 11 月 28 日	建安公司	23.94
61	裂解 F 炉引风机改永磁调速	2014 年 11 月 28 日	建安公司	85.57
62	热电站 3 号、4 号煤粉炉烟气脱硫脱硝改造工程	2014 年 11 月 30 日	龙净公司	12022.32
63	200 万吨／年催化裂化装置烟气脱硫脱硝项目	2014 年 11 月 30 日	四公司	11145.3
64	炼油一部装置消防隐患治理（轻催）	2014 年 12 月 5 日	四公司	30.93

（续表）

序号	项目名称	中交时间	施工单位	投资额／万元
65	广州石化110千伏供电系统完善	2014年12月8日	华联电气	723.03
66	完善入厂原煤采制化计量设施及煤场改造	2014年12月10日	华穗公司	1891.53
67	四循凉水塔风机节能改造	2014年12月18日	建安公司	41.73
68	汽提三污水罐废气治理改造	2014年12月27日	建安公司	141.32
69	加氢一B增加脱水设施	2014年12月5日	建安公司	41.01
70	两区管线沿途增设消防设施	2014年12月30日	建安公司	146.62
71	贮运消防泡沫站隐患整改	2014年12月30日	江杭公司	291.64
72	6号罐区机泵运行监控隐患整改	2014年12月30日	建安公司	161.51
73	汽提二污水罐废气治理改造	2014年12月30日	江杭公司	244.39
74	西码头流量计进行升级	2014年12月30日	建安公司	71.49
75	裂解工艺水增加甲苯萃取	2014年12月30日	建安公司	37.43
76	裂解装置绿油排放改造	2014年12月30日	建安公司	16.65
77	炼油一部装置消防隐患治理	2014年12月31日	四公司	162.12
78	炼油区氮气系统隐患治理	2014年12月31日	建安公司	222.27
合计				40063.64

（许冬青）

【新增“碧水蓝天”环保治理项目完工】 2014年，公司新增环境在线监测系统、油气收集系统、厂区噪声治理等7个“碧水蓝天”专项环保治理项目，累计投资4431万元，年内，各项目基本建成投用。“碧水蓝天”计划是中国石化积极响应国家《大气污染防治行动计划》要求，践行国有企业为国家做大贡献的宗旨而实施的专项环保治理项目。

（许冬青）

表2　**2014年公司新增“碧水蓝天”环保治理项目**

序号	项目名称	总投资／万元
1	环境在线监测项目	1859
2	主要外排口在线监测系统建设（一期）	100
3	重油催化裂化装置烟气脱硫污水PTU扩能改造	652
4	厂界噪声治理	600
5	污水汽提二容201增加油气收集系统	520
6	实施挥发性有机物泄漏检测与修复（LDAR）	300
7	煤场排水系统改造	400
合计		4431

（许冬青）

【新增隐患治理项目17项】 2014年，公司新增炼油区淘汰型开关柜改造、炼油区各变电所消防设施完善、化工区高压变及主变火灾报警等17个隐患治理项目，共投入整改费用3765.16万元。年内，炼油变电所增设火灾报警系统（二期）、硫黄回收装置山体隐患治理、炼油区淘汰型开关柜改造、石化码头管线增加紧急切断阀、炼油区各变电所消防设施完善等项目完工并交付生产；收转罐区消防设施隐患整改工程消防水罐完成主体安装，总工程量完成96%；明珠宾馆电气、消防隐患治理工程完成图纸会审。

（许冬青）

表3 2014年公司新增隐患治理项目汇总表

序号	项目名称	总投资／万元
1	炼油变电所增设火灾报警系统（二期）	185.63
2	硫黄回收装置山体隐患治理	21.47
3	炼油区淘汰型开关柜改造	513.53
4	石化码头管线增加紧急切断阀	156.57
5	炼油区各变电所消防设施完善	116.63
6	收转罐区消防设施隐患整改	253.81
7	贮运消防泡沫站隐患整改	211.37
8	炼油区氮气系统隐患治理	222.27
9	6号罐区紧急注水系统隐患整改	157.86
10	炼油区防雷接地隐患治理	554.09
11	炼油一部装置消防隐患治理	186.11
12	6号罐区机泵运行监控隐患治理	161.51
13	应急指挥中心视频集成及功能完善	201.12
14	裂解装置消防隐患整改	25.32
15	两区管线沿途增设消防设施	146.62
16	化工高压变及主变火灾报警隐患治理	359.90
17	明珠宾馆电气、消防隐患治理（电气部分）	291.35
合计		3765.16

（许冬青）

【新增环保治理项目11项】 2014年，公司新增蒸馏一常顶气送脱硫喷射系统等11个环保治理项目，累计投入整改费用3469.92万元。“三泥”热萃取装置改造、蒸馏一常顶气送脱硫喷射系统、芳烃装油台改为液下装车鹤管、汽提二污水罐废气治理改造、煤场排水系统改造、汽提三污水罐废气治理改造、化工区污水处理场废气处理（废气收集部分）、化工B罐区罐表系统隐患治理一期等8个项目完工并交付生产，其余项目继续施工。

（许冬青）

表4 **2014年公司新增环保治理项目**

序号	项目名称	总投资／万元
1	“三泥”热萃取装置改造	170.56
2	蒸馏一常顶气送脱硫喷射系统	12.34
3	芳烃装油台改为液下装车鹤管	25.13
4	汽提二污水罐废气治理改造	244.39
5	煤场排水系统改造	370.95
6	3000罐增加废气治理设施	164.17
7	汽提三污水罐废气治理改造	141.31
8	广州石化污染源在线监测（一期）－炼四	966.94
9	广州石化污染源在线监测（一期）—其他	974.34
10	化工区污水处理场废气处理（废气收集部分）	345.64
11	化工B罐区罐表系统隐患治理一期	54.15
合计		3469.92

（许冬青）

【新增42项技改技措项目】 2014年，公司新增技改技措项目42项，其中炼油板块28项，化工板块14项。年内完工26项，其中炼油板块18项，化工板块8项。炼油区蒸汽管网优化项目西一线、西二线、焦二线和重整二线完工并分步中交；水流量标准装置建造项目完成土建的80%，安装完成80%；废碱氧化扩能改造工程TK470A罐完成第3圈板焊接；完成2条地下管线敷设；地上管线敷设完成600米。

（许冬青）

表5 **2014年公司新增其他技改技措项目**

序号	项目名称	总投资／万元
1	加氢裂化增加低压瓦斯分液罐	5.40
2	重催中压蒸汽作沉降器汽提蒸汽	77.65
3	净化干气增加调节阀	31.89
4	N8所至N60所电缆迁建	492.04
5	天然气补充至重整二装置	52.56
6	S-Zorb装置增加原料油硫分析仪	95.00
7	炼油四部焦化柴油过滤器	239.78
8	CFB锅炉炉前石灰石管线改造	80.85
9	热电站3号、4号煤粉炉DCS系统改造	978.23
10	焦化三柴油热出料流程完善	55.90
11	热电站3号、4号煤粉炉脱硝改造液氨管线	88.41
12	中转罐区管线增加压力报警	10.70

表6 （续表）

序号	项目名称	总投资／万元
13	16号罐区工艺流程完善	68.85
14	150万吨／年S-Zorb装置吸附剂系统改造项目卸剂线部分	73.30
15	7号罐区B701、B702机泵改造	174.51
16	轻催低压蒸汽增加压力控制阀	31.57
17	收转汽油罐新增循环、加锰线	13.58
18	20号罐区石脑油罐改为航煤罐	377.95
19	20号罐区航煤经芳烃油台出厂	130.13
20	水流量标准装置建造	430.10
21	蒸馏三装置减四线油泵封油改用蜡油	89.79
22	航煤加氢装置扩能改造	39.93
23	汽油在线调和系统升级	521.36
24	加氢一B装置增加脱水设施	41.01
25	MTBE装置消防整改	141.60
26	炼油一部装置消防隐患治理（轻催）	30.93
27	西码头流量计进行升级	71.49
28	贮运部稳定焦化二供料	63.16
29	丁二烯新增E-2107S备用再沸器	50.00
30	丁二烯新增E-2204S备用再沸器	32.11
31	档案馆库扩容改造（一期）	412.64
32	贮运二甲苯卸车设施改造	41.01
33	中质油系统增加旋流除焦器	56.68
34	化工污水事故调节池流程优化	25.25
35	聚丙烯一装置颗粒料仓增设平衡管	32.58
36	废碱氧化扩能改造	313.45
37	裂解工艺水增加甲苯萃取	37.43
38	雨水池水泵PP401增加备用泵	23.94
39	PP-1生产管材专用料改造	78.08
40	裂解装置绿油排放改造	16.65
41	化工区6千伏系统无功补偿改造	140.47
42	苯乙烯精馏系统改造	303.55
合计		6071.51

（许冬青）

【完成 32 个标段的招标工作】 2014 年，公司完成 32 个标段的招标工作，节省费用约 1000 万元。相关标的按照国家招投标法及《广州分公司建设工程招标投标实施细则》规定，邀请具有良好信誉和技术装备的 A 级、B 级施工单位参与施工承包竞标，主体装置施工邀请中国石化系统内业绩和实力较强的 A 级施工单位参加投标，招投标实行公开、公平、公正和择优原则，监察部全过程参与监督，保证招标投标工作的公正、有效、合法。

（许冬青）

表 7　**2014 年公司工程招标汇总**

序号	项目名称	中标单位
1	N8 所至 N60 所电缆迁建项目	广州市华联电气工程有限公司
2	硫黄回收装置山体隐患治理项目	广东金东建设工程公司
3	热电站 3 号、4 号煤粉炉烟气脱硫脱硝项目 EPC 总承包	福建龙净环保股份有限公司
4	热电站 3 号、4 号煤粉炉烟气脱硫脱硝项目工程监理	广州石化建设监理有限公司
5	安全生产应急救援队建设工程二大队营房改造	广东省化州市建筑工程总公司
6	安全生产应急救援队建设工程三大队营房改造	汕头市建安（集团）公司
7	安全生产应急救援队建设工程监理	广州石化建设监理有限公司
8	档案馆库扩容改造（一期）项目	广州市黄埔区第二建筑工程有限公司
9	化工区污水处理场废气处理（废气收集部分）项目	广州石化建筑安装公司
10	广州资产分公司老旧小区综合治理项目设计标段	九江石化设计工程有限公司
11	热电站 3 号、4 号煤粉炉 DCS 系统改造	广州石化建筑安装公司
12	收转罐区消防设施隐患整改	江苏省江建集团有限公司
13	废碱氧化扩能改造	河南省天鹏防腐安装有限公司
14	20 号罐区石脑油罐改为航煤罐项目	河南省天鹏防腐安装有限公司
15	水流量标准装置建造	河南省天鹏防腐安装有限公司
16	汽提二污水罐废气治理改造	江苏江杭建设工程有限公司
17	华德公司马鞭洲燃料油仓储项目库区拆迁和库区道路及排雨水、罐区（二）总图运输工程施工	广州石化华穗工程有限公司
18	华德公司马鞭洲燃料油仓储项目马鞭洲首站配套工程施工	广州石化建筑安装公司
19	华德公司马鞭洲燃料油仓储项目消防工程施工	北京费尔消防技术工程有限公司
20	华德公司马鞭洲首站事故应急系统改造	中石化四公司
21	6 号罐区紧急注水系统隐患治理	广州石化建筑安装公司
22	炼油区氮气系统隐患治理	广州石化建筑安装公司
23	炼油一部装置消防隐患治理	中石化四公司
24	贮运消防泡沫站隐患治理	江苏江杭建设工程有限公司

（续表）

序号	项目名称	中标单位
25	煤场排水系统改造项目	广州石化华穗工程有限公司
26	炼油区防雷接地隐患治理项目安装工程	广东雄粤防雷工程有限公司
27	炼油区防雷接地隐患治理项目建筑工程	江苏省江建集团有限公司
28	轻质油铁路装车系统隐患治理项目设计	九江石化设计工程有限公司
29	广州石化污染源在线监控（一期）－炼四项目	两次招标失败，继续进行合同谈判
30	广州石化污染源在线监控（一期）－其它项目	两次招标失败，继续进行合同谈判
31	明珠宾馆电气、消防隐患治理（电气部分）	中石化四公司
32	苯乙烯精馏系统改造	广州石化建筑安装公司

（许冬青）

【完成88份项目施工合同签订】 2014年，公司进一步规范施工及相关合同审批和会签程序，共完成88份项目施工及相关合同签订，其中施工合同82份，监理合同6份。

（许冬青）

【完成年度工程建设HSE目标】 2014年，公司工程建设项目HSE管理工作主要围绕200万吨／年催化裂化装置烟气脱硫脱硝、热电站3号、4号煤粉炉烟气脱硫脱硝改造、热电站CFB锅炉烟气脱硫脱硝改造、炼油污水污污分治等项目开展工作，进一步完善制度，明确责任，细化管理，按照“组织落实、分级监管、全程跟踪”原则，加强分包商管理，加强风险作业安全监管，实行承包商HSE业绩考核评价，推动承包商管理提升，基本完成年度HSE目标，没有发生人员伤亡事故；施工现场污水、噪声、余坭控制良好，无发生施工作业污染事故和扰民事件；无发生急性传染病、射线伤害、食物中毒和急性职业中毒事件。

（许冬青）

【加强承包商管理】 2014年，工程管理部针对施工单位普遍存在的安全组织架构不完善，投入不足，HSE措施不落实，严重威胁施工安全的情况，按照“组织落实、分级监管、全程跟踪”原则，将工作重点放在各级分包队伍。①重点帮扶HSE管理基础薄弱的承包商，约谈HSE严重问题单位负责人，提出整改意见及要求，全年约谈施工单位负责人12次。②建立和明确工程发包双方HSE组织架构，明确双

2014年3月26日，轻催热媒水还建项目热媒水线在施工中

（许冬青　摄）

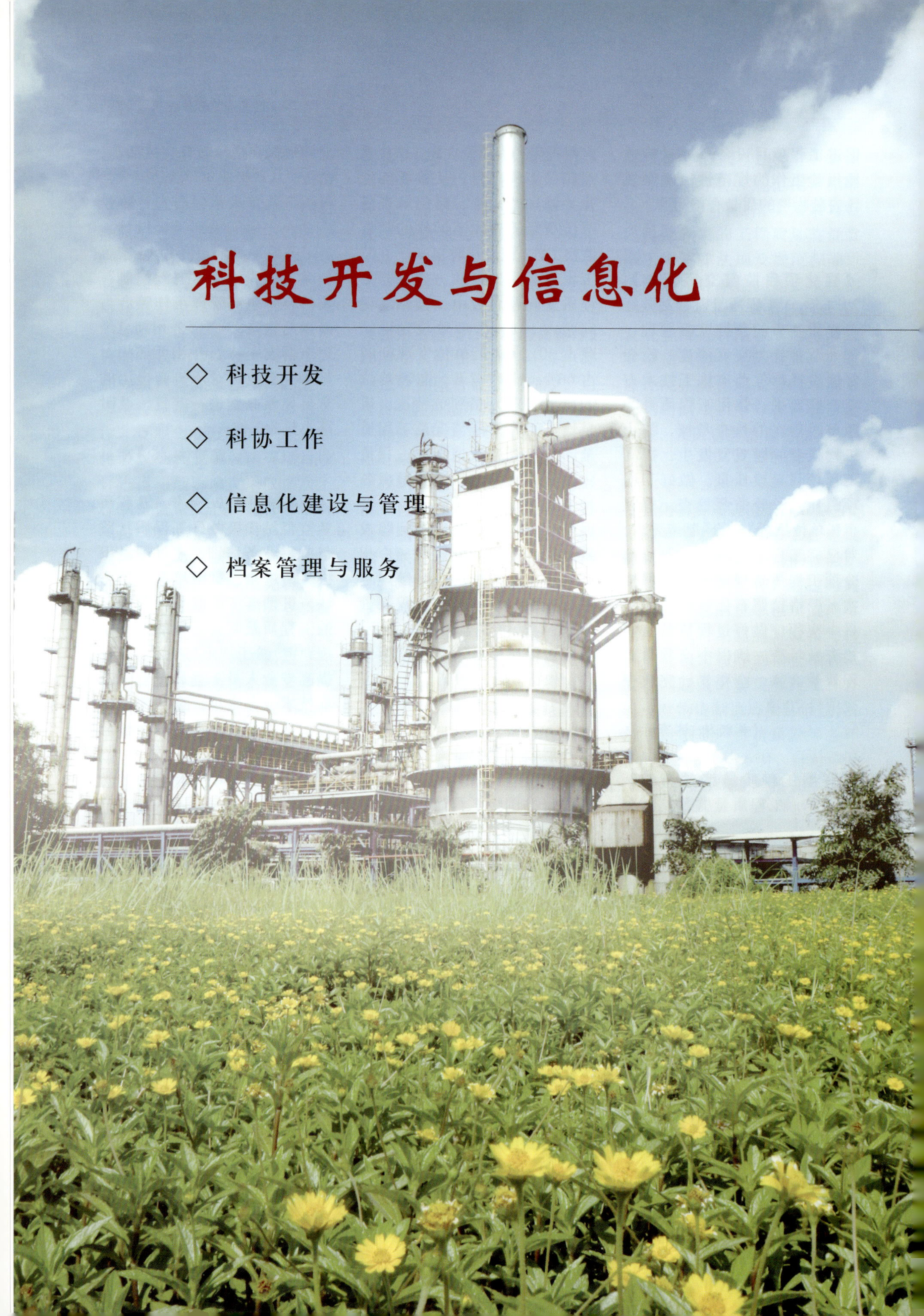

科技开发与信息化

科技开发

【概况】 2014年，公司开展总部科技开发项目16项，开展企业科技开发接转项目11项，企业新立项科技开发项目计划26项；有41个项目通过广州分公司技术评定。其中，“十条龙”攻关项目柴油超深度加氢脱硫(RTS)技术工业应用通过总部鉴定并“出龙”；大型往复压缩机流量无级调节系统通过中国机械工业联合会组织的技术鉴定。炼油全流程优化技术开发等3个项目获集团公司科技进步奖。年内申报国家专利11件，5件获国家专利授权，其中发明专利1件、实用新型4件。围绕建设绿色低碳城市型炼化标杆企业，针对全厂污染物排放情况及主要治理措施进行排查，对生产安全与环境安全、社会风险、用能与节能、自动化和信息化水平等方面调研，完成安全可靠清洁环保型炼化企业构建项目方案编制，并获总部及地方政府认可。成功开发生产出国Ⅴ汽油、国Ⅳ柴油；开发出高光泽高抗冲聚苯乙烯HG388等新产品，完成聚丙烯吸塑料CJ500AH、PPR4220产品质量升级和改善；聚丙烯管材料PPB1801取得8760小时静液压试验认证。生产塑料新产品48604吨，完成总部下达计划的106%，与聚丙烯通用牌号F03G、聚乙烯DFDA7042相比，塑料新产品创效1876万元。

（吴景超）

【承担集团公司级科技开发项目16项】 2014年，公司承担总部科技开发项目共16项。其中“柴油超深度加氢脱硫(RTS)技术工业应用”项目完成并通过石化股份公司鉴定；“延迟焦化装置含硫污水预处理集成技术”等4个项目已完成待验收，其他项目按项目工作计划开展工作。3项科技成果获集团公司奖励，其中“高能效(SHEER)加氢成套技术开发及工业应用”获2013年度集团公司科技进步一等奖，“炼油全流程优化技术开发与推广应用”获科技进步二等奖，“具有复合大孔及超稳纳米Ni晶的催化材料”技术发明奖三等奖。“石油化工高浓度废碱液生物处理新技术开发及应用”获2014年度广东省环境保护科学技术奖一等奖。

（吴景超 李志松）

【自主开发科技项目】 2014年，广州分公司接转科技开发项目11项，新立科技开发项目计划4批共26项，项目合计1153万元。科技开发围绕公司生产经营工作，在稳定生产、节能减排、安全环保、清洁生产、产品质量升级、新产品开发和新技术、新工艺应用等方面开展。全年完成结题17项，评定成果41项。

（李志松）

表1 **2014年科技开发项目获奖情况**

项目名称	发奖部门	获奖时间	获得奖项
高能效(SHEER)加氢成套技术开发及工业应用	石化股份公司	2014.3	2013年度集团公司科技进步一等奖
炼油全流程优化技术开发与推广应用	石化股份公司	2014.3	2013年度集团公司科技进步二等奖
具有复合大孔及超稳纳米Ni晶的催化材料	石化股份公司	2014.3	2013年度集团公司技术发明奖三等奖
石油化工高浓度废碱液生物处理新技术开发及应用	广东省环保厅	2014.5	2014年度广东省环境保护科学技术奖一等奖

表2 **2014年通过总部鉴定科技开发项目**

项目名称	任务来源	鉴定时间	备注
柴油超深度加氢脱硫(RTS)技术工业应用	石化股份公司	2014.12	石化股份公司鉴定

表 3　　2014 年通过公司评定的科技成果

成果名称	评定时间	评定证书号
无磷配方在循环冷却水处理中的研究与应用	2014.5.16	第 001 号
高流动性薄壁注塑料 S980 的开发	2014.7.1	第 002 号
国产淤浆催化剂冷凝态下生产 HDPE 技术研究	2014.7.1	第 003 号
聚丙烯管材料 B1801 的开发	2014.7.1	第 004 号
聚乙烯排放气回收尾气综合利用技术研究	2014.7.1	第 005 号
直接燃烧法测定轻质烃及其它气体和油品中的微量总硫含量	2014.7.17	第 006 号
在线硫分析仪在线调和优化应用技术	2014.7.17	第 007 号
顶空色谱法测定脱硫胺液中硫化氢的含量	2014.7.17	第 008 号
分流气体进样器用于总硫含量分析的研究	2014.7.17	第 009 号
永磁调速技术在电站送风机上的应用	2014.7.17	第 010 号
焦化汽油加氢装置长周期运行	2014.7.18	第 011 号
常压储罐罐顶尾气密闭回收自控集成技术开发及应用	2014.7.18	第 012 号
内置填料函浮头折流杆换热器的研究应用	2014.7.22	第 013 号
C511A/B 重整氢压缩机管系振动研究及治理	2014.7.22	第 014 号
大型往复压缩机无级气量调节装置国产工业化应用研究	2014.7.22	第 015 号
保障高温临氢法兰密封性能的施工技术研究	2014.7.22	第 016 号
CFB 锅炉布袋除尘器提高除尘效果和延长运行寿命的优化与应用	2014.7.24	第 017 号
CFB 炉前墙踢出管区域强化防磨技术应用	2014.7.24	第 018 号
流通改造提效技术在电站背压机上的应用	2014.7.24	第 019 号
IT 统一服务受理平台的开发和应用	2014.7.29	第 020 号
ERP 达标在线检查系统开发与应用	2014.7.29	第 021 号
企业信息资源管理平台的建立及应用	2014.7.29	第 022 号
数字看板信息门户的建立与应用	2014.7.29	第 023 号
轻催等七套装置 PID 参数整定优化及自控平稳率监控系统开发应用	2014.7.29	第 024 号
蒸汽全过程管理系统的开发与应用	2014.7.29	第 025 号
广州石化舆情监控与应对	2014.7.29	第 026 号
裂解装置深度烧焦技术应用	2014.7.30	第 027 号
裂解装置多样化原料适应性研究及应用	2014.7.30	第 028 号
炼化企业生产指挥系统的开发与应用	2014.7.30	第 029 号
重油催化裂化软仪表开发与应用	2014.7.30	第 030 号
马鞭洲首站 SCADA 系统调控功能优化	2014.7.30	第 031 号
大口径质量流量计在原油计量交接上应用	2014.7.30	第 032 号

（续表）

成果名称	评定时间	评定证书号
焦化除焦钻杆新型驱动技术和防卡钻切焦器的应用	2014.8.7	第 033 号
多工况长输管道输油泵国产化研制及应用	2014.8.7	第 034 号
裂解装置 E1350 带压封堵技术应用	2014.8.7	第 035 号
S–Zorb 金属粉末滤芯再生技术开发及应用	2014.8.7	第 036 号
S–Zorb 高温耐冲刷内衬管开发与应用	2014.8.7	第 037 号
优化马鞭洲首站输转工艺降低能耗技术	2014.8.12	第 038 号
生产国 V98 号车用汽油的研究及工业应用	2014.8.12	第 039 号
重油催化裂化烟气余热回收系统改造	2014.8.12	第 040 号
蒸馏三装置节能环保综合治理技术研究及应用	2014.7.18	第 041 号

【安全可靠清洁环保型炼油石化企业构建项目启动】2013 年，公司大力推进绿色低碳城市型炼化标杆企业建设，完成优化升级改造方案制定，计划总投资约 65 亿元，其中安全环保投入 20.3 亿元，结构调整投入 44.7 亿元。2013 年 3 月，在北京召开安全可靠、清洁环保型炼油与石化企业构建项目启动会；开始企业污染物排放与治理、企业生产安全与环境安全、企业社会风险与稳定现状、企业用能与节能现状、企业自动化和信息化水平等五方面情况调研，及相关数据收集；8 月，完成调研材料编制及摸底调研工作总结及治理方案研讨。开展地下水污染预防及控制现状调研；组织对广州石化污染物排放情况及主要治理措施进行排查；11 月，完成改造方案初稿并上报总部。2014 年 1 月，就广州分公司废气治理问题与抚顺石油化工研究院进行技术交流；4 月，召开广州分公司改造方案讨论会，对改造方案初稿、有组织和无组织排放现状与治理、改造前后的卫生防护距离等问题进行交流和讨论。结合《安全可靠、清洁环保型炼油与石化企业构建》课题研究成果，开展以“突出环保、做精炼油”为基本出发点的升级改造方案编制，2014 年 6 月底，完成《广州分公司安全环保治理及清洁化生产改造方案》上报总部；7 月中旬，总部发展计划部主持召开关于广州分公司安全环保治理及清洁化生产升级改造方案讨论会；8 月，总部发展计划部复函同意改造方案，并要求报请广州市、广东省政府主管部门；11 月 6 日，广州市发改委召开广州市 2015 年及“十三五”时期发展规划思路座谈会，市发改委表示将积极支持、协调和推动广州石化转型升级项目的实施。

（李志松）

【炼厂挥发性有机物检测与污染防控技术规范应用推广】2013 年 10 月，公司立项并开展“挥发性有机物泄漏检测与维修（LDAR）”工作，制定《广州石化 LDAR 项目实施规定》，成立自主检测队伍。2014 年 5 月，完成第一阶段蜡油催化和乙烯裂解两套装置监测与维修，6 月 12 日通过广东省环保厅专家组验收。第一阶段完成 23803 个密封点的泄漏检测，泄漏率分别为 1.57% 和 0.91%，修复成功率分别为 81.3% 和 76.2%。5 月，启动第二阶段 5 套炼油装置和 2 套化工装置的泄漏检测与维修工作。年内，完成 6 套，共完成 33660 个密封点进行泄漏检测。两个阶段 8 套装置的排放基线为 296 吨，8 套装置全年挥发性有机化合物削减量 50 吨，削减率 16.6%。持续推进第三阶段 LDAR 推广应用工作。

（李志松）

【焦化除焦钻杆新型驱动技术和防卡钻切焦器应用】 焦化除焦钻杆新型驱动技术和防卡钻切焦器应用2项科技项目于2013年3月立项，11月21日新型除焦驱动设备应用于140万吨／年延迟焦化三装置中的焦炭塔T1101B除焦系统。钻杆新型驱动技术应用，其用电动顶驱代替原有的高压水龙头、风动马达等动力源，除焦可联锁控制，是风动马达、风动水龙头和水涡轮的升级替代设施。新型钻杆驱动设备由电机、减速机、双鹅颈管、冲管、中心管、壳体、支撑法兰、吊环等组成，整套系统由防爆变频电机提供动力，通过减速机带动中心管旋转，进而带动钻杆旋转；防爆电机由变频器进行调速控制，变频器同时提供过载、过热等多项保护。防卡钻切焦器主要由阀体、滑阀、压控换向阀、整流器及喷咀等零部件组成，压控换向阀通过高压水的压力变化控制阀体内滑阀上下滑动实现除焦器钻孔与切焦状态的自动切换，压控换向阀通过螺栓安装在除焦器壳体凹孔内，可以单独拆下维护及维修。项目应用后，在生焦高度与原料同等情况下，整个除焦过程可节省开高压泵40～45分钟时间，装置除焦时间明显减少，除焦设备故障率降低，节能降耗效果显著，测算效益达178.96万元。且维护修理方便，减少现场噪声，工作环境改善。项目于2014年8月7日通过公司技术评定。

（李志松）

【新产品开发】 2014年，公司按照稳定和改进现有产品质量、扩大其市场份额的方针开展工作，并尝试开发高端塑料新产品。全年塑料新产品产量48604吨，完成总部下达计划的106%，取得经济效益1876万元。①4月和11月，在聚苯乙烯装置两次开发生产高光泽高抗冲聚苯乙烯HG388，产品指标合格，在中山佳维电子股份有限公司、珠海格力电器股份有限公司测试和试用，产品符合其使用要求。②针对用户需求，对聚丙烯吸塑料CJ500AH进行质量改进，在四季度生产2批次CJ500AH产品，用户使用后认可产品质量，改进后的CJ500AH可进行定期排产。③聚丙烯管材料PPB1801取得8760小时静液压试验认证。④针对聚丙烯管材料PPR4220挤管时有焦糊味问题开展研究试验，确认气味是因树脂挤出造粒过程树脂剪切、摩擦激烈所致，解决焦糊味问题需要在造粒机中更换回原来的螺杆。⑤在PPR4220试用低成本助剂配方，产品在上海百碟管业科技股份有限公司挤管测试，管材通过1000小时的静液压试验，PPR4220使用低成本助剂配方后，每吨产品的助剂成本降低近400元，降幅达50%。

（吴景超）

【4件专利获授权】 公司大力提倡开发具有自主知识产权的专利技术，积极组织自主创造发明申请国家专利，2014年申报国家专利16件，其中发明专利9件、实用新型专利7件，“一种可脱气的粉料贮存仓”等4件实用新型专利获国家专利局授权，完成总部下达的年度专利工作任务。至年底，公司拥有有效授权专利25件，其中10件发明专利，15件实用新型专利，专利均在公司实施应用，取得明显经济效益。

（吴景超）

表4 **2014年广州分公司获得国家专利授权情况**

序号	专利名称	专利号	专利类别	授权日期
1	一种可脱气的粉料贮存仓	ZL201320674154.X	实用新型	2014.4.9
2	一种聚烯烃反应器爆聚物高效切割器	ZL201320822039.2	实用新型	2014.6.18
3	一种防误操作闭锁装置	ZL201420115295.2	实用新型	2014.6.10
4	水力除焦设备用的法兰式动密封组件	ZL201420314704.1	实用新型	2014.11.5

表 5

广州分公司有效授权专利情况

序号	专利名称	专利号	专利类别	授权日期
1	一种乙烯装置低压尾气利用方法	ZL01107580.5	发明专利	2004.3.17
2	一种炼油碱性废水脱酚的方法	ZL02114790.6	发明专利	2004.9.29
3	一种自动阀门传动连接装置	ZL200520056090.2	实用新型	2006.4.12
4	一种大型管壳类换热设备管束的高温裂解除垢设备及除垢方法	ZL200510100472.5	发明专利	2008.10.2
5	可调式自动跟踪和蜂窝复合油封	ZL2008 2 0109157.8	实用新型	2009.4.22
6	双程线性急冷锅炉高温热紧工具	ZL200920236846.X	实用新型	2010.9.8
7	一种测定气体的分析仪器	ZL201020248663.2	实用新型	2011.1.19
8	以炼厂高硫的催化碳四制取聚合级 1- 丁烯的方法	ZL200810198386.6	发明专利	2011.9.7
9	一种聚乙烯装置尾气完全回收利用的方法	ZL200910038599.7	发明专利	2011.12.21
10	一种爆破片装置	ZL201120260154.6	实用新型	2012.4.4
11	一种可以熄灭火炬并回收火炬气热量的方法	ZL201010612619.X	发明专利	2012.8.29
12	一种分流气体进样装置	ZL201010126486.5	发明专利	2012.11.14
13	一种炼厂高硫碳四精脱硫的方法	ZL200910038190.5	发明专利	2012.12.5
14	防堵易拆的人孔塞	ZL201220048253.2	实用新型	2012.12.5
15	一种串联双柱加反吹的分析装置	ZL201220418278.7	实用新型	2013.3.20
16	加强型耐磨温度计套管	ZL201220558763.4	实用新型	2013.4.3
17	一种柴油添加剂	ZL201110205808.X	发明专利	2013.6.21
18	内置填料腔浮头换热器的浮头端密封结构	ZL201320123338.7	实用新型	2013.6.28
19	一种板 – 杆联合支承式换热器	ZL201320225296.8	实用新型	2013.10.30
20	可安全在线拆装的催化剂注入组件	ZL201320448436.8	实用新型	2013.12.25
21	一种脱硫胺液中硫化氢含量的测定方法	ZL201110343748.8	发明专利	2013.12.11
22	一种可脱气的粉料贮存仓	ZL201320674154.X	实用新型	2014.4.9
23	一种防误操作闭锁装置	ZL201420115295.2	实用新型	2014.6.10
24	一种聚烯烃反应器爆聚物高效切割器	ZL201320822039.2	实用新型	2014.6.18
25	水力除焦设备用的法兰式动密封组件	ZL201420314704.1	实用新型	2014.11.5

查工作机制，修订ERP（企业资源计划）应用考核制度，开展专项整改；依托ERP在线达标系统，持续完善检查指标；推进ERP深化应用，ERP与SMES（中国石化生产执行系统）系统集成，为总部SMES系统深化应用提供了最佳实践；依托总部SMES、ERP、HSE（健康、安全、环境管理体系）等大系统、大平台，整合提升、淘汰8个信息系统。推行可度量IT服务管理体系，顺利通过ISO20000 IT服务管理体系年度外部审核。加强主动运维，开展关键信息系统特护运行工作，提高运维质量，加强隐患治理整改，提高信息系统业务可用率，关键信息系统业务可用率超过99.9%。明确“安全以管理为先”的信息安全工作发展思路和岗位安全职责，针对国家信息安全测评中心评估出的安全问题和隐患，完成152项整改工作；完成7套工业网络防火墙部署，累计投用54套。开展全天候舆情监控和报送，累计报送日报250份、月报12份，发送舆情短信2670条。完成炼油污水处理技术等课题科技检索和ASTM等标准检索58项，成果查新8项，期刊论文、标准文献、电子图书等文献数据用户访问量超过1万IP次／年。

是年，公司信息化建设及应用管理成绩突出，被评为中国石化管理信息化专项提升工作先进单位、中国石化ERP应用登高示范企业、中国石化管理信息化专项提升工作先进单位；10月17日，邓海峰、林俊生、陈璟、王立根4名职工代表公司参加中国石化2014年信息技术安全竞赛夺取团体金牌；邓海峰获信息安全管理专业个人金牌，莫涛、陈璟分别获系统安全专业个人铜牌。

（陆颖玉）

【开展两化融合发展水平评估及发展规划调研】 2014年10月9日，广州市科技和信息化局代表团来公司进行信息化建设状况、信息管理系统现状、生产过程自动化、两化融合等情况评估调研。年内，针对公司信息化顶层设计及信息平台整合，到财务部、炼油、化工等8个单位开展信息化规划前期调研，收集信息化存在问题109项，信息化应用需求22项，结合总部信息化建设规划及多方调研实际，形成集中集成、数据整合的发展规划方案。

（陆颖玉）

【加强信息安全管理考核】 2014年8月，公司确定“安全以管理为先”发展思路，制定清晰、明确的岗位安全职责，在党建工作考核中明确增加信息安全管理考核项，通过季度检查考核机制予以落实，推进企业“一岗双责，党政同责”落到实处。

（陆颖玉）

【持续开展专项信息安全风险评估及整改工作】 2013年5月，公司信息系统风险评估项目启动，邀请国内资深专家对19个核心业务系统进行全面风险评估，通过管理访谈、文档查阅、工具扫描、渗透测试、人工评估等方式全面分析广州石化信息资产及面临的威胁，对物理环境、网络、主机、数据库、业务应用、安全管理措施进行全面评估，发现问题199项，公司同步启动问题整改跟

2014年10月16～17日，在集团公司信息技术安全竞赛决赛中，广州石化获得团体金牌1枚、个人金牌1枚、个人铜牌2枚

（戴莲芬 摄）

踪，确定问题整改负责人、整改方法、整改计划，安排专人定期跟踪整改进度，逐条销项。2014年持续开展信息安全风险评估整改工作，累计完成信息安全隐患项目整改165项，实施7套工业网络防火墙，扩大工业网络防护范围，有效降低企业信息安全风险。

（陆颖玉）

【提升IT服务管理水平】 2014年，公司全面开展信息体系内审，组织全体系覆盖式内审，至年底累计审计流程15个，流程控制点136个，优化调整流程8个。建成并正式运行IT统一服务受理平台，全年受理IT服务请求单5584张，满意率100%，业务系统用户变动申请单874张，满意率100%，实现IT服务从申请、审批、处理，到用户确认、评价的全生命周期在线管理，IT服务管理信息化水平进一步提升。

（陆颖玉）

【提高信息系统业务可用率】 2014年，公司优化环保数采链路，满足环保数据有效传输率要求。完成应用负载均衡部署，提高系统可用性。采用IRF+VRRP调优网络，消除关键系统安全隐患，提升网络的冗余度，关键信息系统业务可用率超过99.9%。改造机房空调、供电、监控系统，改善系统运行环境。完成运销大楼IP电话改造。结合集团公司安全大检查查出问题，对各作业部、专业中心手持对讲机隐患进行排查，查出问题电池295块，并完成修复、更换。完成14万吨／年制硫装置、气分装置有线扩音对讲隐患整治，更换部分装置话站42台。

（陆颖玉）

2014年12月26日，公司举办2014年度信息联络员培训班，宣贯《中国石化互联网应用管理办法（暂行）》和公司计算机设备管理规定，征询优化IT服务管理流程和应用系统的意见 （钟勇浜 摄）

【ISO20000 IT服务管理体系通过年度外部审核】 2014年8月12日，顺利通过ISO20000 IT服务管理体系年度外部审核。审核综合判定结论：广州石化已经建立了文件化的IT服务管理体系，并通过系统的PDCA循环对公司的IT服务进行了有效的识别和评价以及处理，IT服务管理的结果达到了公司及相关方的预期目标。公司领导和员工充分重视IT服务管理建设和实施。公司同时建立了有效的自我改进、自我完善的IT服务管理机制，为公司IT服务管理体系的持续有效运行提供了基本保证。

（陆颖玉）

【提高运维质量】 2014年，公司开展关键信息系统日点检工作，制定异地容灾技术方案，完成IT监控中心建设。完成SMES调度日报稳定性技术攻关和特护运行。完成短信平台发送成功率技术攻关，为安全生产预警及调度指挥提供技术保障。成功迁移NBU备份系统，完成MES、企业信息门户等13个系统的恢复性测试及备份工作。加强视频会议系统监控，完成122场视频会议保障。开展炼油区通信管网管井普查工作，安装标识桩811个，重新标识光配线架，测试光缆208根，共计1278芯，标识208个光端盒。

（陆颖玉）

【整合提升信息系统】 2014年，公司依托总部SMES、ERP、HSE等大系统、大平台，整合提升信息系统，淘汰8个信息系统。SMES单轨运行及优化完善，实现SMES与ERP的数据集成，淘汰“物料与三剂外挂系统”，实施ERP工程物资需求计划管理功能，提升物资生产操作运行全过程，提高装置生产效益。2014年11月28日，项目通过总部验收。

（张亚堂）

【SMES运行监控模块上线试运行】 2013年11月，公司SMES（中国石化生产执行系统）运行监控模块项目启动， 2014年9月15日，项目上线运行，12月22日通过公司验收。项目根据企业对SMES系统的总体监控需求，在SMES系统中开发运行监控模块，实现数据抽取计算、数据展示监控、操作及时性预警等功能，监控范围覆盖总部应用评价系统中所有物料移动类、生产调度类、生产统计类、能源管理类监控指标，以及应用管理中的远程监控类监控指标。SMES运行监控模块运行以来，效果良好，其拓展数据指标监控范围，监控及时性提高，变被动监控为主动预警分析，加快生产岗位对SMES系统应用问题的发现、响应速度，实现由“事后分析”的单一监控模式向“事前预警、事中监控、事后分析”的全方位监控模式转变，为生产管理与操作岗位及时发现应用过程中的问题提供有效的诊断手段，促进公司MES应用效果提升和规范应用。

（张亚堂）

【ERP主数据审批流程应用系统上线运行】 2014年1月，公司ERP（企业资源计划）主数据审批流程项目开始建设，9月1日，ERP主数据审批流程应用系统上线运行，该系统将ERP相关物料、客户、供应商、员工主数据以及销售价格和销售计划进行在线申请审批流转，同时系统集成企业门户待办、手机短信提醒功能。用户通过ERP主数据审批流程系统进行ERP主数据审批和数据导入导出，实现ERP主数据审批规范化、各岗位信息共享、领导及相关人员对ERP主数据审批过程实时监控与管理。

（张亚堂）

【总部应急指挥系统项目（一期）通过验收】 2013年3月21日，中国石化应急指挥系统（一期）项目在广州石化启动实施。2014年11月14日，应急指挥系统开始上线运行。项目初步建立了分公司、总部和应急车为一体的应急指挥系统，系统功能包括接处警管理、应急响应、应急演练、应急值班、应急指令、资源调度、现场动态、资源监控、应急工具、监测预警、事故模拟、桌面演练等。系统实现突发事件应急处置时总部应急指挥中心、分公司应急指挥中心和现场指挥部之间的信息高效传递、资源有效调配和应急联动协同；实现分公司应急指挥中心与总部、应急指挥车的应急联动，现场监测信息快速反馈，处置人员及时动态地掌握现场信息，为应急处置提供依据。12月16日，应急指挥系统项目（一期）通过总部验收。

（张亚堂）

【HSE管理系统功能提升模块一期项目上线运行】 2013年12月，公司开始进行中国石化HSE（健康、安全、环境）管理系统功能提升项目建设，该项目基于中国石化统一标准、一体化的HSE管理系统架构和开发建设规范提升改造中国石化HSE管理系统广州分公司功能，功能提升包括隐患项目进度管理、便携式安技装备管理、分公司应急管理报表等功能，为二期实现整体迁移打下基础。功能提升遵循中国石化信息化项目建设“六统一”原则，对总部统一的企业端HSE系统进行扩展，以兼容公司原有HSE管理系统中已经使用成熟稳定的系统功能，实现原有HSE管理系统数据向提升后新HSE系统数据的平滑无缝迁移。其采用中国石化HSE管理系统统一的企业接口标准进行接口开发，实现向集团公司上传HSE数据的自动化功能并贯标，降低运维工作量。2014年12月19日，HSE管理系统功能提升模块一期项目上线运行。

（张亚堂）

【MES项目通过总部验收】 中国石化“2011年MES（生产执行系统）项目”（简称广州石化MES项目）于2011年在广州石化开始建设，采用SMES（中国石化生产执行系统）平台，SMES应用于2013年1月25日在化工区上线运行，6月6日炼油区上线运行。2014年3月10日，SMES计划管理模块上线运行，12月5日，该项目通过总部验收。该项目为广州石化建立了一套以生产物流管理为主线，以核心数据库为支撑，集装置、罐区、进出厂、仓储、调度平衡、统计平衡、能耗统计、ERP 支撑等信息管理为一体的炼化企业 MES 系统，形成集成、协同、共享的生产管理平台，实现与 ERP（企业资源计划）、生产经营综合分析系统、ORION（炼油生产调度排产系统）、计量管理信息系统、实验室信息管理系统、全员绩效考核管理系统等相关系统的集成应用。基于 MES 可配置的平台，在总部 26 个标准化业务流程基础上，结合企业实际对系统进行扩充和深化应用，增加以生产订单统一物料、“三剂”、能耗计划的系统集成功能，实现对 ERP 系统 PP（生产计划）模块生产计划和 BOM（物料清单）的自动创建和生成；罐量计算功能进行扩充开发，液化气产品采用标准的体积修正体系；碳二、碳三、碳四类物料增加球罐计算气相质量，集成了柏恩公司的 VCF（体积修正系数）计算软件，提高物料计量精度，满足企业应用需求，提升精细化管理水平和效率。该项目投用统一了炼油板块和化工板块的生产管理平台，生产调度实现生产流程按照班次全过程、全口径监控及生产平衡；调度报表自动生成，发布更加及时；统计业务在线整合，实现生产统计日平衡、旬确认、月结算；改变了原来由人工凭经验进行分摊平衡统计模式，实现基于模型统计平衡和偏差溯源管理，为生产方案优化和经营管理提供定量分析的依据，支撑科学决策。

（张亚堂）

2014 年 6 月 11 日，信息管理中心人员在化工区集中控制室，对生产管理系统（MES）的使用情况进行调研及交流　（梁锦钏 摄）

【SMES 化工产品库存信息集成模块上线运行】 2014 年 6 月 4 日，公司被总部确定为化工产品生产及库存信息集成项目第二批推广实施企业。12 月 10 日，公司 SMES（中国石化生产执行系统）化工产品库存信息集成模块上线运行。其面向化工销售业务，构建炼化企业 MES（生产执行系统）产成品对化工销售的入库、移库、库存等系统功能。增加入库、移库、自用、自用预留等业务功能，以及工厂、装置、库存地、产品等级等业务对照功能。通过自用预留等自用情况的规范，开发相应功能，充分发挥 MES 实时监控实物生产、库存及 ERP 实时账务处理优势，实现产品入库及交库在 ERP 中即时体现，使化工销售业务人员及时获取企业生产、可销量等信息。通过企业规范 MES、ERP 业务流程，建立两个系统间可销售库存的数据转换机制，实现两个系统的生产及库存信息衔接。在实现企业 MES 与 ERP 即时集成的基础上，直接将企业生产及库存信息传输至化工销售分公司供销售业务及报表分析使用。

（张亚堂）

【APC 应用继续保持先进水平】 2014 年，信息管理中心、生产调度部与公司工会组织开展 APC(先进过程控制)劳动竞赛，竞赛范围包括：蒸馏一、焦化二、重整一、重催、聚乙烯、聚丙烯、蒸馏三、加氢精制三、加氢裂化、制氢共 10 套装置先进过程控制，利用 APC 应用监控平台实时监控 APC 应用情况，保障 APC 正常应用，促进 APC 应用水平提高。在总部 APC 应用达标检查中，装置 APC 控制器平均投用率达 99.7% 以上，最低 99.3%，最高 100%，在总部综合排名居前，10 月份位列总部第一。APC 应用有效改善装置的操作水平，大大降低操作工劳动强度，促进节能减排，提高产品收率。

（张亚堂）

【完成 TD-LTE 网络建设】 2014年1月23日，公司配合集团公司应急指挥系统建设，完成炼油区、化工区、中转站3个生产区域的“TD- LTE 网络”建设，当天实现首次与集团公司系统视频和通话测试，以及与总部的视频和通话通信。

（陆颖玉）

【发挥技术委员会技术统筹作用】 2013年，公司依托部门技术骨干成立信息技术委员会。2014年，召开专题会议36场，审核技术文件、方案及部门导师带徒课题成果131份，有效推动各项业务工作研究成果的深化应用。在11月总部信息技术安全竞赛后，技术委员会增设信息安全控制组，将参赛选手纳入组内成员。信息安全控制组成立以来，先后攻克4项信息技术难题，全部应用到工作实践，企业信息安全技术管控能力大幅提升。

（陆颖玉）

【开展信息安全知识学习劳动竞赛】 2014年4～6月，公司开展信息安全知识学习劳动竞赛，活动围绕“全员参与、控制风险；积极预防、持续改进”主题分两个阶段进行。 4～5月为全员知识普及学习阶段，主要开展全员信息技术安全学习，通过有奖知识网上答题竞赛检验学习效果；5～6月为巩固提高阶段，主要开展多层次的信息安全知识普及和岗位大练兵活动，1000余名职工参加竞赛，信息管理中心、物资供应中心、审计部、企业管理部、普莱克斯公司5个单位获评优秀组织单位，龚明辉、邓海峰等100名职工获评第一阶段优胜个人，林晴等15名职工获评第二阶段优胜个人。

（陆颖玉）

【信息化培训工作】 2014年，公司信息化培训工作实行三级管理。一级培训面向公司全员，进行信息业务培训以及信息安全教育，由公司相关业务部门信息系统关键用户或系统建设项目负责人安排培训，全年实施信息业务专场培训49场次，1526人次参加；二级培训由信息技术委员会负责信息管理中心导师带徒培训作业审查，全年审查作业15份，取得《广州石化 IT 服务管理体系内审手册》《广州石化信息安全管理体系现有制度分析与建议》等多项作业成果；三级培训针对部门内部管理流程及职工提升业务素质开展，全年组织内部培训11场次， 210人次参加，11人次参加外派培训，2人获得相关职业认证。

（陆颖玉）

【舆情监控和报送】 2014年，公司加强舆情监控和报送工作，开展全天候舆情报送，累计报送日报250份、月报12份，发送舆情短信2670条。针对兰州石化污染事件完成舆情专报1份；针对“1·9”S-Zorb 装置着火停工、“2·21”14万制硫装置故障停工事故、“3·3”3.5万制氢转化炉炉膛着火事故、“11·9”污水泄漏污染文冲河事故和女工劳保用品事件，完成专项监控5项。

（梁　洁）

【强化信息门户导向作用】 2014年，公司信息门户新增 LDAR、班组经济核算、网上信访、纪检监查等12个栏目；优化和新建信息资源管理管理流程7个，进一步突出信息门户导向作用。年内用户访问门户量超过262万 IP 次／年。

（梁　洁）

【情报检索和科技查新】 2014年，公司完成炼油污水处理技术、原油及成品油市场分析、2013年丁苯橡胶国内产量和价格、高压主汽阀阀碟锈蚀分析等课题的科技检索和 ASTM、NACE、ISO、API、SH、BB、GB 等的标准检索58项；完成常压储罐顶尾气密闭回收技术、一种聚乙烯装置尾气生产乙苯的方法、一种测定总硫含量的滴定池等7项专利查新和“构筑可度量的工作服务管理体系，探索IT 共享服务最佳实践” 成果查新。年内期刊论文、标准文献、电子图书等文献数据用户访问量超过1万 IP 次／年。

（梁　洁）

档案管理与服务

【公司档案工作获评广东省优秀】 2014年11月3日，广东省直单位档案工作评估组对广州石化近3年在档案收集、整理、保管、利用、信息化建设及监督指导等方面情况进行全面检查评估，一致认为广州石化档案基础管理工作规范、服务工作到位、服务方式新颖、库房设施先进、保管条件良好、档案信息化建设卓有成效，公司被评定为广东省档案工作优秀等级。

（林文娣）

【档案馆库扩容改造一期工程投用】 2014年10月，公司档案馆库扩容改造项目一期工程建成投用，档案馆库面积增加1000多平方米，配备智能密集架、精密空调、消防自动报警系统等先进设施，提升档案库房现代化管理能力，解决档案馆库房容量已达饱和的瓶颈问题，满足公司近20年档案增量的存储需要，为企业档案管理提供强有力的基础保障。在档案馆库扩容改造一期工程项目建设中，档案部门合理规划，拓展功能，以馆藏实物档案为主要载体，建立档案陈列室，展示广州石化40年来取得的荣誉及文化建设成果，成为企业员工了解企业历史和企业文化的窗口。

（林文娣）

【完成公司项目档案专业验收】 2014年，公司档案部门完成炼油完善配套及环保治理、8万吨/年催化干气制乙苯等4个限上项目、 32个限下项目的档案专业验收。①3月28日，受集团公司办公厅委托，信息管理中心、工程管理部、华德公司、质量监督站、发展规划部、消防支队专业人员组成的验收小组，对A/B座办公楼隐患治理及修缮、华德公司30万吨级原油码头油轮靠泊港作拖轮配置2个限上项目进行档案专业验收，2个项目以90.2分的优秀成绩通过档案专业验收。②12月22日，集团公司办公厅组织的验收组，对炼油完善配套及环保治理和8万吨/年催化干气制乙苯2个项目档案进行专业验收，认为广州石化档案管理机制健全，实行项目档案全程监控管理，2个项目档案基本符合完整、准确、系统的要求，能够满足项目运行、维护、管理的需要，一致同意通过档案专业验收。

（林文娣）

【实现核心档案归档率100%】 2014年，公司档案部门调整思路，转变方式，查找薄弱，狠抓落实，着力提高档案资源收集归档工作效率。采取优化项目档案归档审核流程、合理调整管理类及合同档案归档时间节点、改变会计档案归档审查和指导模式、推行案件档案集中统一管理、实现声像档案在线归档资源建设等措施，各类档案归档的及时性、完整性和准确性提升。累计收集整理各类档案3527卷又15275件、照片117张、视频文件553件、电子光盘347张，实现核心档案归档率100%。

（林文娣）

【设备档案实现专题化网络查询】 2013年起，公司档案部门针对设备档案利用率高的特点，结合设备安全管理工作需要，按照“一台一档” 设备管理思路和方法，开展馆藏设备档案资源梳理、整合，建立压力容器专题资源库、“一台一档”设备专题资源库。2014年， 压力容器专题资源库、“一台一档”设备专题资源库（化工装置及炼油部分

2014年1月2日，公司召开档案征集活动捐赠恳谈会，并对热心捐赠历史文物的职工进行表彰 （钟勇浜 摄）

新建装置）上网发布，其提供网络查询数据记录3.95万条，可检索设备档案5.78千台。通过建立设备专题化档案数据库，解决了原来数据海量、分布零散所带来的检索困难问题，使设备档案利用更加规范、高效。

（林文娣）

【开展档案知识服务】 2014年，公司档案部门拓展服务途径，积极开展档案知识服务，以公司门户大事记为纬线，从馆藏档案中筛选出与建厂四十年大事记相关的文件、照片、荣誉等档案信息，进行整合关联，图文并茂地展示历史真迹原貌，为大事记注入活力。此举是档案部门拓展档案服务能力，积极参与企业文化建设，充分发挥企业档案作用的一项举措。

（林文娣）

【2项档案管理成果入选省档案管理与服务优秀创新案例】 2014年6月，广东省档案局公布2013年开展的广东省档案管理与服务创新优秀案例 评选活动结果，广州石化的“开拓档案资源建设新途径，助力企业文化建设创精品”和“运用数据挖掘和分析方法，提升档案服务水平”2项管理成果入选广东省档案管理与服务优秀案例。

（林文娣）

【组织开展“国际档案日”主题活动】 2014年，公司档案部门组织开展“国际档案日”系列宣传活动，包括邀请广东省档案局领导专家为公司专兼职档案人员进行档案知识专题培训；向公司员工派发档案工作宣传图册；在《广州石化》专版介绍广州石化档案工作情况、企业档案工作基本知识；组织开展档案工作网络问卷调查，征集对档案工作的意见和建议。通过系列宣传活动，提高员工增强档案意识，增进对档案工作的认识和了解，为档案工作创造有利的发展环境。

（林文娣）

综合管理工作

◇ 办公室工作

◇ 企业管理

◇ 人力资源管理

◇ 离退养人员管理

◇ 行政保卫工作

办公室工作

【概况】 2014年，办公室（党委办）围绕广州石化工作部署，以集团公司提出的“讲大局、做表率、重创新”为总要求，解放思想、转变观念，提高管理协调服务的主动性，有效地发挥运转协调、参谋助手和保障服务作用。落实中央“八项规定”精神和党组“23条实施细则”，全年“八项费用”比上年降低20.9%。其中，业务招待费下降52%、会议费下降32%、办公费下降14.2%、差旅费下降10.2%、车辆使用费下降7%、业务宣传费下降46.8%。办公室（党委办）坚持把管理协调服务作为重要抓手，加强沟通联系、综合协调，切实发挥承上启下、联系左右、沟通内外的中枢作用。年度党建工作综合考评中，办公室（党委办）以104.13分在21家管理部室中名列第四，为考核A档单位。其中，服务满意度测评在35个直属单位中排名第一。

在值班管理、督察催办、党建协调、综合文稿与调研、政务信息、文件管理、档案管理、保密管理、信访稳定等方面取得新进步、新成果、新提升。重新制定《广州石化值班管理规定》，从人员配备、分级管理等方面对值班管理进行改进、规范。加强党建系统化建设，落实集团公司党组“两个规则”，年内制定并印发党建工作“1+3+1”考核体系，实现党建工作分类分层考核。注重调查研究，针对企业存在的重（难）点问题，加大走基层调研力度，对横班党支部成立3年以来的运行情况开展调研并形成报告，为领导决策、推动工作提供参考。强化矛盾纠纷排查，开展信访代理和网上受理信访事项试点工作，全年实现“四个不发生”工作目标，保持企业和谐稳定。

（张立荣）

【信息调研工作质量稳步提升】 改进、加强信息调研工作，2014年起草调研报告、讲话材料、对外汇报材料，以及经验交流材料近80份700余万字。其中，总部炼化现场会交流材料、领导干部座谈会优化工作经验材料等获总部办公厅肯定。开展横班党支部设立3年以来履职情况调研并形成调研报告，为公司领导决策提供依据。整理总部、省市领导等视察广州石化讲话，编发《调研与参考》10期。

（张立荣）

【建立党建工作“1+3+1”考核体系】 2014年，公司完成《广州石化党建工作考核实施办法（试行）》制定，11月21日起试行。“实施办法”规定党建工作实行“1+3+1”考核体系，即由1个办法、3张量化考核表和1张服务满意度测评表组成。其中，1个办法是党建工作考核纲领性文件，由基本要求、考核内容、约束性指标、考核方法、考核结果应用等部分组成；3张量化考核表按照职能和业务不同，按照直属党委（党总支）、管理部室党组织和基层党支部3个类别，分类制定量化考核表。每个类别考核表均由综合职能、党组织和党员队伍建设、党风廉政建设、思想政治和宣传（企业文化）、工会工作、共青团工作（文体）、武装保卫和科协等内容组成；1张服务满意度测评表，由5个评价维度4个评价标准组成（简称“5维4阶评价”）。5维是从计划／组织能力、沟通／合作能力、服务主动性／履行承诺能力、解决问题／创新能力和目标／任务完成5个方面评价部门工作水平；4阶是对每个维度都规定不合格、合格、良好和优秀4个评价标准。建立党建工作“1+3+1”考核体系，是公司党委对党建工作进行系统化管理的尝试，其中“5维4阶评价”首次应用于党建工作考核，推动党建工作科学管理。

（张立荣）

【组织党建工作全覆盖检查】 按照新制定的《广州石化党建工作考核实施办法（试行）》，2014年11月27日～12月5日，公司党委开展党建工作全覆盖检查。由党群部门专业人员分5个专业组对34个直属党组织党建工作进行全面检查。此次党建工作检查，首次在部门间实行“背对背”服务满意度测评。经梳理，直属党组织党建工作存在7类共22个方面的问题，比较突出的问题有“一岗双责”落实不到位、“三会一课”组织不规范、特色党建活动欠缺、廉洁风险防控机制落实不到位、工会基础资料有待完善等。在综合加扣分基础上，管理部室党组织党建工作年度考评优秀单位为信息管理中心、纪委（监察部）、机械动力部和办公室（党委办）；直属党委（党总支）党建工作年度考评优秀单位为仪控中心、华德公司、动力事业部。

（张立荣）

【接受集团公司党组党建工作考核】 2014年12月10～11日，集团公司党建工作考核组对广州石化党建工作进行检查考核。其为集团公司党组在全系统开展的首次全覆盖考核。考核期间，集团公司党建工作考核组人员分别与公司党政主要领导，及党群部门主要负责人进行个别谈话。按照集团公司党建考核实施细则，考核组成员详细查阅公司党建工作资料，分2组分别到信息管理中心、炼油四部等单位进行实地考察。信息管理中心做了“为党建工作插上信息化翅膀”专题汇报，炼油四部向考核组人员介绍部门党建文化长廊。11日，召开党建工作考核意见反馈会，集团公司党建考核组肯定广州石化党建工作并提出5个方面的改进建议。因党建工作突出，在集团公司对广州石化领导班子2014年工作绩效评价中，获得加1分的成绩。

（张立荣）

【开展党建工作现场观摩交流】 2014年8月14日，公司党委组织34个直属党组织在炼油四部现场召开党群工作会议。参会单位分2个组，先后交叉参观炼油四部集中控制室管理看板和加氢联合装置现场TnPM管理。这是2013年10月将党群例会仅由党群部门参加升级为公司级会议以来，首次将会议搬到作业部现场。

（张立荣）

【创建党支部建设示范点】 2014年，广州石化落实集团公司《基层党支部工作细则》，根据党建工作考核整体评价，确定炼油四部、化工二部、仪控中心和信息管理中心4个单位为创建党支部建设示范点单位。

（张立荣）

【政务信息报送工作】 2014年，公司紧密围绕企业生产经营、改革发展、党建工作等方面加强政务信息采写，全年上报政务信息177条。其中，被集团公司采纳27条。

（张立荣）

【“八项费用”同比降低20.9%】 2014年，公司继续严格执行中央“八项规定”、集团公司党组“23条实施细则”，进一步简化会议活动、规范出访活动等，厉行勤俭节约，全年“八项费用”比上年降低20.9%。其中，业务招待费、会议费、办公费、差旅费、车辆使用费、业务宣传费6项费用同比分别下降52%、32%、14.2%、10.2%、7%、46.8%。

（张立荣）

【整合压减会议数量】 2014年12月29日，公司修订完善《广州石化会议管理规定》并印发执行。按照“精简、效率”原则，改进会议组织，将总经理办公会与领导周会合并成公司领导班子会，并以议题为导向调整公司领导班子会议事程序。由原先所有管理部室负责人均参会调整为只与议题有关的单位参会，提高会议效率和质量，减少陪会现象。会议总数比上年下降21次。

（张立荣）

【强化督办工作】 2014年，公司加强会议议定事项的跟踪督办和领导关注热点、难点问题督办，推动企业整体工作。全年完成领导交办、值班督办事项74项。

（张立荣）

【调整值班管理】 2014年6月，公司修订《广州石化值班管理规定》，自6月1日起，公司总值班由原先普通管理人员值班，改由主要职能管理部门副处级以上领导干部值班；同时，明确作业部、专业中心及辅助后勤单位值班管理具体要求。

（张立荣）

【加强公文管理】 2014年5月16日，公司印发《关于强化公文处理工作的通知》。11月21日，组织公文处理与培训工作交流。年内完成公文管理系统升级。全年接收总部、省市文件4010份；流转文件15868人次。审核制发公文358份，工作表单1929份，红头文件、会议纪要、工作表单同比下降2.4%、1.72%、1.4%。归档文件1214份，均实现电子与纸质同步归档。

（张立荣）

【加强保密宣传教育】 ①严格执行机要文件管理，印发集团公司年度工作会和领导干部座谈会（保密）材料120份，处理密级文件112份，泄密事件为0。②编写《保密法实施条例与保密工作》宣传教育材料，下发到公司科级以上干部和专兼职保密干部及保密关键岗位。③全年外送参加广东省保密局和集团公司保密办举办的保密培训班5人次。④组织开展2次保密内部专项检查。⑤2014年12月16日，公司组织保密专题党课，34个直属单位党组织负责人和机要工作人员参加培训。

（张立荣）

【签订机票采购大客户协议】 公司严格贯彻落实中央“八项规定”和集团公司“经营一元钱、节约一分钱”理念，规范差旅机票采购，与相关航空公司、三和商旅票务公司签订大客户机票采购协议。自2014年9月1日起，职工因公出差订机票或火车票统一在三和商旅票务公司购买，消除机票票出多门现象。

（张立荣）

【办公家具采购移交】 2014年起，公司进一步推进管理专业化，规范、理顺办公家具采购流程，全厂办公家具统一由物资供应中心集中采购，综合事务由零散转向集成管理。

（张立荣）

【规范用车管理】 2014年，公司规范生产经营用车，建立《车辆使用登记本》台账，对生产经营用车运作数据实施月报分析。严格用车审批制度，实施用车审批管理专人负责制，严禁公车私用。统一办理加油卡，加油卡和车牌号绑定，实行一车一卡。

（张立荣）

2014年3月19日，沙特阿拉伯全国工人委员会代表团到广州石化参观访问 （黄敏清 摄）

【开通网上信访受理平台】 2014年5月29日，公司网上信访受理平台正式上线运行。平台设有公告栏、信访须知、信访制度和信访指南等栏目。通过网上信访平台，可实时跟踪信件处理过程，了解已公开的办结案件，同时开设信访代理工作。

（张立荣）

【信访维稳工作】 2014年，公司坚持信访与调解相结合，通过专题接访、重点约访、领导接访、网上信访及信访代理工作的开展，及时有效地解决问题和化解矛盾。全年接待来访495人次、来电236人次；调处事件25宗，调解6宗；处理来信12宗，经理、书记专线电话37宗。

（张立荣）

【因公临时出国（境）任务实施年度计划和预算管理】 2014年是集团公司对因公临时出国（境）任务实行年度计划和预算双重管理的第一年。公司认真贯彻总部新精神、新要求，认真履行职责，严把计划审核关，严格执行因公临时出国（境）团组/人员出访前和出访后的公示制度及行前外事教育制度，外事工作规范有序，有效保障生产经营活动急需的出访任务正常开展。

（袁　怡）

【因公临时出国（境）组团方式创新】 广州分公司获总部核准的2013年赴日本和韩国设备管理交流团组，因公司无日语及韩语翻译人员一直未能启动团组手续办理工作。鉴于此设备管理交流团组的交流对广州分公司生产设备管理具有十分重要的学习借鉴作用，外事办积极寻求集团公司外事局的支持和协助。在集团公司外事局亚非处的统筹安排下，将出访任务性质相同的广州分公司和济南分公司2个团组合并组团，通过外事局派随团日语翻译、广州分公司增派1名英语翻译的方式确保了团组顺利出访。

（袁　怡）

【因公护照实行指纹生物信息采集办理】 2014年8月20日，集团公司外事局指纹生物信息采集证照数字管理系统正式上线并开始试运行。广州分公司作为集团公司外事局因公护照指纹生物信息区域采集点，在8月20日～12月底办理信息采集36人次，其中区域内其他单位，包括香港公司、洛阳设计院、江汉油田等16人次，有效提升因公护照办理的准确性、安全性和工作效率。

（袁　怡）

表1　**2014年国（境）外公司来访、技术交流和技术服务汇总**

序号	国家／地区	公司名称	时间	项 目 内 容	主谈部门／领导
1	美国	美国洛杉机消防局	1月23日	参观化工区干气制乙苯装置现场消防设施，并就检测设施进行交流	消防支队
2	美国	美国GM公司	3月4日	就气体检测器技术进行交流	物资供应中心
3	沙特阿拉伯	沙特阿拉伯全国工人委员会	3月19日	参观公司展览馆，并就大型企业工会运作情况进行座谈	工会
4	日本	日本聚丙烯公司	5月15日	就武汉项目、广州分公司聚丙烯开车等情况进行交流	姜立良
5	日本	日本神户制钢公司	5月30日	挤压造粒机技术服务问题协调会	物资供应中心
6	瑞士	瑞士科莱恩（Clariant）化工（中国）有限公司	6月23日	就S–Zorb吸附剂、辛烷值添加剂及国内丙烷脱氢和甲醇制丙烯工业化进展与现状等进行技术交流	杨平身
7	德国	德国巴斯夫公司	6月24日	就炼化工艺催化剂、化工塑料添加剂、水处理技术等进行技术交流	姜立良
8	日本	日本聚丙烯公司	7月8～10日	TEA系统的修改和检查，现场检查及设计问题的讨论和解释	姜立良
9	美国	TPC公司（美国得克萨斯石油公司）	8月12日	就丁二烯及其下游产品及合作可能性进行交流	姜立良
10	南苏丹	南苏丹国家石油公司	8月28日	参观炼油一部，学习达混原油加工生产，并就达混原油进行交流	计划经营部
11	荷兰	利安德巴赛尔公司	9月3日	就聚烯烃技术及产品进行交流	姜立良
12	美国	美国GM公司	10月21日	技术回访	物资供应中心
13	印度尼西亚	印度尼西亚KPM公司	11月13日	参观公司展览馆、炼油四部，并就成品油进行交流	计划经营部

（袁　怡）

企业管理

【概况】 2014年，企业管理部贯彻集团公司“深化改革、转型发展、从严管理”总体目标，围绕广州石化“带队伍、转作风、强素质、提管理”要求，狠抓从严管理，严格考核，夯实基础，积极推动企业科学发展，较好完成从严管理、“三基”工作、绩效考核工作、业务流程、制度诊断、优化组织机构、一体化管理体系、内控风险、现代化管理成果等各项工作任务。按照《广州石化法制工作第三个三年目标计划》“完善提高”总体要求，紧密围绕企业各项中心工作，结合管理提升活动，扎实推进法律事务工作，突出抓好法律队伍建设、制度建设、合同管理信息系统建设、依法治企合规文化建设、法律风险防范和公司事务管理，努力提升法律事务管理效率和执行力，全面担负起各项重大决策、规章制度和经济合同履行100%法律审核的重要职责和责任，为企业生产经营、改革发展提供法律支撑和保障。

（刘静宇）

【绩效考核】 2014年1月15日，公司第十二届职工代表大会第七次会议审议通过《广州石化二○一四年经济责任制》；2月11日，下发《广州石化二○一四年经济责任制》，完成专业考核办法整合、修订，36个考核办法作为附件下发；3月12日，各单位2014年经济责任书经总经理签发后下发；4月21日，下发《广州石化二○一四年目标实施对策表》，制订8项目标，包含145个小项及436项措施；11月10日，下发《广州石化2014年第四季度挖潜增效重点效益目标实施方案》，设立“抓好安稳长生产”等5项分解目标共71个子项。将“比学赶帮超”活动纳入经济责任制考核，有效促进对标评价工作，炼油专业全年获得16面红旗、10颗红星、2面黄旗；化工专业获得44面红旗、57颗红星、1面黄旗。加大对事故事件、生产波动及设备隐患跟踪考核力度，落实考核157项，累计扣57.79万元；加大对日常管理工作考核，实现专业考核1417项，扣减金额52.76万元；加强对重点效益项目及小指标考核，奖励148.85万元。

（陈克裕）

【5项管理现代化创新成果获奖】 2014年3月，公司组织开展集团公司第二十三届暨广州石化第二届管理现代化创新成果申报工作，收集成果立项项目30个，申报总部成果奖18项。8月，5项成果获集团公司第二十三届管理现代化创新成果奖，其中，“创建石化行业‘一目了然’工程”获二等奖，“构建优化生产高速路实现商机效益直通车”“设备备件材料寄售管理及应用”“构筑可度量的IT服务管理体系，探索IT共享服务最佳践”“班组‘4+1’培训模式的实践和探讨”获三等奖。

（詹　琳）

【“从严管理年”活动】 2014年，公司开展“从严管理年”活动。4月，颁发《广州石化全面贯彻落实集团公司“从严管理年”活动实施方案》，明确活动步骤，落实责任分工，组织全体职工开展从严管理大讨论，公

2014年3月28日凌晨，企管部、组织劳人部、安环部等部门和单位组成的综合检查组，对部分单位的劳动纪律、工艺纪律、操作纪律、“五源”登记本、安全学习本、考勤情况等进行检查

（冯伟锋 摄）

司主要领导带队到基层单位指导，树立并强化“从严管理是石化行业底线”意识；重点突出问题导向，围绕建设绿色低碳城市型炼化标杆企业目标，深入剖析内部管理存在问题或薄弱环节，作为“从严管理年”提升管理精细化的改进方向，各单位梳理出主要问题309项，完成整改276项，整改完成率89.3%；以严格劳动纪律、工艺纪律、操作纪律等三大纪律管理为切入口，开展“四不两直”检查，公司层面组织13次夜班抽查，11名违纪职工被扣减当月奖金的50%；加大对领导干部考核，对重复出现被考核的问题，实行加倍考核，并对该项问题的主管部门及其负责人进行连带考核，有力推动各单位内部加强管理。全年落实事故、事件、生产波动考核157项，同比压减58项。

（吴文曲）

【“三基”工作】 针对企业管理基础薄弱问题，立足长远抓好基础工作。①加强基层建设，充分发挥横班党支部书记管人、管事、管思想的作用，通过横向管理与装置主管的纵向管理相结合，实现基层班组的矩阵管理，加强基层班组建设；②抓好各项基础工作，充分依靠各专业、各单位在“三基”工作中的作用，加强检查监督，强化执行力建设，扎实抓好各项基础工作；③开展全员岗位素质培训，举办10期班组长轮训班，580名班组长参加培训，促进班组长一线管理者和技能带头人作用发挥；按照作业部区域化管理思路，在操作层面组织分层次、分梯次、分类别系统化操作培训，为实现作业部区域化、跨装置运行管理提供人力资源保障。

（吴文曲）

【推进一体化管理体系工作】 2014年，公司持续推进一体化管理体系工作，结合组织机构变化、职责调整，修订相应的体系文件内容，《管理手册》主要修订7方面的内容，程序文件修订38份，其余25份程序文件沿用A/2版未做修订。2014年9月30日，发布新版体系文件（A/3版），并于10月1日起实施。组织好上年度外部审核查出37项问题的整改落实跟踪，不断提升体系管理有效性；严格执行体系管理要求，确保体系良好运行，8月组织内部审核，查出问题84项，其中一般不符合项16项、观察项68项，没有严重不符合项。

（郭彩霞）

【业务流程体系建设】 2014年，公司以完善业务流程、理顺管理关系为主线，通过业务流程解决“做什么、谁做、怎么做、做到什么程度”等问题，通过图示形象化表达业务层级、职责分工描述等，将各项业务责任真正“落地”。公司240项业务项目近1300个流程程序，完成梳理识别的业务流程889项，经过初稿审核、相关单位收集意见后整理完成的业务流程712个。制订完善的业务流程在OA系统进行会签，17个专业管理部室的业务流程通过“工作表单”收集业务流程各业务相关方意见。依据职责、机构变化逐步调整完善业务流程，经多次会签后的业务流程拟于2015年构建流程信息化。

（郭彩霞）

【机构调整】 2014年，公司按照“精简高效、科学合理、组织有效、协调有力”原则，对部分组织机构进行整合优化。4月25日，对发展规划部、生产调度部、机械动力部、安全环保部、工程管理部和行政保卫部的下设机构及其职能进行调整，撤销发展规划部的征地室，其职能划入行政保卫部；生产调度部的生产技术一室和生产技术二室合并为生产技术室，调度一室与调度二室合并为生产调度室，节能管理室并入综合管理室，动力管理室和水务管理室合并为动力水务室；设备一室和设备二室合并为设备管理室；安全环保部管理的广州石化交通安全办公室划入行政保卫部，广州石化安全监督大队和广州石化环保监督大队合并为广州石化安全环保监督大队；工程管理部的项目一室和项目二室合并为项目管理室；行政保卫部的广州石化交通安全办公室并入综合室，征地职能划入资产室并更名为土地房产室，军训室并入经警大队；成立社区管理中心，与行政保卫部合署办公。12月31日，为适应广州市强化企业内部治安保卫队伍建设的要求，撤销行政保卫部所管辖的经警大队，成立广州石化护卫大队，广州

主力；在集团公司第三届退休人员文艺比赛，该团原创舞蹈《蕉林戏雨》、民乐合奏《织出彩虹万里长》获二等奖，原创舞蹈《扬起梦想的风帆》获三等奖。该团还以《蕉林戏雨》节目受邀参加在南京举办的集团公司第三届离退休人员文艺汇演活动。

（罗　仁）

【启动协议解除劳动合同人员帮扶工作】 根据集团公司《关于调整离退休人员待遇及进一步做好有关困难群体帮扶工作的意见》及《关于调整离退休人员待遇及进一步做好有关困难群体帮扶工作有关事宜的通知》精神，2014年8月1日，公司正式启动对协议解除劳动合同未退休人员困难帮扶申请工作，9月30日，完成申请表收集。经审核，442份申请符合帮扶要求，共支出帮扶金额147.07万元，其中广州资产分公司308人，帮扶金102.10万元，广州分公司134人，帮扶金44.97万元。

（罗　仁）

2014年10月11日，广州石化离退休职工创编的舞蹈《蕉林戏雨》受邀参加集团公司第三届离退休职工文艺演出，图为集团公司离退休工作部领导与离退休职工合影

【关工委活动】 2014年，广州石化关工委联合公司团委在青工中开展送书活动，为青工购买书籍3.7万元，充实各基层团组织读书角图书。6月10日，关工委赴石化中学开展“关工委走进校园，弘扬民族音乐”活动，邀请有丰富乐理知识、热心关工委工作的老同志担任课外辅导老师。

（林艳辉）

行政保卫工作

【概况】 行政保卫部是广州资产分公司的管理部门，因机构变动，2014年5月安全环保部的交安室、发展规划部土地管理职能人员和职能划归行政保卫部，下设综合室（交安室）、内保室、军训室、行政管理室、土地资产室、经警大队，负责后勤服务、物业、绿化、爱国卫生等行政事务管理工作；负责土地（包括征地）、房产、保卫和交通安全等工作；负责管理广州石化交通安全办公室。共有员工54人，专兼职保卫干部28人，经警队员228人。

2014年，公司坚持“以防为主，防治结合”方针，认真贯彻落实公司和公安部门的指示精神，进一步加大对厂内治安隐患排查和整治力度，突出重点抓防范，认真落实安全防恐措施，着力落实 “人防、技防、物防”三防措施，健全和完善治安防范体系，全面提升公司内部防控能力。加强对剧毒化学品、放射源、工程现场以及承包商的治安管理力度，强化责任，落实措施，确保公司全年生产经营的安全与稳定。年内出动“七防”检查 106人，检查单位95个，检查部位115个，检查三管要害部位94个，工地工棚79个，检查重点（要害）部位97个。检查治安管理落实情况74起，发现盗患4起，发出整改通知书11份，整改7宗，发出口头整改3次，落实整改5次，对承包商考核5次。组织法制教育学习班365期，

8805人参加；办理临时出入证5030个，续办临时出入证9451个、值班员证9个。全年接报案件15宗，其中立刑事案件3宗、治安案件12宗，价值人民币48490元，破案10宗，追回赃物价值人民币33286元。全年未发生群体性到政府部门上访事件；没有发生因单位内部矛盾而引发的群体性事件；各承包商单位内部未有发生因劳资纠纷、拖欠工资、上访、闹访事件而影响广州石化稳定大局的事件。

（符启添 张 霖）

【加强“两会”和节日安保工作】 2014年3月，北京召开“两会”及节假日期间，按照集团公司安保和反恐工作要求，公司制定落实《广州石化行政保卫部突发事件应急方案》；加强干部值班，经警应急分队24小时待命；加强门岗执勤工作，按照进入厂区逢车必检、逢人必查、凭证进出的原则，严格检查；严防死守门岗和重要目标并加强巡逻防控；组织治安、剧毒化学品等专项检查；配合公安部门明查暗访，确保公司安全生产和大局稳定。

（符启添 张 霖）

【综治维稳工作】 2014年，公司综治维稳工作做到触角延伸到基层，及时了解和掌握社情民意，深入基层单位和周边社区调查研究，掌握不稳定动态，及时发现事件苗头和化解矛盾，多次作好上访人员劝导解释工作，公司总体局面保持稳定，没有发生大的群体性事件和上访事件。年内发生中国石化第四建设公司、中国石化第五建设公司、福建龙净环保股份有限公司3家单位分包单位民工到公司上访事件以及黄埔区大田村村民因搬迁安置问题上访事件，处理维稳突发事件6宗，公司启动突发事件应急预案，做好周边村民、施工人员、职工到公司上访的现场秩序维护、群众疏导、调查取证等工作，正确引导上访群众与相关管理部门进行协商处理，没有发生问题激化现象。

（符启添 张 霖）

【抓队伍建设保厂区安全】 2014年，行政保卫部坚持“管理制度抓建设，以管促训，以训促勤，固强补弱”原则，狠抓警队正规化建设，警队战斗力有效提升。通过抓执行制度督查促进队员执勤，达到令行禁止的目的，坚持每天中队长到各分队检查日常执勤工作，大队每天1名管理干部到各门岗及现场检查；对违纪违法人员，实行“零容忍”，情节严重的移交派出所处理。加强厂内巡逻力度，对出厂物资严格把关，门卫执勤和查验出厂物资从严管理，杜绝厂区内物资流失现象。全年累计查获盗窃案件27宗，查出使用他人证件进厂人员90多人次。

（符启添 张 霖）

【厂外管线设施整治及相关补偿】 2014年，公司加强厂外管线设施整治和治安联防工作，并就厂外管线设施管理存在问题专题报告地方政府，得到地方政府支持。5月，公司成立整治工作小组，6月，成立与地方政府专项组对应的专业小组，由行政保卫部牵头组织具体实施。针对公司两厂管廊、炼油区至黄埔码头及黄埔电厂管廊的油气管线5米保护区内青苗果树清理问题，11月

广州市公安局内保支队领导到广州石化检查指导经警大队改革改制工作 （符启添 摄）

2014 年 5 月 29 日，行政保卫部经警大队组织经警队员防恐演练
（符启添 摄）

拟定《关于厂外油气管道保护区果树苗木清理补充方案》，对青苗果树清理补偿与地方政府及相关社区达成一致意见：广州石化一次性向黄埔区安全生产监督管理局支付 500 万元补偿款，由该单位统一发放至相关街道，不足部分由黄埔区政府负责安排；用地补偿方案：按照集团公司“不征地、不租地”原则，双方同意按共建联防方式解决保护区土地使用问题，按社区权属地每年每亩 9000 元标准向相关社区支付共建费用。年内完成相关协议签订。

（曾淑华 张 霖）

【防恐防暴工作常态化】 2014 年，针对国内发生的多起恐怖袭击事件，公司落实公安部门要求制定防恐措施，完善《广州石化防恐应急预案》。4 月，组织经警队员举办“处理突发事件”骨干培训班，提高警员处置群体性事件的快速反应和现场控制能力，确保职工人身安全和厂区生产运行秩序稳定。以开展防暴汇演为契机，对防暴队进行“二列横队队形”“前弧型队形”“二路纵队队形”等训练，定期开展以骨干带动全体队员训练，做好常态化防恐防暴工作，达到地方政府对大型企业应对突发事件能力的考核要求。

（符启添 张 霖）

【承包商管理】 2014 年，公司与一级承包商和改制单位签订治安承诺书 28 份。召开承包商治安管理工作会议，建立治安防范管理网络平台；严把办证关，办理承包商机动车准许证 1300 个，全年外来车辆进出厂区 63280 辆次，经门卫查出有违章违法行为的车辆 1965 台次，处理 1965 台次。全年查验出厂物资 106766 车，其中产品 95311 车，设备器材、废旧物资 11122 车，纠正违章 610 次。

（符启添 张 霖）

【严格剧毒化学品管理】 2014 年，根据公安部门要求，公司严格对易制爆、剧毒化学品、放射物品的安全监管工作。按照《剧毒化学品安全管理规定》，开展“五双”制度整治活动，加大对剧毒化学品的监督管理力度，进一步规范放射源、剧毒化学物品管理；重点检查和督促炼油四部剧毒化学品，从管理、制度制订、使用、库房、整改等方面检查 2 次，发整改通知书 3 份，考核 1 次，全部完成整改。修订完善易制毒、易制爆化学品管理规定，易制毒、易制爆化学品使用点 50 次，放射源使用点及库房 1 次，发整改通知书 3 份，回复 3 份。配合文冲派出所对公司易制爆化学品、所有放射源进行归档备案，配合黄埔公安分局治安大队对剧毒品库进行检查、验收。

（符启添 张 霖）

【大田村拆迁还建项目完工交付使用】 根据 2008 年末公司征用大田村土地时签订的《广州市黄埔区姬堂社区大田村宅基地房屋拆迁补偿安置协议》，2014 年 3 月，黄埔区镇东路大田村拆迁还建项目完工，项目占地面积 1.4 万平方米，总建筑面积 4.08 万平方米，楼宇由 2 幢 18 层、1 幢 14 层组成，共 330 套房屋，其中 232 套为公司拆迁安置用房，用于安置大田村回迁户；拆迁安置房包括 60 平方米、80 平方米、100 平方米和 120 平方米 4 种房型。3 月 17 ~ 18 日，组织进行摇号分房，共分出183套，未分配的49套房产移交姬堂社区负责与未参加摇号分房的产权人另行协商分配。

（曾淑华 张 霖）

【社区安全管理】 按照总部关于社区安全纳入安全大检查要求，2014年1月和4月，行政保卫部牵头，公司副总经理付建带队对物资供应中心、职工食堂、明珠宾馆、石化生活区大院进行安全大检查，对查出存在的治安管理及公共设施老旧、消防隐患等问题，督促加强物业管理，其他隐患项目列入老旧小区综合治理项目进行整改。社区隐患治理项目方案获总部批复。

（符启添 张 霖）

【登革热疫情防控】 2014年，针对下半年广东登革热疫情严重问题，公司积极响应地方政府号召，安排专业公司在厂公共区域外围进行人工喷雾灭蚊，同时加强卫生监督检查，清理卫生死角，清除各种积水，防止蚊虫孳生；8月、9月发放两批灭蚊药品，指导做好室内灭蚊工作，从源头控制病源；10月15日建立登革热疫情报告制度，接到职工登革热病例报告10例，均痊愈，经统计确认各发病职工岗位不相邻。

（符启添 张 霖）

【膳食管理】 2014年，公司完善食堂管理制度，加强监督考核，坚持严把原材料采购关，重点监控大宗物料、调味品、新鲜食材等采购，努力提高职工膳食管理水平和服务质量。全年食堂供餐186.37万人次，其中早餐36.14万人次、午餐85.35万人次、晚餐37.21万人次、营养餐27.67万人次，职工就餐率达86.28%，创历史新高，并实现安全供餐，无发生群体性食品卫生事件。年内完成厂区食堂环境整治，包括餐厅墙面瓷片更换，炼油区

2014年3月18日，行政保卫部与有关部门组织大田村村民大会，成功组织大田花园摇号分房以及办理入住、协调物业管理、现场整改等工作 （符启添 摄）

2014年10月28日，公司工会组织检验中心部分职工代表对炼油区、化工区职工食堂进行巡视检查 （张淦明 摄）

食堂洗消间及粗加工间扩容改造、仓库及员工宿舍修整、溴化锂检修、送风管更换等项目，食堂整体环境提升；投用切割设备和洗菜机；10月，A/B座办公楼食堂开始使用管道燃气，动力消耗成本比上年同期下降56%。

（符启添 张 霖）

表1　**2014年公司刑事、治安案件统计表**

年 份	刑事案件发案数／起	治安案件发案数／起	职工违法犯罪数／人
2013	11	1	0
2014	3	12	0
比上年增减／%	−73	1100	0

党群工作

组织干部管理工作

2014 年 5 月 9 日，广州石化举办直属单位领导班子成员集中培训暨公司党委中心组扩大学习班，邀请中央党校教授蔡志强讲课。（黄敏清 摄）

【概况】 2014 年，党委组织部围绕公司从严管理要求，认真做好党组织建设、干部队伍建设和党员队伍建设工作，为完成公司生产经营任务提供坚强的组织保证。加强领导干部队伍建设，强化直属单位领导班子和班子成员的考核，通过严格考核和问责，进一步强化领导人员的责任意识和担当意识。坚持“崇德崇才，有为有位”的人才理念，坚持民主公开竞争择优方针，规范程序，严格把关，做好选人用人工作。结合领导班子和班子成员任期考核情况，在抓好各层次后备干部队伍管理基础上，重点分析重要部门处级后备干部情况，提出初步的培养方向和计划。持续做好群众路线教育实践活动整改落实工作，召开群众路线教育实践活动专项督导工作会，把测评结果满意度较低的 7 个事项作为重点整改内容，各主要责任部门根据群众路线教育实践活动专项督导整改措施要求，进一步细化和完善“回头”整改措施。公司 5 个督导组先后对 34 个直属单位的教育实践活动整改落实情况进行专项督导。严格党组织日常管理，以提高发展党员质量为重点，重点从生产班组长、技术骨干中发展党员，组织 15 名入党积极分子参加省直机关工委党校举办的 2 期培训班。2014 年发展新党员 37 名。及时做好 20 个党组织、32 个横班党支部换届选举及部分横班党支部书记调整任免的上会、批复工作。做好横班党支部管理，先后召开 2 次横班工作座谈会，分别听取作业部领导班子和部分横班党支部书记（值班长）的意见和建议，摸查换届选举候选人选等。注重典型选树和宣传工作，组织完成 2013 ~ 2014 年度党内评先表彰工作，表彰 10 个先进党组织、5 名模范党员和 3 名优秀党务工作者。继续跟踪做好领导干部定点联系“五个一”活动，公司领导及副总师分别定点 13 个单位。扎实开展第二轮“双到”扶贫任务，对口扶贫村梅州市五华县长布镇中心村的明显变化及扶贫干部的突出表现，得到省委省政府及村民的认可。

（陈爱珍）

【领导干部考核工作】 2014 年，在完成年度各直属单位领导班子和班子成员任期考核工作基础上，结合各直属单位领导班子及班子成员近 3 年来的年度绩效考核情况、各直属单位领导班子配备以及整体管理效能发挥情况，以及公司和部门后备干部培养，领导人员交流需要等要求，在 2014 年初提出加强各直属单位领导班子建设的建议和下一步干部工作计划。修订完善领导人员年度考核方案，其中在多维度测评中，首次对直属单位领导班子和副处以上干部增加了部门之间的横向测评考核环节，并强化考核结果在领导干部使用方面的运用，收到良好的效果。组织劳人部还配合企业管理部、安全环保部等部门，参与广州石化领导干部问责办法的制定，通过严格领导人员的考核和问责，进一步强化领导人员的责任意识和担当意识。

（钟义朋）

【选人用人工作】 按照“崇德崇才，有为有位”的人才理念和“民主、公开、竞争、择优”的工作要求，2014 年，组织劳人部灵活采取竞聘上岗与组织选拔相结合的形式，全年提拔任用干部 19 人，其中竞聘选拔

4人，组织选拔15人。在公司内部交流调整领导人员6人次，往外输送交流领导人员1人。

（钟义朋）

【后备干部培养工作】 着眼企业未来发展，公司认真抓好后备干部队伍建设。2014年，按照重业绩、重能力、重品行的要求，在抓好各层次后备干部队伍建设的基础上，结合各直属单位领导班子和班子成员任期考核以及平时掌握的情况，重点加强各直属单位处级领导人员的后备规划和培养，特别是针对公司副职领导和一些重要部门的处级领导后备，在公司层面提出具体培养方向和计划。

（钟义朋）

【集团公司高级专家选聘】 2014年，集团公司在全系统内对集团公司高级专家进行选聘，广州石化杨平身、岑奇顺两人通过集团公司高级专家竞聘选拔，被聘为集团公司高级专家。

（钟义朋）

【71人取得中级以上任职资格】 2014年，按照集团公司专业技术任职资格评审的要求，广州石化修订完善《广州石化专业技术职务任职资格评审组织建设管理办法》《广州石化专业技术职务任职资格评审办法》，进一步明确、规范任职资格评审工作程序和要求，加强了评审工作组织保障。在按计划完成年度职称评审工作同时，成功主办政工和经统会专业高级任职资格联合评审工作。2014年，71人取得中级以上任职资格，其中教授级高级经济师1人，高级工程师20人，高级经济师3人，高级会计师3人，高级政工师4人，副研究员1人，工程师34人，馆员1人，政工师3人，经济师1人。

（钟义朋 许 悦）

【开展党的群众路线教育实践活动“回头看”】 2014年，公司党委开展党的群众路线教育实践活动“回头看”，对发展前期调研不够深入细致，影响企业发展质量和效益、企业管理与实际脱节，管理比较粗放、业务流程长、效率低、对环保存在的问题整改不力，环保“三同时”问题长期存在而得不到有效解决，公司环保连续6年被地方政府环保部门挂牌督办等民主测评职工满意度低的7个问题，召开群众路线教育实践活动专项督导工作会，专题研究集团公司督导组反馈的专项督导情况，对照广州石化领导班子整改措施，进一步细化和完善“回头看”整改措施，并突出重点抓好整改落实；公司督导组对测评满意度在平均线以下的15家单位进行重点督导。通过开展“回头看”，群众关注的突出问题得到有效整改；文山会海、检查评比等群众反映突出的问题得到初步整治；非生产性费用支出得到有效控制，全年公司接待费、会议费、差旅费同比下降52.2%、32.0%、8.0%；领导干部作风明显转变，机关服务基层意识提高。

（陈世诺 陈爱珍）

【党组织建设】 2014年4月24日，因机构调整，公司党委发文对生产调度部党总支下属党支部做出调整：撤销技术调度一党支部、技术调度二党支部；保留综合管理党支部不变，综合管理室、动力水务管理室、质量管理室、计量管理室等35名党员划归综合管理党支部管理；成立技术党支部，原技术一室、技术二室11名党员划

2014年6月6日，公司2014年直属单位领导班子成员培训班结业典礼 （黄敏清 摄）

站获评总部先进记者站、电视台获评总部电视新闻报道先进单位。广州石化被广东省总工会评为《南方工报》2013～2014年度新闻报道先进单位。

（王广阳）

【“从严管理年”专题宣传教育活动】 2014年，配合“从严管理年”活动，公司开展专题宣传教育活动，形成从严管理的舆论氛围。制定《全面开展“从严管理年”活动宣传方案》。公司主页创建活动专题网站、《广州石化》报、《大田风》、视频网络开设“从严管理年”活动专栏，及时传递公司领导要求、各单位活动信息、职工心声。《广州石化》报、《大田风》第一时间转载集团公司“从严管理年”活动的部署和要求。结合劳动纪律整顿，宣传部连续推出《劳动纪律需自律 更须他律》《严肃劳动纪律 领导干部要当表率》等评论员文章，以及“从严管理大家谈”等文章。《大田风》开辟“他山之石”栏目，推介兄弟单位从严管理方面好经验。宣传部、安全环保部联合制作《从严管理 从我做起》专题教育片，通过直属单位领导班子成员集中培训、中心组学习、党员业余组织生活、职工政治学习、班组安全学习等形式组织观看学习，增强职工对“从严管理是石化行业底线”的认识。各直属单位围绕“安全环保事故给我们什么警示、应该吸取什么教训”“强化从严管理，我该怎么做”等问题，开展讨论。报刊杂志活动报道88篇、网络新闻和基层动态活动报道216篇，制作相关活动专题片和电视片99个，刊登挖潜增效报道48篇，其中《广州石化严格评价考核落实增效措施》报道被《中国石化报》头版头条采用，特色经验《“三抓”助推广州石化从严管理》在总部《石化政工简讯》刊登。

（王广阳）

【党委中心组学习】 2014年，公司修订《广州石化党委中心组学习管理办法》，对《党建工作考核细则》有关党委中心组学习要求及考核内容进行完善。宣传部派人参加各直属单位学习活动，加强对中心组学习情况的督导检查，确保学习活动落实到位。全年公司党委组织中心组学习28次，其中集中学习23次，(扩大学习10次)，自学5次。先后邀请中央党校教授蔡志强解读习近平总书记系列讲话精神，邀请培训讲师邱明俊做《非人力资源经理的人力资源管理》讲座。

（王广阳）

【形势任务教育】 2014年下半年，受宏观经济增速放缓，国际油价大幅下跌、国内成品油价“十一连跌”、化工产品市场需求持续低迷、价格普降、库存高等不利因素影响，公司生产经营面临前所未有的困难。9～12月，公司在全体干部职工中开展“为生存而战”形势任务教育，利用中心组学习、职工政治学习等形式，组织全体干部职工收看宣传部特别制作的形势任务教育片《为生存而战》，了解企业面对的严峻形势，引导职工积极应对复杂的市场环境和油价持续下跌的严峻考验；围绕“打好安全环保效益翻身仗，我能做什么”“让‘制度落地、责任生根’”等内容进行学习讨论，统一思想，提高认识，进一步增强工作的紧迫感和责任感，确保全年目标任务的完成。

（王广阳）

【政研论文成果】 2014年，公司政研会围绕企业中心工作以及职工队伍思想实际，加强职

2014年6月19日，公司举办2014年新闻宣传通讯员培训班。邀请中国石化报社编辑韩晓杰授课 （黄敏清 摄）

工思想政治工作研究。围绕公司年度思想政治工作研究课题，组织申报重点课题36项，撰写政研论文87篇，20篇成果获得公司奖项。王广阳《以延安整风精神整治企业“四风”问题》、林文枪《城市化炼厂的困局和对策》2篇论文获集团公司优秀政研成果二等奖，黄苑球、梁江华《如何打造一支强有力的技术骨干队伍》论文获集团公司优秀政研成果三等奖。宣传部课题组文章《贯彻落实集团公司文化建设纲要要解决好三个问题》在总部片区政研会作重点交流。

（王广阳）

2014年10月24日，广州石化2014年网宣员培训班开班。邀请中国石化知名网宣员夏江授课　（黄敏清　摄）

【内宣工作】 2014年，公司加强对宣传平台的管理、策划，发挥好《广州石化》报、《大田风》、视频等宣传平台作用，增强时效性和宣传效果，发挥好上情下达、下情上传及导向作用；严格落实《广州石化新闻宣传考核办法》，加强考评激励，加大对宣传工作的考核力度，提高宣传报道的时效性和质量。全年编印《广州石化》报46期、《大田风》12期，采用公司新闻436条，采用基层动态3996条，采用图片新闻和大屏幕图片760张，采编视频新闻585条；制作《榜样》《从严管理 从我做起》等专题片3部；录制、编辑和展播从严管理视频会议、辩论赛、文艺表演和宣传教育、廉政建设等专题节目近20部，为各级党组织和职工学习提供素材，充分发挥舆论导向作用，为打造绿色低碳城市型炼化标杆企业营造良好氛围。

（王广阳）

【对外宣传工作】 2014年，广州石化注重做好宣传策划，强化对外报道。成立对外宣传报道小组，实行每周策划报道重点和选题，对外报道稿件质量和数量比上年明显提升。全年在《中国石化报》及总部媒体上稿268篇，其中头版头条6篇，头版及各版面头条42篇；与总部媒体合作，3篇文章在《中国石化》杂志第3期“本期关注”栏目刊登，分别从安全环保，严格管理、严格考核、生产优化等方面，全面展现广州石化从严管理所带来的转变；协办《中国石化报》“碧水蓝天”专版，以《广州石化全力打造绿色低碳城市型炼化标杆企业》为题，详细介绍广州石化在绿色低碳方面的做法和经验；在《工人日报》《南方日报》《广州日报》《中国企业报》《中国化工报》《中国经济导报》等中央及地方媒体上稿112篇，在新华网、人民网、搜狐、网易、新浪、凤凰等网络媒体转载78篇，45条视频稿被中国石化电视采用，与广东卫视共同制作环保新闻节目《广州石化锅炉达到超洁净排放标准》。

（王广阳）

【舆情应对工作】 2014年，公司联合开展舆情应对6次，通过及时研判舆情、主动出击化解舆情危机，维护企业形象。面对被挂牌督办和环保信用评级被挂“黄牌”的舆情危机，公司认真做好舆情分析研判，在总部新闻办指导下，沉着应对，公司领导带领宣传部、安全环保部、办公室等部门，在新闻发布会前，走访省环保厅、省委宣传部，以及各重要媒体等，努力将影响降到最低。在新闻发布会期间，保持与参会记者的实时沟通，及时掌握发布会信息，及时调整应对策略和新闻通稿内容，《南方日报》

《广州日报》《羊城晚报》、广东电视台、南方电视台、广州电视台等主流媒体报道均有广州石化的正面回应，表明企业的态度和落实整改的措施，避免出现舆情一边倒现象。公司还通过官方微博发布信息，尽量降低对企业的负面影响。

（王广阳）

【赴金陵石化等企业调研宣传工作】 2014年7月8～11日，宣传部一行3人到金陵石化、扬子石化、南化公司等单位调研学习、交流城市型炼厂宣传工作。调研的3家企业都是炼化企业，都面临“城市围厂”的困境。调研组从企业内外宣、舆情应对到如何围绕中心做好思想政治工作等进行调研，了解3家企业的特点和经验做法，并分析广州石化存在的差距，提出改进宣传思想工作的7项建议，形成调研报告。

（王广阳）

【加强对基层宣传工作的指导】 2014年，宣传部强化对基层宣传报道工作的指导，组织编辑、记者到各基层单位进行走访，通过研讨、座谈、定点帮扶等形式，将各时期宣传重点传达给一线通讯员，指导基层通讯员结合部门特点亮点撰写稿件。加强对通讯员队伍的培训，6月19日，举办2014年新闻宣传通讯员培训班，100多名通讯员参加培训，中国石化报社编辑韩晓杰做《企业新闻报道的理念与操作》讲座，帮助通讯员队伍提高新闻写作水平。10月24日，宣传部举办网宣员培训班，邀请中国石化知名网宣员夏江讲授《新媒体运用》，结合集团公司重大舆情事件的处置和舆论引导工作，讲授微博、微信等新媒体应用实操技巧。在舆情应对中，及时组织网宣员监测和跟评网络热点网贴，发挥网宣队伍正面舆论导向作用。

（王广阳）

纪检监察

【概况】 2014年，广州石化按照中央纪委“转职能、转方式、转作风”要求，以及集团公司工作部署，围绕企业中心工作，强化“监督”力度，提高纪律的威慑力，提高标本兼治效果，积极稳妥地推进纪检监察工作，促进企业党风廉政建设和反腐败工作的有效开展。健全完善反腐倡廉制度，包括《广州石化惩治和预防腐败体系2013～2017年规划实施细则》《广州石化职工在工作业务交往中收受礼品实行登记管理的规定》，以及涉及安全、环保、质量、“小金库”和工程建设等方面的领导干部责任追究管理办法；坚持开展廉洁从业承诺活动，34个直属单位负责人、党组织书记签订党风廉政建设责任书，137名各级领导班子成员和1033名廉洁风险关键岗位人员签订廉洁承诺书；加强节假日期间和重大经济活动过程提醒，发送廉洁从业提醒短信2000余条；制订年度纪律教育学习月活动方案，确定16项活动内容，结合企业生产经营，开展条规教育；重点抓好集团公司《职工违纪违规行为处理规定》的学习、安全生产领域违纪行为适用《中国共产党纪律处分条例》若干问题的解释；组织领导干部重点学习集团公司下发的《生产安全事故领导干部处分办法》《“小金库”问题处理办法》，以及环境保护违法违纪行为处分暂行规定等，并抓好党员领导干部纪律的专项检查。对“八项规定”执行情况、禁止“小金库”落实情况、“碧水蓝天”环境治理项目执行情况等进行专项检查监督；严格干部职工业务工作中收受礼品管理，年内上交礼品礼金43人次；抓领导干部报告个人事项制度落实，并进行检查监督；抓党员领导干部消费卡管理、婚丧喜庆事宜管理，1位公司领导和3位部门领导干部向组织报告由本人操办的婚丧喜庆事宜，没有发生违规情况；抓职工群众来信来访查处，全年收到来信来访16件次，完成全部信访问题调查核实，办结12件次，4件信访件继续查核。积极推进信访监督，对职工群众来信来访反映的管理问题，在调查核实的基础上，协助相关单位落实管理措施。围绕企业生产经营发展，确定效能监察项目8项，包括企业物资自采的招投标、安全隐患治理和“碧水蓝天”环保专项治理工程、“八项规定”贯彻落实情况、炼油污水污污分治工程、马鞭洲燃料油仓储项目、炼油自销产品销售与自购蜡油管理、检维修招投标（比价）管理等，通过开展效能监察与专项督察，发现问题61项，提出建议63条，建立完善制度11项，节约资金1291.1万元，增加经济效益55.67万元。

（陈　凡）

【新惩防体系目标规划建立】 根据集团公司《建立健全惩治和预防腐败体系2013－2017年工作规划实施办法》，公司积极推进党风建设和反腐倡廉工作，加强惩治和预防腐败体系建设。2014年11月12日，《广州石化惩治和预防腐败体系2013～2017年规划实施细则》出台并实施，其明确办公室、纪委监察部等11个牵头部门，工作目标分解任务涵盖持之以恒抓好“八项规定”的贯彻落实、持续践行党的群众路线等47个主要内容。

（陈　凡）

【健全反腐倡廉制度】 2014年5月5日，公司完成《广州石化职工在工作业务交往中收受礼品实行登记管理的规定》修订，并融入《广州石化党建工作考核实施细则》；修订完善《广州石化职工违纪违规行为处分规定》以及涉及安全、环保、质量、“小金库”、维稳和工程建设等方面的领导干部责任追究管理办法，进一步健全完善企业廉洁从业制度。

（陈　凡）

【纪律教育月活动】 2014年7～9月，公司党委开展“严明组织纪律，锻造优良作风”主题纪律教育月活动。公司纪委发放《违反中央“八项规定”精神案例剖析》《反腐倡廉2014年教育读本》《党纪政纪法规制度选编（十六）》3本学习教育资料共265本，供公司领导班子成员、各直属单位领导班子成员和党组织、廉洁风险关键的科室主任等岗位人员学习；按时段在公司局域网站“廉洁从业”专栏播出专题教育片，包括《中国石化效能监察规定电教片》《蜕变》《卡住公款送礼》《被玷污的净土》《家财莫为子孙谋》《蚁贪之祸》6部。

（陈　凡）

2014年4月3日，工程管理部、纪委监察部邀请广州石化监理公司及10家工程承包单位负责人，以平等交流座谈方式，向他们提出工程建设项目安全文明施工和廉洁从业工作要求，并征求意见和建议　（钟勇浜　摄）

【开展廉洁自律承诺活动】 2014年1月14日～2月15日，公司纪委组织开展2014年廉洁自律承诺活动，34个直属党组织签订《党风建设和反腐倡廉责任书》，以不同形式组织开展廉洁从业教育学习2475人次，组织廉洁从业风险岗位的1170人签订廉洁自律承诺书，为公司反腐倡廉工作打下基础。

（陈　凡）

【新任领导干部廉洁从业谈话】 2014年9月23日，公司组织52名新任、转任领导干部进行集中廉洁从业教育谈话，党委书记陆建明对新任领导干部提出要求，要求按照习近平总书记“三严三实”严格要求自己，敬畏法纪、敬畏组织、敬畏职工；正确认识反腐倡工作的重要性和必要性，正确看待手中的权力，正确处理人情亲情，真正对待个人得失，正确认识和控制个人的欲望，心中常怀对党纪国法和企业规章的敬畏之心；做好带头作用，完成好企业各项工作任务。

（陈　凡）

研成果 74 篇，其中广州石化报送调研成果 8 篇，白华森的“近年来企业推行煤炭效能监察取得的成功经验、做法和难点问题”获一等奖，陈凡的“企业贯彻落实中央‘八项规定’精神的工作思考”、赵江丹、郭华、李涛、钟晓优、陈如静等撰写的“把国有企业‘一把手’的权力关进制度的笼子”获三等奖。

（陈　凡）

2014 年 11 月 20 ～ 21 日，中国监察学会石化分会第六片区 2014 年纪检监察理论研讨会在广州石化召开　（钟勇浜 摄）

人民武装工作

【概况】 广州石化在上级军事机关领导下，坚持党管武装原则，以做好军事斗争准备工作为龙头，积极进行平时国防战备，根据省、市、区的指示精神和年度工作（训练）计划开展人民武装工作。企业武装部主要职能是负责民兵预备役队伍建设；组织民兵参加军事训练，带领民兵完成战备执勤、抢险救灾任务；组织开展国防教育；负责民兵武器装备和人民防空设施管理工作；做好兵役登记、完成政府下达的征兵任务并落实拥军优属工作；战时组织、动员民兵参军参战等。截至 2014 年底，有专职武装干部 5 名，预备役人员 38 人，民兵 116 人；共有复转退伍军人 774 人，其中在职复员、退伍和转业军人 322 人。

2014 年，公司优化调整民兵预备役组织，组编成基干民兵高炮分队、应急维稳分队、预备役高炮指挥连和预备役通信连；并以广州石化护卫大队为主，编成应急维稳分队，公司预编兵员、预备役和基干民兵编制 115 人。组织民兵预备役集训，10 名应急维稳分队民兵协助、配合黄埔区公安分局参与维护社会治安，组织 13 名民兵参加广州警备区民兵应急分队考核，组织 10 名民兵预备役参加黄埔区武装部组织的高炮集及赴海丰靶场实弹演练；每月组织民兵预备役和领导干部过军事日活动，全年组织 12 批共 144 人过军事日活动。加强人民防空设施管理和国防工事管理，确保设施完好，管理得当。做好国防教育、征兵工作宣传，落实拥军优属工作。是年，广州石化武装部被黄埔区武装部授予先进基层武装部、武器装备管理先进单位称号；设置在广州石化的预备

2014 年 4 月 23 日，广州石化武装部召开民兵集训动员大会　（温　招 摄）

役指挥连被广东预备役师评为基础建设先进单位。

（杨向东 温 招）

【调整民兵预备役组织】 根据广州警备区和黄埔区武装部下达的民兵预备役组编的指示要求，2014年4月18日，公司调整民兵预备役组织，基干民兵、预备役以生产作业部人员为主，编成基干民兵高炮分队、防化救援分队、预备役通信连和预备役高炮指挥连，以广州石化护卫大队为主编成民兵应急维稳分队。公司预编兵员、预备役和基干民兵编制116人，其中联合防空作战分队61人，防化救援分队10人，应急维稳分队10人，预备役高炮指挥连21人，预备役通信团有线连12人，预编兵员2人。

（杨向东 温 招）

【连续第5年获评“四个基本”建设达标单位】 广州石化武装部严格按照“四个基本”建设达标的要求，做好基本教育内容、人员、时间效果落实，无违法违纪；基本队伍选配和管理规范，编制、待遇和培训落实，综合素质较高；基本制度日常管理严格，各项制度落实，秩序正规；基本设施齐全、配套实用，达到正规化、军事化的要求。2014年，连续第5年被黄埔区武装部评为基层武装部“四个基本”建设达标单位。

（杨向东 温 招）

【开展国防教育活动】 2014年11月16日～12月13日，广州石化武装部邀请广州市国防教育中心到化工区举办《广州“百年”风云》专题教育展，通过上千幅图片和实物，展现了广州发展历程，通过参观，激发青年职工和民兵预备役的工作热情，凝聚正能量。广州石化武装部全年组织12批共144人参加军事日活动。坚持每月组织开展政治学习、观看爱国主义电影和对武器装备进行维护保养等活动，不断增强职工国防观念。

（杨向东 温 招）

【参加广州警备区民兵应急分队考核】 2014年4月23～30日，广州石化武装部组织13名民兵预备役队员参加广州警备区民兵应急分队考核，温招担任应急分队3排排长，参训人员训练认真刻苦，圆满完成上级军事机关布置的演练任务，受到部队首长的赞扬和肯定；温招被广州警备区评为广州市民兵预备役民兵军事训练尖子。

（杨向东 温 招）

2014年4月25日，广州石化武装部组织民兵集训，图为射击训练 （温 招 摄）

【军事集训】 2014年，广州石化武装部组织16人次参加军事集训。①6月29日～7月5日，温招、朱富荣2名预备役队员参加广州预备役高炮五团民兵防空分队指挥员集训。②7月18～31日，温招、方毅民、戴传裕3名队员参加广州市民兵预备役训练基地组织的民兵高炮分队骨干集训；戴传裕担任

2014年9月26日 ，广州石化武装部参加广东省军区高炮实弹射击演习 （杨向东 摄）

黄埔区示范班班长，专业考核在黄埔区排名第一。③ 9 ～ 10 月，11 名民兵预备役队员参加黄埔区武装部组织的高炮集训及赴海丰靶场参加广东省军区实弹射击演练。

（杨向东 温 招）

【新入厂职工军训】 2014 年 7 月 21 ～ 25 日，公司组织 44 名新入厂职工到海警训练基地开展军训，训练项目包括队列训练、团队协作、国防教育等，主旨为强化纪律观念与团队意识，通过军事训练和爱国主义教育，将当代军人的核心价值观与地方企业的精神需求接轨，为新职工走上工作岗位后迅速适应新的工作环境奠定基础。6 名队员训练成绩突出受到表彰。

（杨向东 温 招）

工会工作

【概况】 2014 年，公司工会围绕企业“带队伍、转作风、强素质、提管理”工作方针和“从严管理年”活动要求，组织发动职工投身企业各项工作，切实履行工会各项职能。健全以职代会为基本形式的民主管理，组织召开 5 次职代会联席会议，审议通过《广州石化职工违纪违规行为处分实施办法》《广州石化 2014 年度经营目标考核兑现奖发放办法》等 7 个涉及职工切身利益的制度或重要事项。职代会（工代会）各专门委员会结合企业生产经营需要，有效发挥相关职能。积极开展劳动竞赛和合理化建议活动，年内开展公司层面劳动竞赛项目 6 个、基层单位小指标劳动竞赛 78 个，取得良好效果。借助信息管理系统，加强合理化建议工作，首次按季度发布成果，及时兑现奖励，调动职工为企业献计献策积极性。坚持“三不让”“五必访”工作原则，发挥企业保障体系作用，为职工和相关利益群体办实事、做好事。通过互助会、“金秋助学”、病困慰问等渠道为特困、困难职工子女以及退休协解困难人员 2135 人次发放各类帮扶慰问金 466.07 万元。组织职工“慈善一日捐”活动，募捐善款 101.19 万元。结合公司党建考核，全面深入开展职工建家活动；规范工会财务管理，工会经费使用通过广东省总工会经审委的全面审计。举办“我是第一”职工羽毛球挑战赛、“超越自我、追求卓越、展现风采”女职工表彰暨登山活动及“迎新春”“石化梦、劳动美”“为美好生活加油”等主题的职工美术书法、摄影展等 9 项大型活动，丰富职工业余文化生活。

（吴宇红）

【第十三届二次职代会】 2014 年 1 月 15 ～ 16 日，公司召开第十三届二次职工代表大会，221 名职工代表、20 名列席代表参加。大会审议并通过《总经理工作报告》《广州石化十三届二次职代会（工会）工作报告》《广州石化 2013 年福利费使用情况和 2014 年福利费安排》《广州石化 2013 年安全环保现状及隐患治理情况报告》等 14 个报告；对公司十三届职代会第一次会议以来召开的 9 次联席会议审议通过的 19 项议案予以确认；听取公司领导班子及班子成员述职、述学、述廉报告，民主评议公司领导班子副职后备干部；对选人用人及上年新提拔中层领导人员进行群众满意度测评；公司总经理陈坚做热点问题现场答疑；表彰 2013 年度先进集体和劳动模范。

（吴宇红）

【制度建设】 2014 年，公司进一步规范、优化公司工会、基层工会两个层面制度建设，将制度修订变为学习、完善制度、提高执行效率的有效手段。全年修订完善 14 项制度，其中职代会相关制度由 4 项精简合并为 1 项，工会财务类制度从 6 项精简为 2 项，评先管理制度从 4 项修订为 3 项。进一步规范工会财务管理，持续推行工会经费管理与预算制度，并举办工会经费管理培训班，指导和规范各级工会经费使用。年度工会经费使用通过广东省总工会经审委的全面审计。

（吴宇红）

【工会建家活动】 2014 年，公司工会以工会建家活动考评作为推动工会专业化管理的有力抓手，进一步完善建家活动考核评价运作机制。4 月，修订并实施《工会工作（建家活动）考核评价办法》，5 ～ 7 月，完成对 9 个直属工会建家活动的考评。通过在每月党群例会点评建家工作亮点和不足，逐步梳理考评流程、规范考评记录、完善考评细则。11 月，结合公司党建工作考核，依据《工会工作（建家活动）考核评价办法》，细化量化直属工会、管理部室工会的考评内容，全面完成 34 个直属工会的考评，实行统一考核、分类评比。

（吴宇红）

【提案满意率同比上升 3%】 2014 年，提案委员会对提案工作办理结果进行跟踪评价，规范日常工作流程，实现提案工作闭环管理，全年立案 59 份提案，通过召开提案工作专题会议促进提案答复办理，实现提案件件有回音、有落实，满意、基本满意率达到 88%，比上年上升 3%。

（吴宇红）

【维护职工合法权益】 2014 年，结合工会建家、党建考评活动，检查监督公司对《集体合同》《女职工权益保护专项协议》的履行情况；5 月底～7 月初，公司工会继续组织符合《集体合同》“男职工 28 年工龄、女职工 25 年工龄”条件规定的职工，包含往年没有享受过特惠休养的在册处级干部共 146 人，分 6 批前往武夷山进行休养活动。坚持劳务派遣工慰问制度，在春节、中秋、国庆等重大节日，特向广东省总工会申请专项费用，对近千名在岗劳务工开展节日慰问。动力事业部、化工二部、明珠宾馆等劳务工集中的单位，在加强劳务工劳动保护措施基础上，组织劳务工恳谈会，“面对面”了解劳务工诉求，让劳务工感受企业大家庭的温暖。

（吴宇红）

【女职工表彰暨登山活动】 2014 年 3 月 7 日，公司在黄埔庙头龙头山举办“超越自我、追求卓越、展现风采”女职工表彰暨登山活动，31 个基层单位 400 多名职工参加。对 2013 年度 5 个巾帼文明岗、10 名岗位女能手、10 名优秀女职工、2 名先进女职工工作者及 2 个先进女职工委员会进行表彰；进行庆“三八” 文艺演出。

（吴宇红）

【工会干部培训】 2014 年，公司工会有针对性地开展各类培训，着力提升工会干部素质。其中，外送工会干部参加上岗资格轮训、工会业务等培训 20 人；举办《员工心理危机干预》《员工心理及辅导技巧》等讲座，公司工会干部、直属单位工会干部及工会主席 300 人参加；组织工会财务人员 8 人次参加广东省总工会财务部举办的业务培训。

（吴宇红）

【帮扶退休协解困难人员】 2014 年，公司继续落实集团公司对已退休的协议解除劳动合同困难人员帮扶政策，建立并核实 1713 名退休协解困难人员档案，全年发放帮扶金 376.86 万元。

（黄海云）

【慰问活动】 在春节、五一、中秋节日期间，公司组织开展公司和直属工会两个层面走访慰问病困职工活动，共发放慰问金 38.54 万元，其中公司领导慰问 159 名病困职工，34 个直属工会慰问 548 名困难职工；9 月开展“金秋助学”活动，为 63 名困难职工子女发放助学金

2014 年 9 月 3 日，工会举办第二期工会干部心理疏导系列培训班

（谭　兵摄）

2014年9月30日，广州石化举办“员工心理及辅导技巧”培训讲座，各单位工会、横班负责人、技能操作人员近200人参加培训
（钟勇浜 摄）

7.2万元；12月3日国际残疾人日，开展慰问残疾职工活动，慰问残疾职工57人，发放慰问金1.71万元。在装置大修、抢修、工程项目建设以及夏日酷暑期间，公司领导和各级工会到生产一线和施工现场慰问，全年发放慰问品37.84万元。

（黄海云 程首卉）

【发挥互助会互助保障作用】 2014年，公司互助会向36名困难会员发放扶助金67.1万元；向7名因病去世会员，给予其家属发放扶助金3.5万元；审核同意给予6名困难会员借款12万元；给予121名当年健康退休会员每人发放1000元的健康奖励。

（黄海云）

【办理“广东省职工医疗互助保障计划”赔付】 2013年11月起，公司继续组织职工参加为期3年的“广东省职工医疗互助保障计划”。在2014年度保障期内，为15名患重大疾病职工办理“广东省医疗互助保障计划”医疗保障金赔付手续，给付金额58.5万元。

（黄海云）

【公益捐款44.1万元】 2014年，公司继续开展“慈善一日捐”活动，收到职工捐款101.19万元，募集到的善款用于公益事业。年内向社会慈善公益团体及原企业协解困难职工捐款6项次，共计捐赠44.1万元，其中向广州市“幸福工程”基金会捐款1万元；向石化老人大学、老人活动中心捐赠15万元；向石化老人基金会捐款20万元；向家庭遭受意外灾害2名职工捐款1.8万元；向5名患重病原企业协解困难人员捐款5万元；向2名困难劳务工捐款1.3万元。

（黄海云）

【劳动竞赛】 2014年，公司层面开展劳动竞赛项目6个，基层单位开展小指标劳动竞赛近78个，先后有190人次在各项竞赛中受到表彰。“我的设备我维护”TnPM劳动竞赛采用“通报两头”的激励方式，促进各基层单位内部生产装置之间、班组之间开展竞赛，基层工会建立检查、评比、激励机制，促进现场装置管理提升，员工参与自主维护积极性提高，

2014年12月30日，公司工会举办高血压病防治知识培训班，邀请中山大学附属第一医院心血管科刘美娟博士讲授“高血压病防治”知识
（谭 兵 摄）

现场面貌持续改善，设备故障率有所下降。检验中心的“比现场好、创样板分析间，比自主维护，创设备零故障”劳动竞赛取得良好效果，全年完成分析仪器和在线仪表自主维护365台次，节省修理费超过150万元，仪器设备完好率达到99.21%，在线仪表完好率达到93.40%，投用率达到93.84%以上，全年检验中心设备事故为零。炼油一部蒸馏一装置通过机泵维护策略编制及实施，装置面貌有效改善，动设备故障率大幅降低，现场维护工单总数与上年同期环比下降39%。炼油三部在芳烃抽提装置实施提高操作平稳率、沥青质量合格率等小指标劳动竞赛取得明显效果，柴油95%点馏出平均温度处于公司各套柴油生产装置前3名，两套焦化装置轻油收率提高0.8%。

（程首卉）

【开展评先活动】 2014年，完成《广州石化评先表彰管理办法》修订，进一步规范公司各类评先表彰活动，本次修订突出面向基层和工作一线，以精神奖励为主、物质奖励为辅。年内，评选出8个公司级劳动模范和10个公司级先进集体；按层级推荐原则，严格按照投票及审核程序，完成集团公司工人先锋号，广东省五一劳动奖章，广东省“安康杯”竞赛优秀组织者，“集团公司精神文明建设先进个人”等市级以上综合荣誉推荐；围绕企业中心工作开展各项创先争优活动，全年90余人被授予公司TnPM劳动竞赛先进个人、优秀青年突击队员等称号。

（程首卉）

【合理化建议工作】 2014年，公司加强合理化建议工作管理，抓好网上超时审核和实施完成登记，实行季度兑现奖励措施，促进成果申报。全年职工提报合理化建议10802条，比上年增加3657条；采纳6011条，比上年增加1247条；实施4703条，比上年增加1000条。合理化建议采纳率55.65%，实施率78.23%。

（程首卉）

【计划生育工作概况】 2014年，广州石化计划生育工作按照国家和地方生育政策，以“三为主”工作方针为指导，重点开展“单独两孩”政策的宣传和落实工作；全年审核完成已婚男单职工函调5706份/次；组织1571户家庭参加计生重点户见面活动；43名新入职职工全部建卡；组织已婚育龄女职工1119人参加孕情及妇科检查；全年政策内生育婴儿82名，无政策外多孩出生，圆满完成全年各项工作目标，公司实现计划生育工作连续21年达标。

（吴宇红）

【强化计生工作分级管理】 2014年，公司全面推行计划生育管理工作三级管理模式。根据年度计划生育工作实现政策内生育率、职工建卡率、男单职工计划生育函调率、计划生育重点户见面率、女职工查环查孕率、独生子女办证率、婚育变化备案率、计划外怀孕采取补救措施率“8率”100%的目标，完成与属下34个直属单位党政一把手签订《广州石化计划生育目标责任书》，聘任各直属工会主席为计划生育管理工作直接责任人，签订《直接责任人承诺书》，各基层单位相应完成与装置横班书记、横班书记与班长、班长与班员之间签订计生承诺书。

（吴宇红）

2014年12月19日，广州石化召开2014年计划生育工作会议，会上表彰5个计划生育管理工作先进单位和10名优秀计生员

（谭 兵 摄）

【落实“单独两孩”政策】 2014年3月27日，广东省“单独两孩”政策正式实施，公司计生办在公司内部刊物上做了3期专题报道，详细解答职工关心的问题；将相关政策制作成PPT下发各个单位，并定期监督检查各单位宣传学习情况，推进新政策的贯彻和执行；为符合条件的待孕母亲提供咨询服务、发放免费孕前检查及免费出生缺陷干预筛查的相关资料，全年为37名符合再生育政策的职工提供相关证明，为141名退休及企业协解职工提供独生子女证明。

（吴宇红）

【计生工作培训】 2014年，公司计生办以“每季一主题”形式，开展计生员培训。全年开展计划生育生育保险、“单独两孩”政策解读、企业计生制度以及“计生函调”工作要求等4期培训，组织2次业务知识闭卷考试和3个案例交流分析，有效提升计生工作人员分析解决问题的能力。

（吴宇红）

共青团工作

【概况】 2014年，公司共青团组织以立足服务企业中心工作和服务青年成长成才为主线，围绕思想建设、组织建设和青年队伍建设，创新方式方法，拓展工作平台，丰富活动内容，努力增强共青团组织的吸引力、凝聚力和战斗力。开展为期半年的“青春正能量、共筑石化梦”系列活动；开展“青春·责任”主题辩论赛；结合公司建设绿色低碳城市型炼化标杆企业目标，开展“青年安全生产示范岗”“青工技能月”劳动竞赛、“自主维护、青年先行”等主题活动，组织10支青年突击队近300名团员青年参与大修等活动；开通共青团门户主页和团委官方微信推送平台，实现网站、微博、微信、QQ等新媒体领域的全覆盖；完成广州青年志愿者“志愿时”系统注册，参与广州第十届民俗文化节暨黄埔“波罗诞”志愿服务活动、开展“石油化工与生活科普展”，宣传讲解石油化工科普知识，开展“敬老、爱老、助老”志愿服务活动月活动，全年100多名青年职工参与志愿者活动；结合热点、难点问题开展有针对性的青年工作调研和座谈活动；开展读书活动，举办7场读书座谈会，开展第十期青年大讲堂、第九期面对面访谈、第十七期文化讲坛活动，280人次参与；举办团干培训班，40名基层团干部参加；6月，完成464名共青团员团籍注册及民主评议工作，83名团员民主评议为优秀；评选出管理技术岗位青年职工和技能操作岗位青年职工及2013年度公司青年岗位能手20人、青年文明示范岗6个、创建青年文明号5个；公司获省市级以上团内荣誉2项。年底，公司团委下设二级团委3个、直属团总支7个、团支部44个，35岁以下青年985人，团员464人。

（曾淑华 朱 滢）

【完成全厂团员团籍注册及民主评议】 2014年5～6月，公司团委开展2014年度共青团团员团籍注册、民主评议团员工作。6月底，464名28岁以下团员完成团籍注册。团员民主评议工作分学习教育、自我评

2014年7月15日，公司2014年团干培训班在职业技术学院开班

（朱 滢 摄）

价、民主评议、表彰和处理阶段进行，评议形式为召开团支部大会或团小组会，民主评议结果分优秀、合格、基本不合格、不合格4个档次，6月30日，完成公司464名团员民主评议工作，其中86名团员民主评议为优秀，优秀率达18.5%，378名团员民主评议为合格，合格率为81.5%，不合格率为0%。

（朱　滢）

【总部青工委来厂调研青年工作】 2014年3月19日，集团公司青年工作委员会副主任、思想政治工作部副主任党军，青年工作处处长、直属团委书记全继业等来公司调研青工工作。调研组深入化工二部、炼油二部、炼油四部等基层一线与各个层次的青年职工代表交流，了解青年职工工作生活中的困惑与诉求。

（朱　滢）

【联合开展青工座谈会】 2014年5月13日，公司团委联合广东省卫生计生委部分直属单位团委举办“奋斗的青春最美丽”青工座谈会。来自广州石化、广东省卫生计生委、广东省人民医院、广东省第二人民医院、广东省疾控中心、广东省妇幼保健院、广东省卫生监督所、广东省计划生育协会等单位的青年代表40余人参加座谈会。座谈会结合团建工作特色、亮点、体会进行经验交流，探讨如何更好地引导青年成长成才、创立青年文明号及发展青年志愿者等工作。

（朱　滢）

2014年3月19日，集团公司青工委副主任、思想政治工作部副主任、直属党委副书记党军，青年工作处处长、直属团委书记全继业等一行4人到广州石化调研青工工作　（余峻才　摄）

2014年5月13日，公司团委联合省卫生计生委部分直属单位团委举办“奋斗的青春最美丽”青工座谈会。公司各基层团组织、省卫生计生委、省人民医院、省第二人民医院、省疾控、省妇幼、省卫监所、省计生协会等单位青年代表40余人参加座谈会　（朱　滢　摄）

2014年5月23日，公司团委举办第十期“我与企业同成长—青年大讲堂”活动。邀请中国石化闵恩泽青年科技人才奖获得者、炼油二部工艺主管薛炼做题为《在生活中感悟，在感悟中前行》的讲座　（谭　兵　摄）

【团组织机构调整】 2014 年 4 月，行政保卫部团支部任期已满，已有正式团员 62 人，符合成立团总支要求，公司团委根据《团章》规定，同意行政保卫部召开团员大会选举产生团总支委员会，同意该部设置团支部 3 个，包括经警大队一中队团支部、经警大队二中队团支部、经警大队三中队团支部，并各设团支部书记 1 名。

（朱 滢）

【青年志愿者活动】 2014 年，公司规范志愿服务管理机制，创新活动形式，开展便民服务、帮困助学、社会公益及参与地方大型民俗纪念等活动，全年近百名青年志愿者参加志愿服务活动。

（朱 滢）

表 1　　2014 年公司青年志愿者活动一览表

日期	活动名称	活动形式	服务对象（人次）	参加人数
2014 年 1 月 28 日	黄埔区花市志愿“护花”行动	为群众提供服务	群众（近千人）	12
2014 年 3 月 8 日	第十届广州民俗文化节暨黄埔“波罗诞”千年庙会	为群众提供服务	群众（近万人）	6
2014 年 9 月 1 ~ 5 日	中国石化第三届职工羽毛球比赛“我是第一”职工羽毛球挑战赛广州石化赛区	全程为比赛的职工提供服务	参加比赛职工（近 4 百人）	20

【素质建设】 2014 年，公司团委积极推进素质建设。①公司团委联合离退部关工委开展读书活动，各基层团组织全面推进“图书角”建立工作，举办读书座谈会，激发青年员工的阅读兴趣和热情，全年采购并下发 1000 多本畅销书籍供基层团组织学习；② 3 月，邀请广东省演讲协会会长孙朝阳老师讲解辩论技巧；③ 5 月，组织第十期青年大讲堂，邀请炼油二部工艺主管薛炼授课；④ 10 月，组织第九期“面对面”访谈活动，邀请副总工程师余蕾与广大青年职工面对面，分享如何做个有责任心的人，最终实现岗位成才；⑤ 11 月，开展第十七期文化讲坛，邀请法律事务部陈启鸿授课，帮助广大青年提高法制思维和意识。

（朱 滢）

【评先活动】 2014 年，公司团委结合青年岗位能手、青年文明号创建、青年安全示范岗创建等活动，在广大青年团员中开展评先活动，选树先进青年典型，引导青年职工立足岗位、奉献企业。5 月 10 日，巫黎庶被共青团广东省委评为广东省 2013 ~ 2014 年度优秀共青团干部；炼油二部催化重整联合装置技术组被评为集团公司青年文明号 20 周年示范集体；4 月 19 日，刘思欣被评为集团公司“最美石化一线青工”；5 月，公司团委命名仪控中心二车间 CFB 班 CFB 装置等 5 个单位为 2013 年度广州石化青年文明号；命名动力事业部动力二站等 6 个岗位为 2013 年度广州石化青年安全示范岗；授予计划经营部陈国伟等 20 位青年 2013 年度广州石化青年岗位能手称号。

（朱 滢）

【创建学习型团组织活动】 2014 年，公司团委继续开展创建学习型团组织活动，以“服务企业中心工作，服务青年成长成才”为主旨，以“创建学习型团组织，打造学习型石化人”为目标，通过组织开展每人每年至少读一本书、每季度组织一次专题培训、每人每年签订一份导师带徒合同、每人每年完成一篇技术论文或技术总结、每年组织做一件对单位生产管理有意义的事、每年组织评赏一部励志影片活动，引导、激励青年职工积极向上；采用专家授课、技术讲座、对外交流等方式，根据专业特点有针对性地组织开展导师带徒等工作，提高青年团员业务技能，实现岗位成长成才。

（朱 滢）

【青工技能月劳动竞赛】 2014 年 9 ~ 11 月，公司组织开展青工技能月劳动竞赛系列活动，包括青工课件制作大赛、“从严管理”制度宣贯知识竞赛、第三届微电影大赛、青工消气防比武等，其中青工课件制作大赛为首次开展的新项目，以讲解、演示生产技术、工艺流程、岗位实务、创新案例等为主，7个优秀课件在集团公司学习平台推广学习。15个直属团组织500名团员青年参加竞赛活动，炼油四部团支部获劳动竞赛一等奖，炼油一部团支部、检验中心团委获二等奖，动力事业部团委、化工二部团总支、公用工程部团支部、炼油三部团支部获三等奖。

（朱　滢）

2014年10月31日，公司团委举办第九期“面对面”访谈活动，副总工程师余蔷就如何立足岗位，敢于担当，实现岗位成才等话题与青年职工进行座谈交流　（陈水冰　摄）

【团建劳动竞赛】 2014年，公司团委创新团建劳动竞赛，开发“先进帮后进”的新模式，即以每季度夺得团建劳动竞赛先进的团组织帮助后进团组织，两两结合的形式团结年青人共同进步。炼油四部团总支、检验中心团委获年度团建劳动竞赛一等奖，化工二部、炼油二部团总支、仪控中心团委获二等奖，公用工程团支部、动力事业部团委、炼油三部团总支、炼油一部团支部获三等奖。

（朱　滢）

【“自主维护、青年先行”主题活动】 2014年5月起，公司团委结合“我的设备我维护”劳动竞赛，在各直属团组织开展“自主维护、青年先行”主题活动，号召青年团员做一件对单位生产管理有意义的事情，争当TnPM自主维护排头兵。通过此次活动，培养青年员工设备自主维护意识，提升青年员工设备操作使用和维护保养水平，让青年员工真正以主人翁的姿态促进装置“安稳长满优”运行。

（朱　滢）

【“青春·责任”主题辩论赛】 2014年3～4月，公司团委组织开展“青春·责任”主题辩论赛，辖下仪控中心、动力事业部、财务部等13个基层团组织的近70名青年职工组成12支队伍参赛，分6场初赛、4场复赛、2场半决赛，仪控中心以“打造从严管理，主要抓制度建设还是执行力”为辩题获辩论赛冠军，动力事业部获亚军，机关和炼油四部并列第3名。

（朱　滢）

【青工联谊活动】 2014年，公司团委积极开展形式多样的青工联谊活动，活跃青工生活。

2014年11月29日，公司工会、团委组织开展广州石化2014年青工金秋登帽峰山森林公园山活动，近百名职工参加　（朱　滢　摄）

1月24日，举办2014年新春联谊活动，公司领导和150名家在外地的单身青工参加；3月15日，在从化石门国家森林公园举办2014年广州石化青工春季联谊活动，100名青工参加；7月11日，由广州石化团委主办，中国联通广东省分公司团委、广州市青年文化宫婚恋研究中心协办，开展 “沃们为爱加油！”青年联谊活动，广州石化和广东联通公司的80多名青工参加，活动采用世界杯主题作为“Brazuca”世界杯主题狂欢派对；8月，举办“中秋月·石化情”2014年中秋石化青工嘉年华活动。

（朱　滢）

【第三届微电影比赛】2014年，公司团委举办第三届微电影比赛活动。大赛收到来自15个直属团组织创作的18部微电影作品，其全部由青年职工自编、自导、自演，旨在通过微电影表达对职业成长、企业发展的思考，传递正能量，所有作品均上传公司视频网进行展播。12月30日，团委联合工会举办第三届微电影颁奖典礼暨新年歌会，公司领导与近300名团员青年欢聚一堂，现场揭晓第三届微电影大赛的10项年度大奖，检验中心团委＆机关团支部的作品《寻找》获得最佳影片奖；检验中心团委＆机关团支部作品《寻找》导演张淦明获最佳导演奖；炼油一部团支部作品《平行的爱情》、仪控中心团委作品《较量》、检验中心团委＆机关团支部作品《寻找》、炼油四部团总支作品《我们离婚吧》、化工二部团总支《杨鑫的春天》、炼油二部团总支《是谁惹的祸》获优秀电影奖；炼油二部团总支《是谁惹的祸》获电影艺术奖；炼油四部团总支熊宇驰饰演《梦中梦》获最佳演员奖；炼油四部团总支作品《梦中梦》获最具创意奖；炼油二部团总支作品《是谁惹的祸》获最佳剪辑奖；炼油一部团支部作品《平行的爱情》获最佳编剧奖；行政保卫部团总支作品《经警日记》获最具潜力奖；动力事业部团委作品《我和我的师傅》获最受观众欢迎奖。

（朱　滢）

【团干培训】　2014年，公司团委持续开展各类团干培训，旨在提高团干水平，帮助基层更好开展团建工作。其中，7月15日的培训班设置《哲学素养与领导力提升》《流程介绍》《影响式沟通技巧》等课程，聘请陈培永、赖献明、翟志新等主讲，各基层直属团组织的40名团干参加培训； 9月选送8名基层团干参加广东省直属单位团干培训班，系统学习团务知识，交流做好并创新共青团工作经验、方法。此外还组织开展青年文明号号长培训、青年志愿者负责人培训、新媒体工作培训等培训。

（朱　滢）

【承办总部第三届职工羽毛球赛暨“我是第一”羽毛球挑战赛】2014年9月1～5日，中国石化第三届职工羽毛球比赛暨“我是第一”羽毛球挑战赛广州赛区比赛在广州石化举行。来自系统内19个单位的160名教练员、运动员参加，比赛设置男女单打、男女双打、混合双打等5个单项，共182场比赛。

（朱　滢）

表2　**2014年公司团组织设置情况表**

年份	2014年	2013年	比上年增减/%
二级团委/个	3	3	——
团总支/个	7	6	16.6%
团支部/个	6	7	−14.2%
团员数/人	464	405	14.6%

企业文化

◇ 综述

◇ 文联体协

◇ 报纸

◇ 刊物

◇ 视频网络

◇ 史志编纂

综　述

【企业文化活动】 2014 年，新版《集团公司企业文化纲要》发布，宣传部、办公室做好学习宣贯相关工作。组织开展丰富多彩的文体活动，配合黄埔区在广州石化影剧院举办庆五一文艺志愿服务慰问演出，元旦、春节期间，举办“迎新春”职工艺术作品展，五一和厂庆期间，举办“石化梦、劳动美”职工摄影作品展，国庆期间举办“为美好生活加油”职工书画展。组织职工积极参加“中国石化 30 年”征文，获一等奖 1 篇、三等奖 1 篇。组织参加中国石化第六届美术书法摄影展，广州石化美术作品获优秀奖 1 名，摄影作品获银奖 1 名、铜奖 2 名。

（王广阳）

【“企业开放日”活动】 2014 年，针对近年来企业严峻的安全环保形势，公司立足社会和周边民众关注，先后举办 3 次“开门办企业”活动，邀请地方政府人员进企业检查、邀请媒体记者、周边村民到厂区参观，展示公司环保治理的决心、措施和成效，增进地方、媒体和周边民众对企业的了解。7 月 19 日，公司举办“畅享国Ⅴ 绿色出行——车友走进中国石化”活动，有百名车友参加，广州石化展示了规范的管理、现代化的设备、整洁的环境，给车友们留下深刻的印象。8 月 7 日，组织媒体记者一行 12 人，采访广州石化 LDAR 项目实施、CFB 锅炉超洁净排放、油品升级等成果；8 月 8 ~ 15 日，《南方日报》《广州日报》《信息时报》、广州电视台等媒体，先后推出广州石化大气污染治理取得成果的报道，收到较好的宣传效果。广东媒体走进广州石化的后续报道形成专报报送《中国石化报》；百名专家齐聚广州石化考察燃煤锅炉超洁净排放的报道《让燃煤锅炉超洁净排放》在 10 月 31 日《中国石化报》头版头条刊出；10 月，宣传部、安全环保部联合制作的《为了我们共同的家园》环保宣传片，在座谈会上展播，向地方政府和周边居民展示广州石化环保工作成绩。“企业开放日”活动赢得地方政府、媒体和周边民众的理解和支持，广州地区媒体的报道较好地展现了中国石化下属企业积极履行国企和社会责任良好形象。9 月 5 日，集团公司董事长傅成玉在第 335 期《基层情况反映》专报上，对《广东媒体报道广州石化大气污染治理成果》做出批示，肯定了广州石化环保治理工作以及媒体报道方面的成效。

（王广阳）

2014 年 9 月 13 日，由广州市委宣传部等单位举办的“广州市企业文化示范基地服务日”活动在广州市北京路步行街举行。广州石化主要为市民提供石化产品宣传及环保宣传服务　（邓志伸 摄）

文联体协

【文联概况】 广州石化文联成立于 2003 年 10 月。文联属下有文学协会、摄影协会、书法协会、美术协会、灯谜协会、民乐曲艺协会、合唱团、舞蹈队、礼仪队、轻音乐队、语言艺术协会、葫芦丝协会等 12 个协会，会员 400 多名。

2014 年，公司文联完善组织机构、健全工作制度，贯彻执行《广州石化文联、体协下属专项协会管理规定》等制度，确保文联顺利开展各项工作。成立了

“一家亲”文艺志愿服务队，由广州市文联授旗，并参加相关培训活动，提升了文艺队伍的服务意识和服务水平。

各专业协会利用自身条件，以自培、导师带徒、“走出去、请进来”等多种形式，开展经常性培训活动，不断提高会员综合素质。摄影、书法、美术等协会经常组织会员参观省市博物馆、文化展馆举办的专题展览活动，组织会员参与企业所在地举办的采风活动，开阔会员的眼界和知识面。摄影协会6月组织会员参加黄埔区影协的季度评比和摄影讲座活动。9月、12月分别组织部分骨干理事到阳江、海洋乡进行采风活动；为骨干会员办理中国石化影协手机报，推荐加入中国石化影协微信群，加强与中国石化影协联系和互动；11月6日邀请广东省十大摄影师黄楚中主讲“艺术摄影的表现手法”，近百名摄影爱好者参加培训；书法协会1月组织部分会员参加由广州市文化广电新闻出版局主办的“我们的中国梦——广州市2014新春群众美术书法摄影展”；8月参加黄埔区建国65周年书画展；10月到广州文化公园参观书法展。美术协会组织会员分别于4月5日、10月11日到广东美术馆参观北京画院藏品特展、第十二届全国美术作品展览（版画）；7月26日到广州艺术博物院参观“庆祝中华人民共和国成立65周年——广东省美术作品展览”；利用手机微信开通“广石化书画群”，加强会员联系交流，分享艺术讯息，共同进步；

2014年12月20日，公司棋牌协会举办2014年职工象棋比赛
（黄敏清 摄）

文学协会邀请著名作家章以武教授到企业讲授《文学创作能力的培养》课程。组织十多名诗歌爱好者与广州市诗人雅集，并组织诗歌爱好者与黄埔区诗人外出采风、交流。推荐6名诗歌爱好者加入黄埔诗社，多次组织参加广州市举办的文学交流活动。文学协会主动与新入厂大学生交流，发现有文学基础的新苗子，鼓励新入厂职工多写多积累，为创作团队不断注入新鲜血液。礼仪队以提高个人素质为主，组织礼仪队成员参加彩妆培训，结合内部培训开展团体户外活动。舞蹈队4月、7月先后派骨干参加总部组织的百姓健康舞培训班、6月参加全国排舞培训及广东省排舞培训。合唱队以“内培”为主，帮助基层加强辅导，让更多的人热爱合唱艺术。语言艺术协会结合厂史展厅的讲解员培训，定期进行辅导并到展厅实地练习讲解。葫芦丝协会借助中国著名葫芦丝艺术家张笑老师来访和参加11月16日在顺德举办的“李春华葫芦丝艺术”讲座暨专场音乐会等机会，虚心求教，开阔眼界。葫芦丝高级教师、退休职工吴小敏每周三义务为职工教授葫芦丝，白天教退休职工，晚上教在职职工；协会部分优秀学员还担任石化中学葫芦丝兴趣班老师，每周进行义务授课。

积极开展有特色的文化活动。文学协会立足身边的人与事，会员用自己手中的笔去讴歌生产经营活动中的新气象。《广州石化》报开辟“最美一线员工”“超越自我 追求卓越”栏目，《大田风》开辟“人物写真”栏目，丁玫、余蕾、钟浪锋等一个个鲜活的人物与读者见面，职工敬业爱岗形象跃然纸上，形成积极向上氛围；利用企业刊物副刊，以诗歌、散文、随笔、小说等题材，反映职工丰富的精神世界和积极向上的生活状态；积极参与各单位微电影创作和安全短片创

2014 年 12 月 12 日，“城市乐跑赛 · 广州站”在广东奥林匹克体育中心举行，广州石化 60 名青工高举中国石化朝阳标志旗帜、身穿“为美好生活加油”的统一服装参与赛跑和节目表演

（谭　兵　摄）

作，形成一批工业题材作品，文艺深入到企业生产经营活动。文学协会多次组织参加广州市举办的文学交流活动。文学会员已成为黄埔区系列文化活动的主创人员，承担黄埔区丝绸之路上报作品的主创任务，创作诗歌《丝路颂歌》，为黄埔区总工会创作小品《一举两得》，均获得好评。摄影、书法、美术等协会以重大活动或重要节日为契机，利用公司办公楼大厅及职工艺术长廊，在元旦、春节期间举办“迎新春”职工艺术作品展，在五一、厂庆期间举办“石化梦 · 劳动美”职工摄影作品展，在国庆期间举办“为美好生活加油”职工书画作品展。摄影协会 3 月 6 日组织骨干参加“超越自我、追求卓越、展现风采”女职工表彰暨登山活动花絮拍摄；5 ~ 8 月，组织部分摄影骨干到装置现场拍摄，为编辑出版《了解石油化工 成就精彩生活》科普画册提供素材。语言艺术协会把厂史展览馆作为展示和宣传企业形象的窗口和爱厂教育基地，热情接待四方来访宾客和广大职工，全年接待参观 36 次近 800 人，提升了公司形象。积极参与区文联举办的三八、五一、中秋节文艺演出共 4 场。灯谜协会 2 月 14 日元宵节晚上举办面向职工的灯谜展猜活动；8 月 28 日在广州石化 · 文冲馨家举行环保公益宣传活动中，以展猜环保公益专题灯谜的形式，巧妙宣传石化科普、环保知识；9 月 13 日，广州市委宣传部在北京路步行街举办“广州市企业文化示范基地服务日”活动，广州石化精心准备 60 多条与石化产品、石化装置以及环保专题相关的灯谜，使市民在学习灯谜猜制方法、快乐感受谜趣同时，增进对石化、环保知识的了解，用谜辅助宣传的形式得到市委宣传部的赞赏。礼仪协会较好完成公司职代会、三八活动表彰、五一、五四表彰等活动的礼仪任务。合唱协会积极参加社区文化演出，并在离退休职工“庆七一”“喜迎国庆，欢度重阳”等文艺汇演中取得好成绩，受到公司领导肯定和职工好评。民乐曲艺协会保持每周一次演唱活动，1 月 16 日参加石化社区迎春活动，演出民乐“喜洋洋”、粤曲“荔枝颂”。2 月 14 日元宵节庆祝石化老人活动中心启用，民乐

广州石化选送节目参加集团公司第三届退休人员文艺比赛

（钟勇浜　摄）

演出“旱天雷”“步步高”。9月29～30日参加石化社区及离退休职工“美在金秋”活动，演出民乐“织出彩虹万里长”、粤曲对唱“红棉赞”。葫芦丝协会4月24日参加黄埔区文联“送文化进企业”活动，成功演出《篝火狂欢夜》，赢得区文联赞赏。7月11日到下沙小学开展交流活动，与下沙小学葫芦丝乐队同台表演，受到师生一致好评。7月31日到黄埔区敬老院进行慰问演出，给老人们带来笑声和快乐。9月5日在石化大院举行广州石化中秋和谐葫芦丝晚会，与小区居民一起欢度佳节。

（曾晓生 王新忠）

表1 文联属下各协会活动情况

协会名称	活动项目	活动情况
摄影协会	广州市第三届安全生产工伤预防书法美术摄影作品展	42幅作品参展
摄影协会	“情系中国梦·艺筑石化魂”影之美摄影展	邓志伸《碧水蓝天》、何明《工地交响曲》、肖冠希《毽王展英姿》、石永开《酣战》、邓明芳《上下一心》、秦沛桦《向往》6幅作品入选
美术协会	参加黄埔区建国65周年 “迎国庆同筑中国梦”书画展	殷开功的石化题材国画《老哥俩》入选，并被黄埔区文化馆收藏
美术协会	邓永生书法作品	获广州市文化广电新闻出版局主办的“我们的中国梦——广州市2014新春群众美术书法摄影展”优秀奖
美术协会	邓永生书法作品	参加黄埔区“建国65周年书画展”，并被黄埔区文化馆收藏
美术协会	冯钊书法作品	获广州市“中国梦、劳动美”国庆书画展优秀奖
舞蹈协会	舞蹈《映山红》《珠江潮涌》	参加广州石化三八活动及黄埔区举办的千年庙会“波罗诞”的展演活动，并参加黄埔区文联赴基层单位五一暨文艺志愿服务慰问演出
舞蹈协会	自编自演排舞《007之生化危机》	在广东省第五届工人运动会上获道德风尚奖、最佳服装奖、银奖3项大奖。在2014年10月全国全健排舞比赛中获全国排舞比赛趣味组一等奖
民乐曲艺协会	曲艺节目	《织出彩虹万里长》《雨打芭蕉》分别获中国石化文艺演出（录像）比赛二、三等奖。参加中国粤剧网2014粤曲粤乐大赛（录像），分别荣获金奖，并在广州文化公园演出

【体协概况】广州石化体育协会成立于2007年6月，协会下属有羽毛球、乒乓球、全健排舞、足球、篮球、网球、毽球、醒狮、棋牌、瑜伽等10个协会。负责策划组织各专项体育项目的培训、公司级活动及比赛，参加中国石化集团公司比赛、地方及兄弟单位间的交流等活动。

2014年，广州石化体协开展了系列活动及比赛项目，进一步倡导了科学文明，健康向上的生活方式，将“每天锻炼半小时，健康工作每一天，幸福生活一辈子”的健身、工作、生活方式深入人心。体育协会从组织建设、对外交流、培训工作，创新活动形式、开展全面健身运动会等方面着手，以期达到树立公司形象、培养职工兴趣、将优势体育项目精品化及传统化的目标，全面提高全民健身活动普及程度。

表2

体协属下各协会活动情况

序号	协会	时间	活动项目
1	文体室	9月	承办集团公司“我是第一”职工羽毛球赛广州石化赛区比赛
2	文体室	8月	职工水上趣味运动会
3	文体室	11月	广州石化职工秋季登山活动
4	文体室	12月	倒（值）班职工趣味运动会
5	羽毛球协会	7月	组织集团公司“我是第一”羽毛球选拔赛
6	羽毛球协会	10月	集团公司“我是第一”羽毛球比赛决赛，获得混双第2名、男双第5名
7	篮球协会	6月	参加集团公司篮球比赛
8	乒乓球协会	9月	参加广东工业系统首届工会干部乒乓球比赛取得干部组男子单打第2名和第5名，处级女子单打第2名，混合双打第5、第6名
9	毽球协会	6月	举办毽球比赛
10	网球协会	6月	参加广东省直属机关第二届运动会网球比赛
11	网球协会	11月	参加广东省环保厅第二届“环保杂志”网球比赛
12	棋牌协会	4月	参加2014年“香雪杯”桥牌邀请赛第3名
13	棋牌协会	8月	参加中国石化“长岭炼化杯”第四届职工桥牌比赛
14	棋牌协会	8月	第三届广州石化杯全省环保系统桥牌赛第6名
15	足球协会	1月	南方电网足球邀请赛第3名
16	足球协会	5月	参加信息时报第三届金狮杯企业机关足球挑战赛
17	足球协会	7月	广东省直机关第二届运动会足球比赛第5名
18	棋牌协会	12月	举办职工象棋赛
19	排舞协会	全年	百姓健康舞推广

报　纸

【概述】《广州石化》报创办于1981年，是面向广州石化职工发行的企业报，报刊登记证号粤内登字号O第1108号。该报刊为周一刊，四开四版。第一版为要闻版，主要报道企业生产经营发展建设的重要信息和职工关注的重大活动；第二版为生产经营版，主要反映企业的生产经营管理活动及相关经验做法；第三版为综合版，反映基层党、团、工会组织开展的各项特色活动以及典型的人物故事；第四版为副刊，作为丰富职工文化生活的阵地，主要刊登职工创作的文学、美术、书法、摄影等作品。截至2014年已出版发行1525期。2014年编印《广州石化》报50期。

2014年，《广州石化》报社坚持正确的政治方向和舆论导向，加强专题策划，围绕中心，踩准节拍，组织策划各类专题报道，有职代会专题、《中国石化三十年》专题、“绿色低碳”环保专题教育、学安喜活动、厂庆40周年系列活动、学镇海强管理、“调操作、稳运行、满负荷、保安全、提效益”“稳定生产，优化增效，降本压费，打好翻身仗”、形势任务教育、党的群众路线教育活动等专题宣传报道，引导广大干部职工把思想和精力统一到公司的中心工作。注重信息的上传下达，及时跟进报道公司主要领导的活动和工作安排，把公司领导的管理思路，企业发展目标及时向广大职工宣传，同时，注重基层员工的声音，让领导了解基层真实的工作状态。注重鼓劲加油，及时宣传报道生产经营中的亮点和经验。

2014年，《广州石化》报被评为广东省优秀企业报刊，余峻才被评为广东省优秀企业报刊主编。

（余峻才）

2014年4月26日，中国石化报社社长周恒友一行6人到广州石化调研 （黄敏清 摄）

【重点报道】 2014年，着力在《广州石化》报做好专题策划，推出系列重点报道，包括《公司总经理陈坚：我的梦想是把广州石化搞好》《我们共同的目标是要把广州石化搞好》《凝心聚力 共谋发展——我与总经理面对面》《效果是根本，环保是底线》《环保是广州石化的生命》《工作要高标准严要求》《严管理严考核是行业所决定的》《不能让干得好的职工吃亏》《领导干部要做转变作风的表率》《广州石化首扛“比学赶帮超”全部7面红旗》《优化生产初显成效 认清形势稳妥收官》《广州石化首批国Ⅳ柴油顺利出厂》《每套装置达最佳运行状态是完成效益目标关键》等文章，增强舆论的引导力。

（余峻才 欧阳丹）

【开设“曝光台”“点赞台”栏目】 在群众路线教育实践活动期间，《广州石化》报开设群众路线活动“曝光台”栏目，每周一期。“曝光台”由上期反馈、本期曝光、漫画、评论等组成，紧紧抓住一些带有普遍性、群众反映强烈的反面典型，通过曝光、以案说法、事件追踪评述等方式，对企业中各种不良现象及管理上的漏洞给予曝光，利用舆论监督的力量，促进各部门改进工作作风，推动群众路线教育实践活动的深入开展。2014年，“曝光台”刊出21期。群众路线教育实践活动结束后，《广州石化》报在“曝光台”的基础上，增设“点赞台”，一方面是批评不好的现象和提出要吸取的教训，另一方面是表扬好的做法和展示好的典型经验，鲜明地提出企业倡导什么，反对什么。两个新设栏目成为该报亮点，备受关注。

（余峻才 欧阳丹）

【对外宣传工作】 2014年，广州石化注重正面宣传和品牌建设。大力宣传企业社会贡献、经营理念和重要成就，做到“月有主题、旬有亮点、周有重头”。全年在总部媒体上稿573篇，电视新闻43条，在地方媒体上稿121篇，均创下近年新高。举办2次媒体开放日活动，组织地方政府、社区民众、主流媒体座谈，共36家媒体、66个单位及380多人参加。与广东石油等驻粤企业一起开通新华网广东频道。接受凤凰卫视环保专题采访、配合广东卫视在国庆前连续展播2期环保专题节目，介绍中国石化“碧水蓝天”计划、广州石化在绿色低碳生产和油品质量升级方面做法和经验，树立企业负责任的社会形象。

企业一把手亲自抓企业形象建设，把危机处理，媒体公关、日常形象管理作为领导能力来建设，邀请人民网舆情室谷文杰做“舆情形势与应对”专题讲座。注重媒体沟通和舆情应对。“5·19”环保事故发生后，广州石化立即启动新闻危机应对机制，每天由公司主要领导主持召开应对工作会，事件发生后，公司领导冯建平、陈坚分别拜会广州市委常委、常务副市长陈如桂、广州市委常委宣传部长甘新和黄埔区区委书记陈小钢、广东省委宣传部副部长郑广宁，并多次带领相关部门分别到省市环保部门和省市宣传部门进行沟通，防止事故造成恶性炒作，将事故的影响降到最低。

建立舆情监测系统和工作机制，每天安排专人对舆情进行监控，并通过专报、手机短信等方式，每天向公司领导和主要部门负责人报送当天舆情，做好舆情分析与应对。及时向总部思想政治工作部汇报，以统一口径和步调做好危机新闻应对工作。开通微博、微信等平台，真实、及时、准确发布重要新闻，运用手机、平板电脑等新媒体，加强舆情监控。加强网络宣传员队伍建设，组织网宣员队伍对网上负面消息进行跟帖，正面引导，确保新闻安全。连续举办2届微电影大赛，提升宣传员运用新方式，活用新媒体的能力。

（余峻才　黄敏清）

表3　　2014年外宣获奖情况

获奖对象	奖项
广州石化工会	2012～2013年度《南方工报》新闻报道先进单位
黄敏清	2012～2013年度《南方工报》新闻报道优秀通讯员
余峻才《倒班工人走上书记岗位》	2012～2013年度《南方工报》新闻报道通讯员好稿二等奖
黄敏清《500多名劳务派遣工入工会》	2012～2013年度《南方工报》新闻报道通讯员好稿二等奖
黄敏清《没有广州石化就没有广州乙烯重生》	2013年集团公司思想政治工作部和中国石化报社“我与中国石化三十年”征文一等奖
吴宝荣《三十年前，我是一名护卫石化的消防员》	2013年集团公司思想政治工作部和中国石化报社“我与中国石化三十年”征文三等奖
黄敏清《劳务工入党：成熟一个　发展一个》	中国石化报2013年“中原普光杯”征文比赛二等奖
黄敏清、孙晓燕《紧急营救外籍船员》	中国石化报2013年“鄂尔多斯油气上产杯”新闻故事赛二等奖

（余峻才　黄敏清）

刊　物

【概况】 公司内刊《大田风》创办于2006年1月15日，是一本综合性社科类期刊，2010年获得广东省内部刊物登记号。《大田风》采用栏目主持兼职办刊模式，15个栏目和美术设计全部由各管理部门业务骨干和一线倒班通讯员负责，为企业探索出人尽其才的用人理念，也锻炼出高素质的人才队伍。2014年，《大田风》出版12期，总108期。《大田风》注重选题策划，针对企业全年中心工作和阶段性任务，重点策划了党的群众路线教育实践活动、十三届二次职代会精神、从严管理整顿劳动纪律、为生存而战、“碧水蓝天”从点滴做起、HSE总监谈“一号文”、《职工违纪违规行为处分规定》大家谈、告别“低、老、坏”等专题报道。 2010～2013年连续4年获得广东省优秀企业报刊称号，2014年获评中国石化优秀企业报刊。责任编辑梁娟圣获评2014年度中国石化企业报刊优秀新闻工作者。

（梁娟圣）

【参与《中国石化》专题策划报道】 2014年，结合中国石化“从严管理年”活动，宣传部积极配合《中国石化》杂志“严管理是石化行业的底线”专题宣传报道工作，组成采访报道组，推出《奋力建设绿色低碳城市型炼化标杆企业》《优化贯穿生产经营全过程》《严管理是石化行业的底线》3篇专题文章，刊登在2014年《中国石化》杂志第3期。

（梁娟圣）

视频网络

【概况】 广州石化编辑室现有9人，摄像、编辑、记者岗位员工共3人，平均年龄46岁。其中，中级职称1人，初级职称2人；属于主办一岗位1人，主办二岗位2人。日常新闻拍摄、新闻稿撰写解说词，编辑室主任审核后交由兼职播音人员配音，制作成MPEG2视频文件，经“广州石化媒资管理系统”平台上传，按系统流程审核发布到媒资系统主页、思想政治工作网站和公司主页，实现在操作室、职工食堂视频终端以及广州石化局域网内办公电脑的播放。对有优秀题材和对外报道价值的稿件，编辑选送中国石化报社、广东省内地方电视和网站媒体。

2014年3月28日，视频编辑室人员在炼油一部总控制室拍摄专题片（钟勇浜 摄）

2014年，广州石化共摄制视频新闻、专题等节目全年采编视频新闻585条，45条视频稿被中国石化电视采用；制作《榜样》《从严管理 从我做起》等专题片3部；录制、编辑和展播从严管理视频会议、辩论赛、文艺表演和宣传教育、廉政建设等专题节目20余部。

（钟勇浜）

表4　2013年度中国石化电视作品获奖作品

获奖类型	获奖作品	体裁	创作人员	奖项
中国石化优秀电视新闻节目	《严格战训带出消防铁军》	新闻	曾文勇	一等奖
	《广州石化和广东石油在地方文化节上展形象》	新闻	钟勇浜	二等奖

【视频资料归档】 自2013年12月广州石化媒资管理系统投运以来，组织人员将1986年以来历史视频进行梳理，进行数字化后导入系统，对可详细著录部分进行著录，确保万余条珍贵历史视频的多方式、多渠道保存，便于高效查询、调用等日常管理。通过系统功能完善、提升，对2014年及1986～1999年视频逐步实施在线归入广州石化档案管理系统。

（钟勇浜）

【重点报道】 按照《全面开展“从严管理年”活动宣传方案》，在视频网络开设“从严管理年”活动专栏，及时传递公司领导要求、各单位活动信息、职工心声。先后制作活动专题片和电视片99个，制作了《从严管理 从我做起》专题教育片，通过安排党委中心组学习、直属单位领导班子成员学习培训、党员业余组织生活、职工政治学习、班组安全学习等形式，增强职工对“从严管理是石化行业底线”的思想认识。各基层单位围绕“安全环保事故给我们什么警示、应该吸取什么教训”“强化从严管理，我该怎么做”“如何从我做起，使自主管理成为一种常态”等问题，开展讨论活动。记者对讨论、座谈活动及时跟进做报道。针对政府环保法规“新国十条”的出台和颁布实施，制作、展播了专题视频片《为生存而战》，提高职工危机意识和紧迫感，敦促每位职工认真做好本职工作；其后，又陆续制作环保及清洁生产工作的专题片和报道，着重对 CFB 超洁净排放改造和 LDAR 项目加强对内、外报道，引导职工认识环保与安全、效益同等重要。

（钟勇浜）

【对外宣传工作】 重视对外宣传报道工作，累计对中国石化总部和地方电视台报送新闻 70 条，中国石化视频新闻采用稿件 45 条、专题 2 个。广州石化舞蹈协会在广州第十届民俗文化节暨“波罗诞”千年庙会上演出的舞蹈《映山红》《珠江潮涌》在“中国石化网络电视”上被播放。对 7 月 19 日“畅享国Ⅴ 绿色出行——车友走进中国石化”等开放办企业活动的视频报道，引导广大车友和群众对石化企业的认知，增强员工归属感、自豪感。

（钟勇浜）

【自身建设】 通过举办视频摄制培训、定期公布各单位上稿情况以及宣传报道考核等手段，提升基层视频宣传水平。组织 13 名基层通讯员参加 2014 年 11 月举办的中国石化电视业务培训班；并深入基层开展视频拍摄、剪辑等方面的培训交流，邀请骨干通讯员到视频制作中心参观和实习，提升各直属单位微电影、新闻视频摄制参与热情与制作水平。2014 年全年基层单位提交廉政建设和青春正能量题材微电影作品共计近 40 部，同比数量翻倍，质量提升明显。

2014 年，广州石化被评为中国石化 2013 年度先进电视新闻报道单位，曾文勇获先进电视记者称号；钟勇浜获优秀电视通讯员称号；在《中国石化电视新闻联播》首期“温馨石化”栏目展播优秀摄影作品，受到中国石化报社好评。

（钟勇浜）

史志编纂

【《广州石化年鉴》(2013) 出版】 2014 年 3 月，《广州石化年鉴》（2013）由中国石化出版社出版。2013 版年鉴按企业专业条线分类，设概述、大事记、特载、生产管理、经营管理、规划 · 工程、科技 · 信息化、综合管理工作、党群工作、企业文化、生产作业部、专业中心、宾馆 · 公司、人物 · 先进集体等 15 个类目。全书 46.4 万字，印数 1000 册，有分目 46 个，条目 596 个，彩页 26 页，随文图照 124 幅，表格 60 张，索引 583 条。

（王新忠）

【获评集团公司年鉴工作先进单位】 2014 年 11 月 14 日，集团公司企业志鉴协作组组织召开企业志鉴协作组年会，会上表彰了集团公司企业志鉴工作先进单位和先进个人。广州石化被评为集团公司企业志鉴工作先进单位，王新忠被评为集团公司企业志鉴工作先进个人。十余年来，在集团公司年鉴编委会的领导下，广州石化作为集团公司企业志鉴协作组会员单位之一，积极组织和参与志鉴学术活动、交流分享志鉴编纂经验、探索志鉴编纂规范、培养志鉴编纂骨干，为总结石化历史智慧、传承企业文化做出了积极贡献。

（王新忠）

2014 年 3 月 12 日，公司召开《广州石化年鉴》（2014）编撰工作会议，公司党委书记陆建明到会并对企业修志工作提出要求，各单位年鉴具体负责和工作人员近 100 人参加会议　（钟勇浜 摄）

生产作业部
◇ 炼油一部
◇ 炼油二部
◇ 炼油三部
◇ 炼油四部
◇ 化工一部
◇ 化工二部
◇ 贮运部
◇ 公用工程部

范项目通过广东省环保厅专家组验收。脱硫一、加氢等装置年度内完成LDAR建立、挂牌、描述、检测操作等项目。

（卢爱连 孙宜彬）

【加氢3套尾气装置开工解决环保问题】 针对炼油四部航煤加氢装置酸性气中含20%左右的硫化氢，直排火炬后造成严重安全隐患和环境污染问题。2014年11月14日，炼油一部加氢3套尾气装置完成检修改造后收料进行贫液循环，11月18日16时引入航煤加氢装置尾气，17时检验尾气中硫化氢含量为5×10^{-6}，比原来降低99.99%，实现环保排放。

（孙宜彬）

【加氢一装置增产航煤9.7万吨】 2014年4月起，按照总部及公司增产航煤配置计划，加氢一A、加氢一B装置轮流开始航煤生产任务。由于航煤产品质量控制指标多，对原料性质要求高，在高负荷工况下航煤产品质量控制难度加大。通过紧盯加工原油性质，从源头上加强原料性质监控，及时优化生产方案，及时调整反应苛刻度。至年底共加工航煤97736吨，航煤产品一次进罐合格率达到100%。

（孙宜彬）

【加氢一A装置实现催化剂降级工业应用】 2014年11月，加氢一A装置开始以蜡油加氢催化剂FF-24代替活性下降的原FGH-21/FGH-31催化剂，经过2个月的初期工业应用显示，该催化剂可以满足航煤加工任务，同时兼顾处理国Ⅲ催化汽油，产品质量和各项指标均达到预期。此次利旧的FF-24催化剂预计使用寿命2年，可节约成本120多万元。该催化剂的成功降级应用实现节约利旧、降本增效目标，为公司加氢裂化等装置无法使用的再生剂降级使用、最大限度地利用催化剂性能开辟新途径。

（孙宜彬）

【加氢二装置停工保养】 2014年，由于全厂物料达到平衡，加氢二装置全年处于停工待料状态，炼油一部按照设备养护方案对该装置进行维护保养。装置停工后动设备保养执行机泵盘车、机泵润滑和外操巡检等制度；静设备保养以设备和管线为主，完成每月压力容器外部检查，定期易腐蚀管道定点测厚等工作；工艺方面按照《停工装置工作安排表》执行记录、MES（生产执行系统）交接班记录；定期做好反应系统热氮循环，为装置复工奠定基础。

（孙宜彬）

【举办各类培训班75期】 2014年，炼油一部有针对性地开展全员培训工作，着力提升员工素质。先后举办HSE知识、设备管理、导师带徒、节能优化、技能操作等方面培训75期，3051人次参加培训，年度培训计划实施率100%。

（卢爱连）

【开展跨装置学习活动】 2014年6月1日，炼油一部启动跨装置学习活动，提升员工技能水平，拓宽专业技术人员知识面，为大系统操作管理做好人员储备。主要学习内容涉及安全、设备、工艺等，共有17对专业技术骨干人员参加该活动并签订导师带徒协议。

（卢爱连）

2014年11月，加氢一A装置实现催化剂降级工业应用（孙宜彬 摄）

【特色党建活动】 2014年，炼油一部党总支以“指标领先、业绩优良、环境友好、管理先进、作风扎实”目标，结合安全生产和装置建设、改造等重点工作，开展特色党建活动。1月起，针对轻催装置脱硫脱硝改造及装置超期运行带来的设备故障频率高，安全隐患增加等问题，成立党员特护队，并组织开展“党员为脱硫脱硝项目现场保驾护航活动”，党员利用休息时间进行现场施工安全、施工质量、劳动纪律、施工进度等专项检查；制定落实多项特护措施取得良好效果，轻催装置实现连续安全稳定长周期运行，位列总部同类装置长周期运行第2名，装置脱硫脱硝改造项目于12月19日顺利通过地方政府环保验收。

（翟 琦）

炼油二部

【概况】 炼油二部2001年5月13日由原炼油厂重油催化裂化车间、炼油二车间、气体加工车间和脱制硫车间合并成立，下设32个班组。截至2014年底，炼油二部共有职工383人，其中高级专业技师职称7人，中级专业技师职称32人，初级专业技师职称18人；首席技师2人，高级技师5人，技师28人，高级工149人，中级工133人。主要负责炼油西区装置的生产管理，其中主要装置包括250万吨/年常减压蒸馏装置（简称蒸馏二）、100万吨/年重油催化裂化装置（简称重催）、40万吨/年催化重整装置（简称重整一）、100万吨/年催化重整联合装置（简称重整二）、14万吨/年硫黄回收联合装置、2万吨/年制硫装置、合计加工能力82万吨/年气体分馏装置3套（简称气分一、气分二、气分三）、合计加工能力9万吨/年甲基叔丁基醚装置（MTBE）2套、1.8万吨/年1-丁烯装置、脱硫二装置，以及合计加工能力215吨/时污水汽提装置3套、碱渣废水处理、环烷酸回收、催化烟气脱硫和臭气治理等多套环保装置和配套设施。主要产品有高标号汽油、柴油、液化气、工业硫黄、苯和二甲苯等，并为乙烯装置提供轻石脑油，为加氢装置提供高纯度氢气。其中，250万吨/年常减压蒸馏装置2014年处于停产状态，24万吨/年气体分馏一装置2013年改造后主要加工轻石脑油加工戊烷溶剂油，设计处理能力17万吨/年。

2013年2月9日，重整一装置再生系统催化剂循环不畅，相关人员共同分析再生器运行问题 （祝淑梁 摄）

2014年，炼油二部围绕公司目标，扎实推进群众路线教育实践活动、横班劳动竞赛和“从严管理年”等活动，强化队伍建设、转变作风，克服设备仪表老化、燃料气带液隐患威胁安全生产及原油重质化等困难，加强设备维护和技术攻关，努力提高装置运行水平，保证装置安全、环保、稳定、高负荷生产，年度确保目标完成率87.5%，力争目标完成率83.65%。强化工艺管理，严格开展月度工艺检查，积极开展各项攻关，装置多项技术指标提升，装置能耗比上年下降。其中，重催装置能耗47.81千克标油/吨，比上年降低0.41%，重整一装置能耗能耗67.17千克标油/吨，比上年

2013年2月18日，工艺和仪表人员通力协作，成功在线处理14万制硫装置高危部位液位计堵塞问题 （祝淑梁 摄）

2014年1月10日，重整一装置主管带领三大员和班组职工用氢气专用报警仪对临氢系统进行全面检查 （王麒郡 摄）

降低10.03%，重整二装置能耗59.54千克标油/吨，比上年降低7.70%，芳烃二装置能耗25.48千克标油/吨，比上年降低7.07%，1-丁烯能耗894.72千克标油/吨，比上年降低17.53%，MTBE2装置能耗118.45千克标油/吨，比上年降低23.06%。其余装置除能耗均实现降幅达2%～9%。重整一装置处理量、装置能耗和燃料气消耗3项指标均创历年最好水平。气分装置年加工液化气70.73万吨，装置平均负荷率104.01%，均创历史新高。气分一装置能耗同比下降16.73%，气分三装置能耗同比下降4.83%，均创历史新低。积极开展“我的设备我维护”劳动竞赛，设备管理水平和现场设备运行状态明显改善，全年设备故障率较上年大幅降低，其中静设备带压堵漏次数为190次，比上年同比下降34.9%。

（祝淑梁）

2014年3月14日，炼油二部开展3月份工艺纪律检查 （祝淑梁 摄）

【重整二装置完成首次大修任务】 2013年12月17日16时，重整二装置按计划开始停工，12月25日交出检修。2014年1月16日完成检修转入开工准备，23日13时53分，装置复产一次投料成功，产品合格。本次大修实际耗时38天，比计划提前1天，实现安全、环保、高质量完成装置大修任务。利用装置大修时机进行四合一炉改造，原预算项目需投资费用1000多万元，公司借鉴兄弟单位经验，采用对流段增加排管和简单流程改造手段，完成改造费用仅为110万元，大幅节约投资费用并达到预期效果，四合一炉排烟温度由189℃下降到139℃，炉效率由89.5%上升至92.5%。

（祝淑梁 雷荣校）

【重整一装置多项指标创历史最好水平】 2014年，重整一

2014年4月24日，炼油二部举办炼油全流程知识讲座 （田洪伟 摄）

2014年8月5日，气分装置职工对空冷各法兰面进行查漏 （祝淑梁 摄）

装置加工含硫石脑油70.47万吨，重整进料44.49万吨，预加氢单元负荷率126.2%，重整单元负荷率101.6%。装置能耗67.17千克标油/吨，燃料气耗量2347吨，分别比上年降低10.03%和8.95%。装置处理量、装置能耗和燃料气消耗3项指标均创历年最好水平。

（祝淑梁 黄冠云）

【3套气分装置多项指标创历史最优】 2014年，炼油二部以“从严管理年”活动为契机，将优化贯穿气分装置生产管理全过程，不断提升各项技术经济指标。2号、3号气分装置累计加工液化气70.73万吨，高附加值产品精丙烯产量18.53万吨，装置平均负荷率104.01%，均创历史新高；1号气分装置能耗比上年下降16.73%，3号气分装置能耗比上年下降4.83%，均创历史新低。

（龚星科）

【QC活动获多项成果奖】 2014年，炼油二部利用QC活动“课题小、周期短、见效快”特点，大力开展QC活动，在实现装置运行优化、节能减排、提高高附加值产品收率等方面发挥积极作用。重整工艺QC小组课题“提高重整拔头油达标率”获石化股份公司优秀QC成果一等奖，脱硫四班QC小组课题“降低液化气脱硫醇后总硫含量”获石化股份公司优秀QC成果二等奖；脱硫三班QC小组课题“降低烟囱尾气中二氧化硫含量”、重整二节能QC小组课题“降低重整装置能耗”获年度公司优秀QC成果一等奖，重整二工作QC小组课题“提高二甲苯收率”获年度公司优秀QC成果二等奖。

（祝淑梁）

【C511A无级调节系统通过技

2014年9月18日，操作人员在加热炉区进行漏点排查 （范满清 摄）

【“我的设备我维护”TnPM 劳动竞赛】 2014 年，炼油二部结合装置安全稳定运行开展“我的设备我维护”TnPM 劳动竞赛，并把领导干部带队周检和 TnPM 活动相结合，每周不定期组织装置职工代表，由部领导带队随机抽查各装置 TnPM 工作开展情况。全年查找各类问题 713 项，除少数需停工整改外，大部分问题得到有效整改，全年设备故障率下降近 40%，其中静设备带压堵漏 190 次，比上年下降 34.9%。

（祝淑梁）

【培训工作】 2014 年，炼油二部强化职工培训和培训管理工作，通过“两背一画”（会背本岗位的操作规程，会背本岗位 HSE 管理规定；会画本岗位的工艺流程）、工艺卡片考试等活动开展技能培训，强化职工对基础知识的掌握。全年 620 人次分 2 轮参加工艺卡片考试，期间对 176 人次进行相关奖励与考核。开展集中授课、操作论文竞赛岗位练兵等活动，引导青年职工立足岗位、提升综合技能水平，全年收到技术论文和操作论文 28 篇，其中 6 篇论文获嘉奖，全年开展集中授课 6 次，141 人次参加培训。

（祝淑梁）

炼油三部

【概况】 炼油三部 2001 年 5 月 13 日由原炼油厂重油加工车间和芳烃抽提装置合并成立，下设 16 个班组。截至 2014 年底，炼油三部有职工 215 人，其中高级专业技术职称 3 人，中级专业技术职称 23 人，初级专业技术职称 12 人；首席技师 1 人，技师 14 人。该部以重油加工为主，拥有 2 套 100 万吨／年和 1 套 140 万吨／年延迟焦化装置（简称焦化一、焦化二、焦化三，焦化一装置自 2012 年 2 月 6 日停工待产）、60 万吨／年的溶剂脱沥青装置（简称溶脱），40 万吨／年的芳烃抽提装置（简称芳烃一）、40 万吨／年的污水汽提装置、30 万吨／年气体脱硫装置。主要产品有苯、甲苯、6 号溶剂油、120 号溶剂油、道路沥青、焦炭等。

2014 年，炼油三部围绕公司安全环保、优化创效、降本压费工作，抓好装置安稳长运行，所属主体装置均完成年度生产任务。两套延迟焦化装置同时实施 18 小时生焦方案，日处理量最高达 9300 吨。其中，2 号延迟焦化装置年加工量 140.18 万吨，能耗 17.90 千克标油／吨，同比下降 6.96%；3 号延迟焦化装置年加工量 182.95 万吨，能耗 18.80 千克标油／吨；溶剂脱沥青装置年加工量 77.14 万吨，生产道路沥青 40.87 万吨，能耗 29.84 千克标油／吨；1 号芳烃抽提装置年加工量 39.74 万吨，能耗 20.7 千克标油／吨，同比下降 15.75%。完善事故应急预案，强化装置反事故演练，加强现场巡检，查找薄弱环节等措施，保障装置安全生产，实现全年非计划停工次数为零目标。开展隐患排查和“低头捡黄金”劳动竞赛，查出各类问题 1868 项，整改 1852 项，其中较重大的安全隐患 9 起。通过开展“从严管理年”活动与群众路线教育主题实践活动，消除 2 号延

2014 年 3 月 12 日，公司召开横班管理专题讨论会。会上炼油三部三横班围绕安全环保、指标创优、生产优化与横班建设等方面做工作经验介绍

（杨秀全 摄）

迟焦化装置焦炭塔南塔进料隔断阀卡涩和四通阀南侧密封泄漏2个重大安全隐患；实施3号延迟焦化装置接触冷却塔尾气回收改造项目，解决了冷焦尾气冲击低压瓦斯系统问题；注重环保治理，完善芳烃抽提一装置两苯输送流程改造，消除外送过程中的两苯污染；通过技术攻关解决2号延迟焦化装置分馏塔顶空冷堵塞问题、3号延迟焦化装置加热炉炉管结焦等高负荷生产瓶颈，加工量创历史新高。

（张颖芝）

2014年7月16日，新型测量机泵SKF系统正式投用。7月22日，班组人员利用新型SKF机监测机泵运行情况（王 斌 摄）

【年度各项指标完成情况】 2014年，炼油三部重点工作目标确保值为100%，力争值高达98.21%，截至12月底，所属主体装置均超进度完成年度生产任务，其中2号延迟焦化装置、3号延迟焦化装置、溶剂脱沥青装置和1号芳烃抽提装置年加工量分别为140.18万吨、182.95万吨、77.14万吨和39.74万吨，为年计划107.27%、107.55%、100.64%和106.91%。

（张颖芝）

【4套主体装置实现长周期运行】 截至2014年12月31日，炼油三部焦化二、焦化三、芳烃一、溶脱4套装置实现稳定、满负荷长周期运行。其中，焦化三装置自2010年12月8日投产，连续运行1485天，年加工量182.95万吨，负荷率123.88%，轻收率43.80%，液收率65.60%，能耗18.80千克标油/吨；焦化二装置自2013年7月8日检修开工后连续运行543天，负荷率140%，轻收率39.93%，液收率68.99%，能耗17.9千克标油/吨；芳烃一装置自2013年6月23日检修开工后连续运行557天，年加工量39.74万吨，负荷率87.82%，综合能耗20.70千克标油/吨，生产苯、甲苯、6号溶剂油、120号溶剂油量分别为2.6万吨、0.6万吨、0.89万吨和1.3万吨；溶脱装置自2013年6月22日检修开工后前连续运行558天，负荷率117.4%，综合能耗20.04千克标油/吨，生产脱沥青油、脱油沥青和半沥青量分别为23.1万吨、40.8万吨和13.0万吨。

（张颖芝）

【环保治理取得成效】 2014年，炼油三部狠抓环保管理，组织实施环保治理项目18个，其中无费用项目5个、低费用项目8个，降本增效488.07万元/年；消除污染源19个，攻克污水罐顶臭气扰民、净化水质量超标、焦粉扬尘、油泥焦处理、污油回炼等环保难题14个，解决芳烃一装置职业病防护问题4个；臭气投诉由上年月均3.6次下降到1.33次；雨水系统出黑水投诉为零，焦炭黑色扬尘投诉为零。

（张颖芝）

【2套焦化装置在总部同类装置竞赛中名列前茅】 2014年，炼油三部焦化三装置实现连续满负荷运行超过4年，焦化二装置连续满负荷运行1.5年，2套焦化装置通过实施18小时生焦方案、在线机械清焦、实行超低循环比操作等优化措施，加工量由8000吨/日提高至9000吨/日，且创出9300吨/日的

2014 年 9 月 17 日，集团公司检查组在炼油三部焦化三装置检查指导
（杨秀全 摄）

新高，主要产品和主要经济技术指标保持行业较好水平，在集团公司系统 35 套同类装置年度达标竞赛中，焦化三装置综合排名第二，焦化二装置综合排名第三。

（张颖芝）

【挖潜增效】 2014 年 3 月 8 日起，利用芳烃一装置抽提系统富余能力掺炼重整二碳 6 组分油回收苯，增产苯和汽油，效益显著。通过调整操作降低脱已烷塔塔底温度、降低抽提负荷，以芳烃二装置碳 6 组分油作抽提塔的补充进料，按掺炼量 3 吨 / 时核算，全年可增产苯 7500 吨，年增效 864 万元。

（张颖芝）

【A 级沥青产量及比重创历史新高】 为满足市场 A 级沥青要求，2014 年 8 月，溶剂脱沥青装置通过源头控制加工油种、精细化操作、调整操作参数、开展沥青生产劳动竞赛、优化 A 级沥青生产方案等措施，增产 A 级沥青，全年累计生产道路沥青 40.87 万吨，其中 A 级沥青 22 万吨，比上年增产 3 万吨，A 级沥青比重达 53%。

（张颖芝）

【焦化二装置消缺创开工时间最短纪录】 2014 年 4 月 28 日，焦化二装置焦炭塔南塔进料阀开关由于四通阀南侧波纹管结焦，球体密封失效出现卡涩。6 月 5 ～ 9 日，装置停工对四通阀、南塔进料球阀进行解体检修和更新改造，同时首次对 2 台加热炉实施水力机械清焦，消除南塔进料隔断阀卡涩、四通阀南侧密封内漏、机组调速能力不足等隐患，装置消缺检修全过程仅用 47 小时，并实现一次投料成功，创造开工时间最短、开停工过程不点火炬纪录。

（张颖芝）

【焦化装置冷焦尾气实现全密闭回收】 2014 年 5 月 18 日，焦化三装置完成焦炭塔接触冷却塔尾气回收改造项目，且一次投用成功。继 2013 年 7 月 7 日焦化二装置投用焦炭塔接触冷却塔尾气回收项目后，2 套延迟焦化装置焦炭塔冷焦尾气均实现全密闭回收，彻底解决冷焦尾气对低压瓦斯系统冲击问题。

（张颖芝）

【芳烃一装置推行 LDAR 工作】 2014 年 12 月，40 万吨 / 年芳烃抽提一装置完成泄漏检测和维修（LDAR）项目建设工作，修复泄漏点 5000 多个，其中泄漏量 5000×10^{-6} 以上漏点 69 个，泄漏量 500×10^{-6} 以上的漏点 170 个，推行 LDRA 项目减少挥发性有机化合物排放量约达 2.5 吨。

（张颖芝）

【QC 活动成果】 2014 年，炼油三部 6 个 QC 课题获公司奖励，其中焦化三（2）班小组的“降低干气 C3 及以上成分”课题获年度公司优秀 QC 成果一等奖；芳烃工艺小组的“降低芳烃抽提装置能耗”、溶脱工艺小组的“提高 DMO 收率”和焦化二（2）班的“降低烟气 CO 含量”课题获公司优秀 QC 成果二等奖。

（张颖芝）

【科技项目成果】 2014年，由炼油三部自主研发，技术开发部、安全环保部、生产调度部共同参与的“一种炼化企业常压储罐罐顶尾气密闭回收自控集成技术方法”获2013～2014年度广州石化科技进步特等奖；由炼油三部、技术开发部、机械动力部共同参与研究的“焦化除焦钻杆新型驱动技术和防卡钻切焦器的应用”获2013～2014年度广州石化科技进步二等奖。

（张颖芝）

【形势任务教育】 2014年5月18日、5月25日，炼油三部组织职工开展形势任务教育，分2批次召开“从严管理年”讨论会，围绕“从严管理”专题内容，在责任担当、绿色低碳战略意义、“四个让位于”、如何“从我做起，从点滴做起，从现在做起”等方面进行分析和讨论，进一步统一职工思想，提高职工对从严管理的认识，参会人员提出36条意见和建议。

（张颖芝）

【生产管理活动】 2014年，炼油三部结合安全生产、装置运行情况开展形式多样的生产管理活动，保证装置安稳长满优运行。推进现场TnPM管理，开展合理化建议等活动，截至12月收到合理化建议303条，采纳166条。

（张颖芝）

【专项培训工作】 2014年，炼油三部组织开展有针对性的专项培训工作。年内先后开展DCS操作、仪表联锁报警优化、UPS控制等培训；开展关键及特殊设备培训，包括焦化热煤水、50吨／年污水汽提四装置操作培训，60万吨／年溶剂脱沥青装置一键停炉培训、40万吨／年芳烃抽提一装置两苯直送操作优化培训等。截至10月底，该部各装置顺利完成“两背一画”岗位技能培训第三至第六阶段培训任务。

（张颖芝）

【青工技能培训】 2014年，炼油三部团总支先后组织以青年团员为主体的技能培训及活动12场，包括TnPM交流学习实践系列活动、“我的设备我维护”、青工消（气）防技能培训比武系列活动、现场实操技能培训比武等，共计115人次参加。

（张颖芝）

【多套装置和个人受表彰】 2014年4月24日，焦化三装置一班获集团公司工人先锋号称号；7月1日，三横班党支部获2013～2014年度分公司先进基层党支部称号；12月，2号延迟焦化装置被评为2014年度分公司HSE先进装置；焦化三装置一班班长李伟良被评为2014年度集团公司安全生产先进个人；7月1日，炼油三部二横班党支部书记詹强、延迟焦化三装置工艺主管黎家铭分别被评为2013～2014年度分公司模范共产党员和优秀共产党员；12月，延迟焦化二装置工艺主管曹敬松被评为广州石化优秀青年知识分子。

（张颖芝）

2014年10月11日，广州市环保局副巡视员柳录屏（左二）一行到焦化二污水汽提装置检查工作 （杨秀全 摄）

炼油四部

【概况】 炼油四部2001年5月13日由原炼油厂加氢裂化车间和公用工程车间合并成立，下设28个班组。截至2014年底，炼油四部有员工305人，其中高级专业技术职称6人，中级专业技术职称29人；高级技师3人，技师25人。主要以加工中东高硫原油为主，生产多种低硫高品质炼油产品，拥有主要生产装置11套，其中800万吨／年常减压蒸馏装置（简称蒸馏三）1套，120万吨／年加氢裂化装置1套，210万吨／年加氢处理装置1套，200万吨／年柴油加氢精制装置（简称加氢三）1套，100万吨／年航煤加氢装置（1套，150万吨／年催化汽油吸附脱硫装置（S-Zorb）1套，50万吨／年焦化汽油加氢装置（简称焦汽加氢）1套， 3.5万标准立方米／时制氢装置（简称制氢一）1套，6.5万标准立方米／时制氢装置（简称制氢二）1套，1.4万标准立方米／时氢回收装置1套，200万吨／年柴油加氢改质装置（柴油改质）1套。主要产品有汽油、柴油、航空煤油、液化气、沥青、轻石脑油、重石脑油、白油等15个，同时为下游生产装置提供原料，其中汽油、柴油、航空煤油等石油化工产品销往国内和国际市场。

2014年，炼油四部严格管理，强化绩效考核，落实优化创效各项目标措施，通过完善操作预警、提高员工综合素质，有效扭转上半年安全生产的被动局面，完成6.5万制氢、S-Zorb、加氢处理3套装置的特护和消缺，其他深度交叉的加氢装置无发生次生、衍生、环保事故，焦化汽油加氢装置实现长周期运行最好纪录，多项技术经济指标创历史最好成绩，加氢裂化、柴油加氢改质装置进入集团公司同类装置竞赛前列；借力技术攻关，S-Zorb装置稳定运行，成功生产出98号国Ⅴ标准车用汽油，并完成国Ⅴ汽油的市场保供任务。

（王贵梅）

【焦化汽油加氢装置实现长周期运行】 截至2014年12月31日，炼油四部50万吨／年焦化汽油加氢装置实现连续稳定、高负荷运行515天，无发生安全环保事件、事故，负荷率达97%，累计生产汽油48.63万吨，同比增长1.15%，产品质量合格率100%，装置综合能耗8.05千克标油／吨，加工损失率0.07%。年内，炼油四部组织开展技术攻关，解决该装置自2010年10月投产后由于焦化汽油容易结焦，导致装置运行周期短的难题，实现安稳长满优运行 。

（陈喜亮 王贵梅）

【9套装置参加总部同类装置达标竞赛】 2014年，炼油四部800万吨／年常减压蒸馏三、150万吨／年催化汽油吸附脱硫等9套装置参加石化股份公司同类装置达标竞赛，各项指标综合排名进步装置2套，其中柴油加氢改质装置在53套参赛装置中排名第三，该装置能耗、加热炉效率处于集团公司

2014年2月10日，加氢处理装置操作人员在装置监测点张贴最新的职业卫生数据（古 鹏 摄）

炼油四部严控装置作业环节每一关，图为3月3日，装置人员对污水是否含油进行检查

（刘明霞 摄）

2014 年 3 月 17 日深夜，作业部值班人员与横班书记到蒸馏三装置现场进行检查（邹嘉成 摄）

2014 年 3 月 19 日，炼油四部利用部门生产协调会后的时间，组织该部全体“三大员”进行技术指标考试 （刘明霞 摄）

领先水平；各项指标综合排名退步装置 7 套，分别为 6.5 万制氢、加氢处理、加氢精制三、航煤加氢、S-Zorb、焦化汽油加氢，主要原因是受炼油Ⅱ系列大修影响，各项消耗增加，且装置长周期运行得分偏低。

（王贵梅 汪家海）

【加氢裂化装置获总部同类装置达标竞赛第 2 名】 2014 年，炼油四部狠抓加氢裂化装置运行优化，各项技术经济指标提升。装置全年完成加工量 148.22 万吨，产品柴油收率 30.3%、航煤收率 30.5%、尾油收率 18.2%、石脑油收率 16.90%、气体收率 4.10%，装置综合能耗 18.08 千克标油/吨，均创历史最好水平，在集团公司年度同类装置达标竞赛中排名第二。

（王贵梅 汪家海）

【完成油品升级】 2014 年，根据广东省地方政府关于 7 月 1 日起全面推广使用国Ⅴ车用汽油要求，公司 4 月起开始生产国Ⅴ汽油准备工作，由炼油四部 S-Zorb 装置承担国Ⅴ汽油生产任务。4 月 27 日～5 月 7 日，完成 S-Zorb 装置检修消缺；5 月 15 日，成功产出首批 6130 吨国Ⅴ汽油，产品硫含量指标由国Ⅳ的 50×10^{-6} 降为 10×10^{-6}；锰含量指标限值由粤Ⅳ的 8 毫克/升降至 2 毫克/升，烯烃含量由粤Ⅳ的 25% 降低到 24%，各项指标达到排放要求，产品质量合格；7 月 1 日起，装置实现稳定生产国Ⅴ汽油，全年累计生产国Ⅴ汽油 88.12 万吨。

（陈喜亮 王贵梅）

【航煤产量创历史新高】 2014 年，炼油四部根据市场需求调整航煤生产，优化航煤生产工艺、精细操作，100 万吨/年航煤加氢装置全年保持 110% 超高负荷生产；根据原油性质变化优化生产方案，精制航煤一次进罐合格率为 100%，装置技术经济指标创历史最好水平，累计生产航煤 115.14 万吨，比上年增产 19.02 万吨，同比增长 19.78%，创历史新高。

（刘新伟 王贵梅）

【加氢裂化装置加工量创新高】 2014 年，炼油四部克服因制氢装置停工检修氢气不足、原料劣质化等困难，抓好 120 万吨/年加氢裂化装置运行管理，努力消除生产瓶颈，优化原料加工方案，确保装置保持高负荷生产。全年累计完成加工任务 143 万吨，为年度计划的 115.05%，同比上升 10.37%，创历史新高。

（闫春燕 王贵梅）

【加氢三装置技术经济指标创历史最好水平】 2014 年，200 万吨/年加氢精制三实现安全平稳运行，装置累计完成加工量 203.99 万吨，年加工负荷创新高，装置综合能耗达 7.03 千克标油/吨，为历史最低值，创历史最好水平，柴油一次进罐合格率 100%，也创历史最好水平。

（刘新伟 王贵梅）

【加氢裂化装置增产航煤创效益】 2014 年，按照公司“增产航煤创效益”优化思路，120 万吨/年加氢裂化装置通过提高反应转化深度，精细调整分

2014年7月15日，焦化汽油加氢装置因E8301跨线法兰泄漏着火，7月16凌晨4时抢修完毕，21时产品合格 (白铭开 摄)

馏系统参数，将航煤终馏点由260℃逐步提升至290℃，航煤产量由48吨/时提高到60吨/时。同时，针对航煤产品冰点等质量指标的波动，及时跟踪上游装置原料性质变化和优化操作调整，实现航煤“高产高质”稳定生产。增产航煤5.53万吨，航煤收率比上年提高3.73%。

(闫春燕 王贵梅)

【加氢裂化装置实现产品价值最大化】 2014年4月起，炼油四部组织对120万吨/年加氢裂化装置的轻石脑油作为普通溶剂油出厂开展技术攻关，提升经济效益，利用溶剂油辛烷值高达85，可以作为汽油调和组分条件，通过优化操作参数，确保轻石脑油质量达到汽油组分要求，每月增产汽油近8000吨，全年增产汽油10万吨。

(汪加海 闫春燕 王贵梅)

【加氢裂化装置能耗下降15%】 2014年，120万吨/年加氢裂化装置细化能耗单项指标管理，逐项挖掘潜力，不断提升能耗管理水平。通过争取提高掺炼比例降低装置运行成本，降低反应加热炉的燃料气消耗；通过技术攻关，9月9日，完成对贫液泵P3003和富胺液透平HT3002的节能改造，改变了长期“大马拉小车”的局面，大幅减少装置电耗，全年加氢裂化装置累计能耗18.08千克标油/吨，同比下降15%。

(汪加海 闫春燕 王贵梅)

【焦化蜡油装置加工量创历史新高】 2014年，针对公司焦化蜡油产量大，加氢处理加工焦化蜡油任务重局面，对焦化蜡油装置进行优化操作，监控好原料过滤器的运行状态，掺炼焦化蜡油比例以过滤器能承受的最大限度为基准，在柴改低分气脱硫允许情况下，提高循环氢纯度，确保产品蜡油符合质量要求。7月25日开始，加氢处理的焦蜡加工量由1200吨/日逐步提至1800吨/日，焦化蜡油加工比例最高达到36%，较好完成年度生产任务。

(翁 津 王贵梅)

【推进TnPM管理工作】 2014年，炼油四部积极推进TnPM管理，并将TnPM管理列入横班劳动竞赛范畴；其由工会牵头，每月组织开展办公室“6S”(整理、整顿、清扫、清洁、安全、素养）检查评比活动，将检查结果在月度例会进行通报表彰；每月由设备员牵头，对各装置活动开展情况、现场管理、设备专业管理等内容进行专项检查，每月对参赛装置进行排名，评出月度、季度最优和最差装置，及时进行奖励，有效促进TnPM管理。

(刘巧瑜)

【完成制氢二装置检修】 2014年2月27日，6.5万标准立方米/时制氢装置因设备老化故障频发停工检修，检修项目包括修复F1201炉管下尾管焊缝、回收分拣近30吨炉管催化剂、更换换热器E1302、修复输送总管内衬等隐患，3月23日，该装置完成检修项目开始投产准备，4月1日13时45分，产出氢气成功并网，实现一次开车成功。

(刘巧瑜)

【完成S-Zorb装置检修】 为满足广东省政府关于7月1日

起全面推广国V车用汽油要求，2014年4月27日，对承担国V汽油生产的S-Zorb装置进行停工消缺，主要消缺内容包括更换ME7101过滤器、疏通R7101反应器底部泡罩、清洗原料油换热器、卸剂线管线更换耐磨弯头、闭锁料斗过滤器ME7102检修。5月7日，完成检修任务。通过优化S-Zorb装置的操作，提高反应压力、循环氢流量、再生空气流量及闭锁料斗循环速率等参数，使装置馏出口硫含量由原来的$40\times10^{-6}\sim50\times10^{-6}$大幅降低到$1\times10^{-6}$左右，再经过新调和方案组织调和汽油工作，有效提升了汽油质量，达到国V汽油的标准。

（刘巧瑜）

【技术攻关】 2014年，炼油四部通过技术攻关解决装置重大隐患取得显著效果。针对柴油加氢改质装置注水泵润滑油端机封寿命短，最长不过20天，叶轮容易出现严重气蚀损伤隐患，2月，通过技术攻关，调整相关操作参数，增加注水罐顶部压力至0.2兆帕，给泵入口留有足够的富余压头，避免气蚀，以及通过在止推轴瓦端面开孔、增加润滑油在密封腔内流量、降低密封腔温度等措施，有效延长机封使用时间，在国内同类设备中处于领先水平。4月10日，加氢处理循环氢脱硫塔T4004出现带液，生产调度部牵头成立成立胺液攻关小组，对73系列胺液质量进行攻关，基本解决73系列胺液发泡严重的问题，9月起T4004运行总体稳定。

（刘旺平　王贵梅）

【团建工作】 2014年，炼油四部以横班团支部为单位，结合现场实际工作开展岗位学习、岗位培训以及服务于生产建设等专题活动，通过奖优罚劣，有效推动青工工作开展，激发了部门青春正能量，为部门开展严格管理、自我管理营造了良好氛围，加氢精制三装置办公室获评2014年度广州石化青年文明号；团总支获2013～2014年度广州石化五四红旗团（总）支部；林铤、钟晓能获评广州石化2014年度青年岗位能手；蔡俊明获评2013～2014年度广州石化优秀共青团干部；黄学聪获评2013～2014年度广州石化优秀共青团员。

（王贵梅）

【专题劳动竞赛】 2014年1月，炼油四部针对部门实际，开展3项专项劳动竞赛。①为提高各装置长周期生产运行水平，制定并实施《炼油四部装置长周期运行竞赛方案》，有效消除各装置长周期安全生产隐患；②启动《炼油四部班组成本管理考核方案》，使各班组明确成本目标和任务，通过生产调整和优化，降低班组生产成本；③实施《炼油四部2014年经

炼油四部6.5万制氢装置抢修消缺期间，炼油四部党总支、团总支成立青年突击队，以实际行动支持装置消缺工作。图为该部青年突击队员在转化炉F1201猪尾管动火前进行检查、分析、确认　（陈子曦　摄）

为确保6.5万制氢装置特护期间的安全运行，装置班组、技术人员、主管、部领导分层次加大工艺操作、现场巡检力度，对转化炉进行精心特护，确保安全生产。图为操作人员在精心监控操作参数　（刘明霞　摄）

表3

2014年炼油四部各装置综合能耗完成情况

序号	装置名称	年度指标/千克标油·吨$^{-1}$	完成情况/千克标油·吨$^{-1}$	上年完成情况/千克标油·吨$^{-1}$	比上年增减/%	比年度目标增减/%
1	6.5万制氢	719.71	797.08	799.16	−0.26%	10.75%
2	3.5万制氢	719.71	682.19	841.85	−18.97%	−5.21%
3	合计：制氢	719.71	772.36	803.76	−3.91%	7.32%
4	制氢三	249.9	221.14	261.46	−15.42%	−11.51%
5	蒸馏三	7.02	7.33	9.07	−19.18%	4.42%
6	加氢裂化	17.93	18.08	19.30	−6.32%	0.84%
7	加氢处理	5.78	5.80	5.92	−2.03%	0.35%
8	加氢三	7.15	7.03	7.49	−6.14%	−1.68%
9	航煤加氢	6.3	4.85	6.30	−23.02%	−23.02%
10	S−Zorb	9.09	9.21	8.61	6.97%	1.32%
11	焦化汽油加氢	7.95	8.05	7.89	2.03%	1.26%
12	柴油加氢改质	6.27	5.87	6.33	−7.27%	−6.38%

（王贵梅）

化工一部

【概况】 化工一部2001年5月13日由原化工专业裂解车间、抽提车间和贮运车间合并成立。截至2014年底，化工一部有职工227人，其中高级以上职称13人，中级职称40人；部门下设37个班组，技能操作人员173人，其中高级技师4人，技师15人，高级工104人，中级工50人。拥有20万吨/年裂解装置、15万吨/年汽油加氢装置、3.5万吨/年丁二烯抽提装置、10万吨/年芳烃抽提装置、3万吨/年碳五精制装置及贮运罐区等6套主体生产装置，有动静设备1500多台，管线350千米。罐区负责公司化工区液体原料、产品、副产品及辅助原料共22种物料的贮存和输送，物料设计总贮存容量80800立方米，年输送能力150万吨。广州资产分公司碳五装置由化工一部托管。主要产品有聚合级乙烯、聚合级丙烯、丁二烯、苯、甲苯、二甲苯、液化气、碳九、正戊烷、异戊烷、环戊烷等10余个品种近70万吨。

2014年，化工一部克服炼油部分装置检修造成裂解原料劣质化、原料结构变化大、下游装置停车影响造成裂解低负荷、电气仪表隐患问题频发等困难，按照“优化运行，精细管理，争先创优，降本增效”工作思路，夯实基础，狠抓装置安稳长满优运行，根据生产计划安排及装置安全运行、产品结构调整、源头节能减排要求，完成乙烯、丙烯球罐检验施工、裂解炉检修等一批技改技措、隐患治理以及检维修工作，主体装置保持满负荷平稳运行，多项经济指标大幅提升，全年未发生安全环保事故事件和非计划停车事件。累计生产乙烯22.21万吨、丙烯9.85万吨、加氢汽油8.42万吨、丁二烯2.79万吨、苯4.2万吨、甲苯1.48万吨，高附加值产品收率61.87%，乙烯损失率0.36%，高附加值产品能耗354.77千克标油/吨。6炉在线率100%，所有指标全面达标。各装置未发生中间过程产品质量事故和外送产品质量事故，实现产品质量合格率100%。

（龚金萍）

【优化生产组合实现效益最大化】 2014年，公司以实现效益最大化为目标，发挥“大炼油小乙烯”在乙烯原料结构优化上的优势，合理利用干气、饱和液化气等资源，使乙烯裂解装置从纯石脑油为原料的裂解模式，逐步调整为石脑油、轻质石脑油、加氢尾油、拔头油、丙丁烷等多种原料在内的裂解炉运行新模式。裂解投料模式根据市场变化，以效益为导向进行动态调整。7月11日，乙烯裂解装置7台裂解炉开始应用离线模拟优化软件（SPYRO® Suite 7），实现裂解模拟、收率计算、进料特性化分析、原料选择、裂解炉操作性能研究、循环物料评估等功能，为裂解炉根据市场需求实时调整投料模式奠定基础。11月28日，裂解装置首次采用3台石脑油+3台轻石脑油的“3+3模式”，各项技术经济指标达到预期效果；10月13日，裂解装置E炉退出丙丁烷原料，将裂解投料模式从2台炉投石脑油、2.5台炉投轻质石脑油、0.5台投丙丁烷、1台炉投加氢尾油，调整为3台炉投石脑油、2台炉投轻质石脑油、1台炉投加氢尾油的“3+2+1”的运行模式，该模式每天可减少消耗丙丁烷84吨，增加投入石脑油260吨，每月可降低乙烯生产成本110万元。年内，裂解装置先后实现“3+3”“3.5+2.5”“2+2+2”“1+3+2”“1+2.5+2+0.5”等投料模式，装置运行保持平稳。

（龚金萍）

【高附加值产品收率连年居总部第一】 2014年，公司通过优化操作、改变原料组合和实施多种复合型投料模式等措施，提高化工专业高附加值产品收率，实现装置效益最大化。全年高附加值产品收率达61.87%，连续第4年位居总部第一。

（罗艺锋）

【裂解装置通过省环保厅LDAR项目试点示范验收】 2013年10月18日，化工一部乙烯裂解装置被列为广东省环保厅首批LDAR（泄漏检测与维修）项目应用试点示范装置之一，项目建设同步启动。该部严格执行公司制定的LDAR建立、挂牌、描述、检测操作程序，定期筛查密封设备泄漏情况和泄漏位置，共筛选出84个VOC（挥发性有机物）密封点纳入公司LDAR项目管控，完成限期维修或更换；对密封点和修复减排措施进行系统管理，并通过与EM（设备管理）、HSE门户系统对接，设备和安全管理手段提高，实现查漏、修复、复测、数据评估、设备泄漏闭环管理。LDAR项目实施后，裂解装置泄漏率从0.42%下降到0.06%，挥发性有机物年减排量约10.8吨，减排效果明显，达到预期目标。2014年6月12日，裂解装置LDAR示范项目通过广东省环保厅组织的验收。验收组专家认为：广州石化LDAR示范项目为广东省乃至全国探索建立了一套系统、科学、规范的LDAR工作流程和运行管理模式，对下一步的全面推广应用具有重要意义。

（曾淑华）

【实现年度HSE工作目标】 2014年，化工一部组织部门

2014年2月25日，化工一部和各相关部门通力协作，成功在线处理乙烯机出口换热器E1645泄漏问题 （刘立新 摄）

2014年3月11日，化工一部对裂解气压缩机段间换热器进行定期反冲洗 （刘立新 摄）

2014年3月7日，化工二部聚丙烯一装置增加一条F218至F213A的跨线，成功解决制约装置高负荷运行难题 （李高春 摄）

万吨／年干气制乙苯装置1套、5万吨／年聚苯乙烯装置和1套包装装置。主要产品有聚乙烯、聚丙烯、苯乙烯、聚苯乙烯等180多种牌号塑料产品及液体化工产品。

2014年，化工二部以“打造一流生产作业部”为目标，狠抓生产过程管理，严控生产成本。各装置保持高负荷生产状态，全年生产塑料产品50.05万吨，液体化工产品20.83万吨，产品总量比上年增加6.73万吨；8项经济技术指标优于奋斗值，其中3项指标创历史最好水平；聚乙烯装置创造430天长周期运行新纪录；4套主体装置检修实现“气不上天，油不落地”安全环保目标；推行安全生产联合检查制度，加大对现场检查考核力度，结合“从严管理年”活动，开展安全案例大家讲、安全生产月等活动，现场改善明显，各装置共查出“五源”8900项，提出合理化建议2810项；强化现场“五位一体”联合巡检制度，坚持做好周检、月检、专家联合巡检和专项检查工作，发现各类问题312项，完成整改300项，其中C类Ⅲ级隐患4个；以班组自主维护为切入点，积极开展“我的设备我维护”劳动竞赛活动，持续深化TnPM管理，提高员工在设备使用、预防性维护和故障诊断等方面技能，5套装置获公司“我的设备我维护”劳动竞赛季度优胜装置称号；加强现场安全风险评估和危害识别，从源头杜绝不安全行为，实现安全生产无事故目标。

坚持“最大的优化是产品开发”理念，根据市场需求及时调整产品结构，提升产品质量，加大新产品开发力度，全年完成新产品及专用料生产18.49万吨，创效7259万元；完成高光泽高抗冲新产品HG388的开发工作；加大生产过程优化，对乙烯、丙烯、干气等原料进行优化，其中干气制乙苯装置全年外卖乙苯6.2万吨，累计创效1200万元。

（倪宝莲）

【经济技术指标完成情况】 2014年，化工二部8项经济

2014年3月19日，聚苯乙烯装置针对安庆分公司“3·12”硫化氢中毒事件，组织当班班组开展现场事故预案演练 （郭金雄 摄）

技术指标达到奋斗值，包括聚乙烯装置能耗、聚丙烯一装置能耗、聚丙烯一装置单耗、聚丙烯二装置能耗、聚丙烯二装置单耗、聚苯乙烯能耗、聚苯乙烯单耗、干气制乙苯能耗。3项指标创历史最好水平，其中聚丙烯二装置单耗1004.667千克／吨，比历史最好水平下降0.063千克／吨；聚苯乙烯能耗51.401千克标油／吨，比历史最好水平下降1.799千克标油／吨；聚苯乙烯单耗1009.428千克／吨，比历史最好水平下降0.202千克／吨。

（倪宝莲）

表1　**2014年化工二部各装置能耗情况表**

装 置	项目	单位	历史最好	年度指标	奋斗指标	全年累计	达到奋斗值
聚乙烯	能耗	千克标油／吨	90.08	99	90	91.815	
	单耗	千克／吨	1002.38	1006	1004	1003.233	√
聚丙烯一	能耗	千克标油／吨	88.11	99	91.5	89.831	√
	单耗	千克／吨	1001.08	1007	1005	1003.661	√
聚丙烯二	能耗	千克标油／吨	108.5	122	115	109.519	√
	单耗	千克／吨	1004.73	1006.5	1005.5	1004.667	√
苯乙烯	能耗	千克标油／吨	376.27	390	386	387.215	
	单耗（苯）	千克／吨	645.52	1075	1069	1070.898	
干气制乙苯	能耗	千克标油／吨	——	212	195	163.668	√
	单耗	千克／吨	——	——	——	775.846	
聚苯乙烯	能耗	千克标油／吨	53.20	60	55	51.401	√
	单耗	千克／吨	1009.63	1011	1010	1009.428	√

（倪宝莲）

【聚丙烯一装置获总部同类装置竞赛第2名】 2014年，聚丙烯一装置保持16.23吨／时高负荷运行状态，负荷率为108.23%，共生产聚丙烯产品13.96万吨；加强设备预防性维护，造粒机停车比上年同期减少5次，减少由非计划停工引起的物料损失42吨；检修中严把物料退料关，共减少物料损失98吨。是年，该装置获石化股份公司同类装置竞赛第2名。

（倪宝莲）

【产品总量比上年增加6.73万吨】 2014年，化工二部加大原料优化调节力度，总体产能大幅提升。聚乙烯、聚丙烯一、聚丙烯二、苯乙烯、聚苯乙烯、干气制乙苯装置全年产量分别达到21.58万吨、13.96万吨、7.60万吨、9.73万吨、6.91万吨、11.11万吨。累计生产塑料产品50.05万吨，液体化工产品20.84万吨，产品总量比上年同期增加6.73万吨。其中，塑料产品减产0.45万吨，液体化工产品增产7.18万吨。

（倪宝莲）

【6套装置保持高负荷生产】 2014年，化工二部各装置保持高负荷生产状态。聚乙烯装置在坚持新产品及专用料生产的同时平衡了乙烯，下半年连续保持超冷凝高负荷生产；聚丙烯二装置克服延时大修长周期运行困难，全年平均负荷维持在9.25吨／时，全年互供丙烯4.0万吨，最高互供量达到6.8吨／时；聚苯乙烯装置两条线创历史最佳水平，全年负荷由3.654吨／时提升至4吨／时；苯乙烯装置脱氢单元长期保持在103%的负荷运行；干气制乙苯装置保持在120%以上负荷运行。

（倪宝莲）

【干气制乙苯装置能耗下降38%】 2014年，化工二部认真分析干气制乙苯装置动力消耗结构，对能耗、物耗影响大小的因素进行主次排序，制定详细的降低消耗措施，如合理利用系统间的压差停运个别机泵、降低精馏塔回流比来降低燃料消耗，有效降低加热炉燃料气消耗及电、循环水和氮气等公用工程消耗。9月，制定装置系统降压实验方案，降低电单耗，装置能耗大幅降低，由基础设计的263.46千克标油/吨乙苯降至163.67千克标油/吨乙苯，降幅达38%。

（倪宝莲）

【完成4套装置检修】 2014年，化工二部按照"八落实"要求精心准备，围绕装置大修后长周期稳定运行目标，积极开展以质量、安全、环保等多位一体的检修管理，3月27日～12月，先后完成聚乙烯、聚丙烯二、聚丙烯一、聚苯乙烯4套装置检修任务，4套装置均实现一次复产成功。

（倪宝莲）

表2　　2014年化工二部装置检修消缺情况表

检修日期	装置名称	主要检修内容	完成时间/小时	提前时间/小时
3月27日2:00～3月31日6:25	聚乙烯	完成动设备、静设备、设备清理、自检、电气检修等200项检修任务，其中包括K-4003电机更换气封并检查附助管线、Y-7001抽筒体更换油封、S-5011更换转子等13项重点项目	109	7.5
4月16日22:00～4月21日19:18	聚丙烯二	检修项目涉及工艺88项、电气38项、仪表30多项，除彻底清理气相反应釜D-203气体分布板、换热器外，检修关键设备C-203、C-206、C-911	117.3	15
5月15日6:00～5月21日5:38	聚丙烯一	完成检修项目70项，其中动设备19台、反应器3台、换热器6台、过滤器10台、管道16条、阀门23台。主要检修项目包括：第一反应器循环气冷却器E-201拆检清理、3台反应器内部检查清理、3台循环气冷却器检修清理等	143.63	0.37
11月20日8:00～11月21日19:00	聚苯乙烯	GPPS生产线按计划满釜停车消缺。更换特种设备安全附件爆破片，单台动设备预防性检查维护、保养；颗粒水系统增设在线Y型过滤器	35	13
11月6日20:00～11月24日13:38	聚丙烯二	主线项目：丙烯球罐等68台压力容器、347条7911米压力管道检验，23台主线单独动设备大修，195项静设备检修，N58所高压柜更新，冰机C-911控制系统整体更新，总控室机柜仪表检修，现场隔膜变送器20台，调节阀和执行机构及附件80台，球罐液位测量改造	425.63	30.37
12月9日9:00～12月10日20:00	聚苯乙烯	HIPS生产线停车消缺更换特种设备安全附件爆破片，单台动设备预防性检查维护、保养。F1101A/B增设乙苯冲洗线改造。3180米压力管道全面检验	71	1

（倪宝莲）

【产品质量优一级品率创新高】 2014年，化工二部秉承"每一个颗粒都是承诺"理念，严把产品质量关，克服化工助剂质量波动大、产品牌号频繁切换、原料质量波动等不利因素，通过收紧产品质量内控指标、加强"三剂"原料入库生产过程控制、推行产品标准化切换、提高各装置APC（先进过程控制）投用率等措施，产品质量有效提升。全年PE/PP1/PP2/SM/PS产品优一级品率分别达到99.5%、99.99%、99.2%、100%、99.3%。

（倪宝莲）

【聚乙烯装置创造长周期运行新纪录】 2014年3月27日，聚乙烯装置按计划停工检修，标志该装置在2013年1月21

2014年4月10日，化工二部召开聚苯乙烯装置"4+1"白班支持班启动会，正式启用该部4个运行班组加1个白班支持班的生产运行模式，标志该部"4+1"培训取得阶段性成果（倪宝莲　摄）

2014年7月17日，化工二部聚丙烯一装置管理人员联合仪表、机动部人员一起对装置大型设备进行联合检查　（刘淑梅　摄）

日至2014年3月27日期间实现连续稳定、高负荷运行430天。本运行周期创造长周期运行新纪录，比上周期最好运行时间多44天。期间，该装置共生产聚乙烯产品26.01万吨，平均单耗1002.68千克/吨，平均能耗89.94千克标油/吨。

（倪宝莲）

【成功开发出高光泽高抗冲聚苯乙烯新产品】 2014年4月16～18日，化工二部聚苯乙烯装置经过3次试生产，成功开发出高光泽高抗冲聚苯乙烯产品HG388，经检测，其光泽度和抗冲击性均达到预期效果。本次试生产，摸索出产品配方及相应的工艺生产操作条件，为该产品进军高档家电产品市场奠定基础。

（倪宝莲）

【聚丙烯二装置延迟大修18个月】 聚丙烯二装置自2009年5月大修后，因炼油化工原料平衡及公司整体效益需要，未参与2013年5月炼油Ⅱ系列同步大修，运行至2014年11月6日始进行为期19天的大"小修"。在延迟大修的18个月期间，设备老化及装置腐蚀现象较多，化工二部制定《生产隐患及措施表》，对隐患进行重点监控，及时消除隐患危害。特别是在精制系统换热器E001发生内漏后，通过高点临时排放降低循环水系统的丙烯含量，保证循环水系统稳定运行，同时通过铺设临时管道旁路精制系统，确保聚合系统连续生产，避免非计划停车带来的效益流失。

（倪宝莲）

【安全管理】 化工二部秉承"一切事故都是可以避免和预防的"安全理念，以"安全案例大家讲"学习教育活动为切入点，

2014年11月5日，化工二部在聚丙烯装置现场举行消气防比赛　（李　扬　摄）

提升职工安全环保意识，共收到讨论心得及意见建议426条；认真吸取青岛“11·22”等事故事件教训，完成42万字《化工二部事故事件选编》案例编写，选编2010～2013年间63个案例供职工学习，起到警钟长鸣作用；采取定期和突击演练两种形式，提升部门及装置两级预案组织演练效果，全年完成317次应急演练；积极开展“安全生产月”活动，从加强宣传教育、开展安全检查、强化职工基本功训练、隐患治理等方面加强评估管控。

（倪宝莲）

【环保管理成效】 2014年，化工二部响应公司“建设绿色低碳城市型炼厂”要求，积极在苯乙烯装置推进LDAR（泄漏检测与维修）项目建设工作。年内，该装置完成176个大于500×10^{-6}泄漏点的检测，完成140个泄漏点整改工作，现场异味减少；重点对“碧水蓝天”计划开展专项督察，安排专职人员在苯乙烯装置开展检测工作，严把环保执行关，检修期间严格执行密闭排放的规定，精心制定开停工方案，加强现场检查力度，实现“气不上天，油不落地”安全环保检修目标；三苯装置利用苯乙烯汽提设备实现废液回收，各装置润滑油送炼油回炼处理，全年回炼及回收废液150多吨。

（倪宝莲）

【设备管理】 2014年，化工二部推行“预防性检维护”策略，确保设备本质安全。结合生产特点建立、完善维修策略，覆盖装置排料系统、造粒系统等核心生产部位，做好规范化设备维护；坚持抓好两级状态监测网络，对机泵短、长期运行状态进行监测分析，及时掌握设备运行状况，做到预知性检修，提高设备可靠性；加强设备测温测振工作，利用轴承脉冲分析仪、在线分析仪对机泵长期运行状态趋势进行分析判断，避免设备恶性故障，轴承类故障比上年大幅下降；积极开展造粒机组长周期运行等10项技术攻关，建立有效的预防性维护策略，设备管理水平提高，该部作业部级以上设备事故、设备事件0起，因设备原因引起的关键设备非计划停机、装置非计划停车0起；设备完好率99.92%、主要设备完好率100%。是年，该部被公司评为库存储备管理优胜单位。

（倪宝莲）

2014年11月28日，化工二部对各装置“三大员”集中进行专业技术考试　（张　睿　摄）

【TnPM自主维护成效显著】 2014年，化工二部强化职工自主维护意识，狠抓设备基础管理。以班组自主维护为切入点，积极开展“我的设备我维护”劳动竞赛活动，持续深化TnPM管理，各装置现场改善明显，聚乙烯、聚丙烯一、干气制乙苯、聚苯乙烯、苯乙烯、聚苯乙烯等装置获公司“我的设备我维护”劳动竞赛季度优胜装置称号；认真开展查“五源”、合理化建议、持续改善、一点课等活动，员工在设备使用、预防性维护和故障诊断等方面素养和自主维护水平提高，年内，各装置共查出“五源”8900项，提出合理化建议2810项，一点课1511项，培训3805人次。干气制乙苯装置被评为广州分公司TnPM先进装置，李国伟被评为广州分公司TnPM先进个人。

（倪宝莲）

【新产品和专用料累计创效7259万元】 化工二部坚持“最

大的优化是产品开发”理念，紧密结合市场，生产市场需求量大、附加值高的产品。2014年，该部S960、S980、PPR4220、DNDA2020、DNDA7144等新产品及专有牌号均保持或增量生产，S960、S980等产品保持每月1000吨以上生产量，累计生产S960产品16836吨、S980产品14104吨；成功开发出高光泽高抗冲聚苯乙烯新产品HG388，成为企业潜在效益增长产品。全年共生产新产品及专用料18.49万吨，累计创效7259万元，其中新产品创效1876万元、专用料创效5383万元。

（倪宝莲）

【优化创效】 化工二部加强生产过程优化，优化创效明显。其中，对聚乙烯排放气回收系统进行工艺参数优化，全年回收富烃气1230吨，回收氮气3200万立方米，共计创效约300万元；聚丙烯二装置因公司保效益延迟检修，该部制定《大修延迟运行保障方案》，优化检修方案，11月，该装置检修实现边检修边外供丙烯788吨，保障聚丙烯一装置的高负荷运行；苯乙烯装置通过工艺参数调整，延长脱氢催化剂更换周期达半年以上，为“三苯”装置下半年连续生产创造了条件，累计创效210万元；苯乙烯装置延迟检修周期，为炼油区提供氢气118.7吨；干气制乙苯装置加大外卖乙苯量，全年外卖乙苯6.2万吨，累计创效1200万元。

（倪宝莲）

为深刻吸取济南“7·30”叉车撞人致死事故教训，化工二部包装装置本着既满足人车分流、又保证叉车作业区域封闭的要求，对人、叉车线路进行硬隔离，确保工作区域安全　　（许洪涛 摄）

【2套装置组建“4+1”白班支持班】 2014年，化工二部继续开展“4+1”培训，即从4个运行倒班班组中各抽调一部分人进行集中培训，内容包括工艺流程、PID图、机电仪相关知识等全方位培训，技能操作人员素质得到较大提升。4月10日，聚苯乙烯装置正式开始4个运行班组加1个白班支持班的生产运行模式；苯乙烯装置在开展“4+1”培训基础上，亦成功组建“4+1”白班支持班。

（倪宝莲）

【培训工作】 2014年，化工二部创新培训方式，开展 “两背一画”及“4+1”班组培训，同时注重提升各类人群整体实力。实施“大学生快速成才”计划，根据个人所在装置和岗位特点制定月度学习内容，每月月末进行集中考试以检验学习效果，新进厂大学生职工技术水平迅速提升；开展专业技术人员“再学习、再提高”活动，通过“以考促培”形式，检验学习效果，有效提升设备员、工艺员、安全员三大员的技术能力。

（倪宝莲）

【劳动竞赛】 化工二部积极开展“我的设备我维护”劳动竞赛活动，以班组TnPM活动看板为重点，通过周检、月检检查评比模式，每月对前2名装置进行大奖励，对最后1名进行考核，有效提升职工参加劳动竞赛的积极性。2014年，5套装置分别获公司“我的设备我维护”劳动竞赛优胜装置称号；有针对性地开展“小指标”劳动竞赛，选定有代表性的技术经济指标作为竞赛内容进行月度评比。通过竞赛，及时了解装置运行情况及薄弱环节；深化横班劳动竞赛，营造了“比学赶帮超”的良好氛围。

（倪宝莲）

【“三基”工作】 2014年，化工二部实行《安全生产联合检查规定》，每周二上午由部门领导带队，由部门技术组、各装置主管、三大员轮流参加，对装置进行抽检，形成部门岗位联合检查管理长效机制。全年进行部门岗检51次，参与岗检350人次，查出问题1020项，年内完成整改865项，现场“低、老、坏”问题有效改善；修订完善《化工二部“三基”工作考核标准》，建立安全环保职业卫生、规章制度执行情况等9个大项40条考核标准，规范“三基”工作考核，每月对各装置“三基”工作排名进行通报并考核，促进各装置管理水平提升。

（倪宝莲）

【多个科技改造项目获奖】 2013～2014年度广州石化科技进步奖获奖项目评比中，化工二部获一等奖1个，二等奖3个。其中，“高流动性薄壁注塑S980聚丙烯树脂的开发”获一等奖，“聚乙烯排放气综合利用技术研究”“提高HIPS产品质量技术的开发”“聚丙烯管材料B1801的开发”3个项目获二等奖。

（倪宝莲）

【QC活动成果】 2014年，化工二部共有QC小组22个。“提高装置的生产负荷”获石化股份公司优秀QC成果二等奖；“降低风送系统淘洗风的粒料夹带量”获广州分公司优秀QC成果一等奖；“降低聚丙烯二装置的丙烯单耗”“降低外排焦油中苯乙烯含量”“降低造粒机停车次”获得广州分公司优秀QC成果二等奖。

（倪宝莲）

【合理化建议活动】 2014年，化工二部按照合理化建议审核流程，认真做好建议的跟踪、催办和评审等工作。部门职工登录合理化建议管理系统提建议898条，被采纳500条，实施完成146条，其中预计年效益在40万以上的建议12条。是年，在公司优秀改善案例评比中，苏彬获一等奖，何伟获二等奖，孟凡沛三等奖，卫智明获优胜奖；在单点课评比中，杨宝来获三等奖，陈胜飞获优胜奖。

（倪宝莲）

【开展“从严管理年”活动】 化工二部认真开展“从严管理年”活动，将党的群众路线教育实践活动整改落实融入其中，党总支组织“严管理，树正气”座谈会、从严管理大讨论、大讨论汇报会、形势任务教育等。至12月底，22项存在问题全部完成整改，制定或修订完善制度、流程、程序22项，立长效机制11项。活动期间，加大先进人物和典型经验宣传力度，营造良好氛围。是年，化工二部被评为公司新闻宣传工作先进单位。

（倪宝莲）

【特色党建活动】 化工二部党总支根据部门年度目标任务，在全体党员中开展“学镇海、严管理、提效益”和“学日本出光炼油厂TPM先进经验”活动的“双学”活动，以党建活动促进部门中心工作顺利开展，进一步推动一流作业部的建设。在“学日本出光”活动中，装置班组党员骨干设计出班组TnPM管理看板，并发动班组人员将日常的一点课、“五源”、合理化建议、现场改善案例等管理亮点展现出来，营造“比学赶帮超”的浓厚氛围；党员领导干部发挥示范带头作用，设备部长亲自到苯乙烯现场清理机泵卫生、刷加热炉管线标识等，引领部门全体职工都积极参与到各装置的TnPM管理。

（倪宝莲）

【和谐团队建设】 2014年，化工二部以群众路线整改落实为契机，开展“部长书记班组谈”活动、推行“三基”工作联合岗检活动等，受到职工好评，进一步密切了党群干群关系，促进装置安稳长运行；开展现场慰问，为检维修现场送去清凉饮料、西瓜等慰问品共计4.56万元，为历年之最；认真做好病困职工慰问和帮扶工作，共慰问52人次，发放慰问金3.02万元；结合职工建家活动，鼓励职工积极参加各类竞赛活动，取得较好成绩。其中，王薇获集团公司羽毛球混双亚军，蔡勇、张明瑛分获公司“我是第一”羽毛球单打冠军、混双亚军，石标、杨潮洋等人代表公司参加广东省直属机关举办的足球比赛获第4名等。

（倪宝莲）

贮运部

【概况】 贮运部是2001年由原贮运厂的东油品车间、收发一部及炼油厂的西油品车间合并成立。截至2014年底，贮运部下设51个班组，有20个罐区，员工总数384人，其中高级专业技术职称2人，中级专业技术职称33人；技师12人，高级工142人，中级工157人。贮运部管理范围包括火炬装置和罐区，是公司原油和石油产品输转、贮存集散地，主要承担石油产品调和、全厂瓦斯系统平衡、产品和原材料输送等，拥有常压储罐188台，气柜2台，球罐47台，总库容148.47万立方米，贮存柴油、汽油、航煤、液化气、渣油、沥青、石脑油、苯、甲苯、二甲苯、溶剂油、白油等产品及中间物料；有重油装汽车台、沥青装汽车台、芳烃特种油台、东门100吨及120吨地中衡、轻油装火车台、重油及沥青装火车台、液态烃装卸火车台、100吨3台面轨道衡、100吨单台面煤场轨道衡、2个货物站台、3台国产内燃机车、21条铁路股道、1套6502电气集中联锁信号系统、收转码头等13个对外窗口。

2014年，贮运部克服多次事故事件影响，结合年初制定目标任务，开展“精心操作，稳定运行，优化创效”横班劳动竞赛、“巡检明星”“红旗区域”等竞赛活动，及通过强化区域负责制，加强人员培训、规范操作、强化隐患排查整改等措施，取得良好效果。查出各类隐患问题2281项，完成整改2250项，整改率98.6%；各设备保持运行平稳，设备完好率99.83%，主要设备完好率99.46%，静密封点泄漏率0.015‰，安全阀检定率100%，“五源”平均月度消缺率96%；贮运综合能耗2.24千克标油/吨，比上年下降7.44%，原油损耗及途耗增加；全年回收瓦斯8745.6万立方米，火炬点火时间2.28小时，比上年下降45.19%；外排废水综合合格率100%。完成38台各类油（球）罐检维修及1号气柜、2号气柜清罐工作，并通过实施技改技措项目，完善油

2014年2月10日，保运人员及时对发生故障的2号航煤聚结器进行解体、清洗、更换滤芯工作，确保航煤进罐质量（李广群 摄）

为解决瓦斯火40系统压差大问题，贮运部2月24日完成19号凝液罐处管线的带压开孔工作。图为工艺人员在监控疏通过程参数变化情况 （武旭东 摄）

2014 年 11 月 8 日，公司最大液化气球罐检测合格投用。该罐罐容 3000 立方米 （李广群 摄）

品储存出厂设施、管道等，实现全年成品油一次脱水合格率 89.5%，中间原料一次脱水合格率 94.4%，原油一次脱水合格率 99.0%，汽油一次调和合格率 93.7%，柴油一次调和合格率 96.7%，沥青一次调和合格率 94.2%，液化气一次调和合格率 98.5%，航煤一次调和合格率 98.9%，石脑油一次调和合格率 100%，产品出厂合格率 100%。全年累计完成原油、原料接卸 1303.11 万吨，输送蒸馏装置加工原油 1261.20 万吨，比上年度增加 7.57%；出厂石油产品 1011.4 万吨。年内，新建 3 号污油罐区罐顶气废气治理回收、炼油污污分治等项目投用。

（申桂英 黄毓倩）

【产品收转】 2014 年，贮运部完成原油、原料接卸 1303.11 万吨；输送蒸馏装置加工原油 1261.20 万吨，比上年增加 7.57%；完成汽油出厂 240.26 万吨，比上年度减少 6.9%；柴油出厂 426.62 万吨，比上年增加 2.51%；航煤出厂 167.21 万吨，比上年增加 28.67%；液化气出厂 56.54 万吨，比上年增加 3.78%；沥青出厂 47.67 万吨，比上年减少 7.60%。

（申桂英 黄毓倩）

【综合能耗创新低】 2014 年，贮运部出台 39 项节能降耗措施，通过目标分解，对标先进，突出重点抓关键，明确责任促落实，强化考核机制，及开展优化蒸汽运行竞赛和成本能耗分析跟踪，全员参与节能降耗工作，积极应用新工艺新技术，推进节能项目建设，较好实现节能减排目标，节能降耗取得新突破，全年贮运综合能耗 2.24 千克标油/吨，比上年下降 7.44%。实现年初制定的 ≤ 2.28 千克标油/吨的力争值目标。

（黄毓倩）

【石化东码头完成配套管线改造】 2014 年 1 月 5 日，公司黄埔石化东码头配套管线改造项目动工，1 月 20 日，项目完工进行中间交接，1 月 24 日，通过“四不开汽”检查，具备投用条件；1 月 24 日 18 时 38 分～1 月 25 日 0 时 15 分，运行 B1602 送 G1610 的 93 号汽油经 L1655、东码头流量计后新增 L1615 线到东码头顺利装船，标志着石化东码头配套管线改造项目一次投用成功。

（申桂英）

【首套采用“低温柴油吸收”工艺的罐顶气废气治理回收项目投用】 2014 年 2 月 28 日，公司首套采用“低温柴油吸收”工艺的 3 号污油罐区罐顶气废气治理回收系统项目完工中交，4 月 13 日，3 号污油罐区正式投用。该项目总投资 883 万元，为公司新建环保装置，项目采用“低温柴油吸收”工艺治理技术达到脱臭效果，同时利用“相似相溶原理”回收罐顶废气中的油气组分，项目投用后，罐区周边环境空气质量得到有效改善。

（申桂英）

【轻质油罐增设氮封设施】 2013 年 8 月 25 日，炼油区油罐（G210）增设氮封设施项目开始动工。2014 年 1 月 21 日，项目建成投用，氮气压力控制在 1.2 千帕左右，流量控制在 0.2～5 立方米/时，参数运行正常。其为贮运部首次使用氮封技术，有效杜绝焦化汽油罐硫化亚铁自燃、防止油品氧化、减少了油气外溢，消除了安全和环保重大隐患，确保罐区安全和环保。至6月30日，贮运部按照石化股份公司《炼油轻质油储罐安全运行指导意见（试行）》要求，对中间石脑油储罐、焦化汽油储罐、催化汽油储罐、轻污油储罐均增设氮封设施并正常投用。

（申桂英）

【完善芳烃装油台航煤装汽车项目中交】 2014年11月14日，公司完善芳烃装油台航煤装汽车项目中交，项目总投资130万元，包括新增一段长约800米、管径为DN150的新管线，增加2套航煤预过滤器、聚结分离器，最大设计流通量分别为300立方米/时、150立方米/时，项目投用后，公司航煤以汽车方式出厂能力可达1万吨/月，航煤出厂途径拓宽。

（申桂英）

【收转区域汽油出厂能力提高】 2014年12月9日16时，公司汽油收转区域新增加的L1620线正式投用，收转区域汽油出厂能力大幅提高，实现收油、循环、加锰3种操作可同时进行，改变原G1612、G1610罐共用L812收油线（循环线、加锰线），当G1612或G1610收油或循环、加锰时，G1610、G1612油罐不能同时进行收油及循环、加锰作业局面。

（申桂英）

【优化产品结构增产汽油】 2014年，公司把乙烯碳九、加裂轻石脑油通过流程优化，将2股原料引入汽油罐区，为增产汽油创造更大效益创造条件。4月2日，成功引乙烯碳九经L846线入汽油罐区；4月4日，加裂轻石脑油经L890转L860线投用，增产汽油项目成功实施。

（申桂英）

2014年11月20日，芳烃装油台航煤装汽车项目完工，采样合格后正式投用。图为11月20日17时，芳烃装油台首次进行航煤装车作业

（李广群 摄）

【拆除旧柴油加剂设施】 2014年1月25日，贮运部成功投用新柴油加剂设施后，8月，拆除原有旧柴油加剂设施。旧加剂设施始建于建厂初期，使用近30年，已无法满足生产需要。

（申桂英）

【1号气柜检修前工艺处理采用除臭技术】 2014年3月，1号气柜检修前的工艺处理采用除臭技术，除臭液由多种有机化学品、无机化学品及水溶性添加剂等构成，与酸性的硫化氢、碱性的氨氮及硫醇、有机胺等污染物发生中和、加成、缩合等多种反应，达到消除臭气源的效果，罐区周边环境的空气质量得到有效改善。

（申桂英）

【完成油罐检修检验】 2014年1～12月，贮运部完成38台各类油（球）罐的检维修工作，完成1号气柜、2号气柜清罐工作（其中2号气柜清理3次）；年度油罐外观检验完成率100%，球罐全面检验率100%，没有发生环保投诉事件，实现年初制定的安全目标。

（申桂英）

【隐患治理】 2014年，贮运部先后完成13个项目的隐患治理，包括投用2号、5号、9号、12号、17号～19号罐区污污分治项目；2号、3号、11号、20号罐区增设氮封设施项目；芳烃油台液下装车改造项目；6号罐区东门消防道路隐患治理项目；石化码头管线增加紧急切断阀隐患治理项目；原油罐区消防泡沫站改造；收转罐区

3000 立方米水体防控事故收集池；收转罐区消防隐患整改；6 号罐区增设紧急注水系统；6 号罐区机泵参数引入仪表监控系统；收转石脑油泵房和火炬 5 号压缩机房噪声治理；重油车台、3 号罐区卸车台增设防高处坠落差速器； 6 号罐区东面消防路隐患整改等。

（申桂英）

【火炬点火时间创新低】 2014 年，公司积极推广应用新技术新工艺、全员参与节能降耗工作、推进节能降耗项目建设等取得良好效果，全年火炬点火时间 2.28 小时，比上年的 4.16 小时减少 45.19%。

（黄毓倩）

【“马广”线阴保站及排流设施完工】 2014 年 12 月，惠州市大亚湾马鞭洲岛广州石化原油首站到广州末站的“马广”原油长输管线阴极保护站及排流设施项目完工。该项目是公司原油长输管线阴极保护系统的重要组成部分，为“马广”原油长输管线安稳长运行保驾护航的重要安全装置之一。

（黄毓倩）

【新产品醚后碳四液化石油气出厂】 2014 年 7 月 11 日，公司生产醚后碳四液化石油气出厂流程改造项目开工。项目由贮运部 6 号液态烃罐区 G626 ~ G628、经泵房到禾叉隆的旧装瓶站，安装 DN250、DN100 管线近 1.3 千米。7 月 21 日，项目完工投用，新产品醚后碳四液化石油气首次出厂投入市场。

（黄毓倩）

【国Ⅴ标准 98 号车用汽油正式出厂】 2014 年 5 月，贮运部根据公司国Ⅴ标准 98 号车用汽油生产要求，着手做好生产和贮运准备工作，完成相关管线、贮罐的清洁置换，根据不同基础调和组分，精确计算各组分比例，保证油品质量。7 月 23 日，公司首批国Ⅴ标准 98 号车用汽油正式通过黄埔成品油码头装船投入市场。至年底，共完成国Ⅴ标准 98 号车用汽油出厂 3000 吨。

（黄毓倩）

【炼油污污分治工程项目完工】 2014 年 3 月 4 日，公司炼油污污分治项目完工中交。该项目主要为新增建高浓度污水收集管线及污水处理场内高浓度污水调节处理设施，分别形成高、低浓度污水处理系列以达到污水分流和分治的作用。包括分别在 2 号、5 号、9 号、17 号、18 号、19 号罐区新建 6 个污水收集池，改造 4 号罐区污水提升泵站，增加新管线接入高浓度污水管线，每个污水池配 2 台机泵，形成高浓度污水排放系统，使用专泵专管输送到公用工程部高浓度污水处理装置。项目投用后达到预期效果。

（黄毓倩）

2014 年 10 月 11 日，历时近 28 小时的广州石化“马广”长输原油管线通球清管作业顺利完成　（李广群 摄）

【吸取事故教训】 2014 年，贮运部先后发生“6 · 19”人身伤害、“12 · 7”人身伤害 2 起公司级事故，及“9 · 25”焦化三液化气直供脱硫二管线憋压安全阀起跳、“10 · 13”L111 管线穿孔泄漏、“11 · 19”L901 中间阀法兰盲板处航煤滴漏至蒸汽管上冒烟着火等多起事件。该部认真吸取事故事件教训，完善制度、规范作业、加强培训、加强隐患排查和整改。

（黄毓倩）

【劳动竞赛】 2014年，贮运部按照公司“指标领先、业绩优良、环境友好、管理先进、作风扎实”要求，结合部门中心工作开展横班班组劳动竞赛、“红旗区域”“红旗泵房”TnPM现场管理劳动竞赛、铁路运输劳动竞赛、火车装油台劳动竞赛等竞赛活动，实行每月评比、每月奖励，奖金奖励到横班所有人，按照月度奖30元／人、季度奖40元／人进行奖励，有效提高岗位人员责任心和技能水平，该部各项技术经济指标和管理工作迈上新台阶。

（黄毓倩）

贮运部抓劳动纪律从统一思想开始。他们利用交接班、班前会等时机，对劳动纪律整顿的重要性进行深入细致的传达。图为横班书记、班长在交接班时传达精神（王倡瑜 摄）

公用工程部

【概况】 公用工程部成立于2005年10月27日，由原公用工程车间、水处理车间合并成立，是广州石化的辅助生产装置部门，2012年10月23日，原动力事业部给水车间成建制并入公用工程部。截至2014年底，共有员工277人，其中高级专业技术职称4人，中级专业技术职称18人，技师4人，高级工92人，中级工106人。公用工程部主要为公司部分主体装置提供各类生产生活用水、工厂仪表风，同时承担全厂生活、生产污水处理。拥有主要生产装置21套，其中综合供水量134600吨／时循环水装置10套，综合处理量960吨／时污水处理装置2套，综合制水量1950吨／时软水装置4套，供水量合计2700吨／时的高压消防装置2套，供气量62880标准立方米／时空压装置2套，200吨／时凝结水处理装置1套。2014年，公用工程部贯彻落实从严管理要求，不断提升职工安全环保意识；按照“带队伍、转作风、严管理、强素质”要求开展各项工作，对标镇海石化、茂名石化，开展“比学赶帮超”等劳动竞赛，水务指标比上年在总部的排名有明显进步，创先争优确保目标值累计完成率92.8%，力争目标值累计完成91.8%，生产波动10起，无发生上报公司级以上事

2014年2月12日，公用工程部横班党支部、横班工会邀请广州石化技师协会对困扰该装置数十年的液位自控进行现场调研和可行性技术分析（顾学斌 摄）

2014年3月20日，公用工程班组人员对进入受限空间的作业项目进行风险分析和评估 （徐少冰 摄）

故，基本达到年初制定目标。全年累计外供新鲜水2084.40万吨、循环水102791.24万吨、脱盐水917.63万吨、压缩风33164.25万标准立方米，处理污水513.51万吨，回用污水263.56万吨，外排污水合格率100%，回炼污油0吨，“三泥”出厂处理6921.01吨。

（钟梅芳）

【炼油污污分治项目投用】 2013年3月12日，公司炼油污污分治项目高浓度部分动工，2014年12月15日，项目中交。其由东华工程科技股份有限公司设计，广州石化华穗工程有限公司、江苏省江建集团有限公司、中国石化集团第五建设公司承建，总投资16251万元。该工程完工投用后，有效改善公司炼油污水分流与分治，增加污水回用率，减少外排污水量，实现污水外排稳定达标。

（钟梅芳）

【化工区公用工程集中控制改造项目完工】 2013年8月，化工区公用工程集中控制改造项目动工，2014年5月28日，完工中交，项目总投资357.3万元，由金陵设计院设计，广州石化建安公司承包施工。项目包括将空压站、冷水站、给水泵站、生活污水泵站等化工区循环水装置各岗位的运行信号及参数通过光缆通信输送到四循总控室。项目投用后，通过DSC在总控室对各岗位的生产情况可以实时监控，初步解决偏远单人岗位监控空隙的生产安全问题，改善循环水装置岗位人员分散的局面，装置安全生产系数大幅提高。

（陆杰军）

【四五循旁滤器进水阀改造项目完工】 2014年11月5日，公用工程部四五循旁滤器进水阀改造项目动工，11月25日，完工中交。项目总投资89.19万元，由九江设计院设计，广州石化建安公司承包施工。该项目是在循环水旁滤器手动进水阀后增加1套自动控制系统，减少旁滤器在反洗时的水耗，项目投用后预计每年可减少水耗10万吨。

（陆杰军）

【化工污水装置废气质量改造项目完工】 2014年4月2日，

2014年4月21日，公用工程部一横班组织党员在炼油南排洪口现场进行“4·20”环保形势再教育 （顾学斌 摄）

公司化工污水废气治理改造一期（废气收集）项目动工，10月30日，完工中交。项目总投资345.64万元，由九江设计院设计，广州石化建安公司承包施工。该项目为公司2013年化工环保专项治理项目，包括对化工污水装置隔油池、废碱液池、均质池、事故调节池、中和池、浮选池、排水收集池、浓缩池、停留池、脱水单元等10个敞开式池子上加盖，将收集的废气经离心风机送至烟囱收集，高空排放，并预留二期废气处理装置接口。该项目的尾气设计达到《石油炼制工业污染物排放标准》的排放标准。

（张书平）

公用工程部安全员对班组人员逐个进行空气呼吸器使用情况检查（钟裕祥 摄）

【优化除盐水装置运行】 2014年，针对给水化学水装置除盐水标准离子水耗过高问题，公用工程部研究制定并执行《炼油区除盐水装置优化运行方案》，尽量少开或停开水耗较高的反渗透装置，提高离子交换设备再生合格率，使除盐水标准离子水耗降至29.98立方米／千摩尔。

（顾明辉）

公用工程部员工对炼油污水场封堵后的隐蔽臭气散发点加强检查和监控（钟梅芳 摄）

表1 **2014年公用工程部炼油区主要经济指标完成情况表**

项目	计量单位	2013年	2014年	比上年增减/%
电耗	亿千瓦·时	1.00	1.11	11
新鲜水耗	万吨	373.29	389.52	4.35
COD排放总量	吨	127.16	139.91	10.03
污水回用量	万吨	169.71	171.99	1.35
出水合格率	%	100	100	--
外运污泥量	吨	8640.72	3169.99	-63.31

（钟梅芳）

表2　　2014年公用工程部化工区主要经济指标完成情况表

项目	计量单位	2013年	2014年	比上年增减/%
电耗	亿千瓦·时	0.84	0.88	4.76
新鲜水耗	万吨	259.36	310.26	19.63
污水回用量	万吨	78.94	91.57	15.99
出水合格率	%	100	100	0.00
外运污泥量	吨	659.74	352.06	-46.64

（钟梅芳）

专业中心

◇ 物资供应中心

◇ 消防支队

◇ 仪控中心

◇ 检验中心

◇ 动力事业部

物资供应中心

【概况】物资供应中心（简称物供中心）是公司物资供应归口管理部门，负责广州分公司固定资产投资建设、生产运行主要物资（不含原油）的供应工作，对作业部、专业中心等部门行使物资供应管理工作的统一领导、管理、组织、协调等职能。下设综合管理、计划管理、过程控制、材料化工、设备备件、电仪、仓储7个科室。截至2014年底，有职工157人，其中高级职称11人，中级职称59人。

2014年，物供中心围绕公司目标，以保供降本为主线，以物资供应“比学赶帮超”各项指标为分目标，以提高集团化采购质量、加强招标采购、供应商管理、储备管理为重点，扎实开展“从严管理年”活动，强基固本，夯实基础，全力保障公司生产建设物资安全、及时、经济供应。全年完成物资采购18.91亿元，比上年减少6.25%，节约采购资金8016万元；框架协议采购率71.7%，比上年减少3.47%；需求计划达标率85.34%，比年初提高43.86%；厂家直供率95.11%，比上年增加0.18%；积压物资减少指数为0.93，比上年降低0.13；总库存资金周转次数达到10.69，比上年降低16.65%；年末总库存规模为13546.79万元，比上年减少3.34%；新增积压物资为零，比上年减少6.12万元；独家采购率为0。

是年3月，物供中心被集团公司评为2013年度物资供应红旗单位。

（顾桂珍）

【完成生产建设物资采购18.91亿元】 2014年，物资供应中心完成公司属下各单位物资需求提报计划52693多项；完成200万吨/年催化裂化装置烟气脱硫脱硝、炼油污水污污分治等续建及新建184个项目的物资保供，完成零购更新计划208项，比上年增加13.04%；累计完成物资采购额18.91亿元，比上年减少6.25%。

（顾桂珍）

【办公用品实现集中采购】根据集团公司《关于实施办公用品集中采购的通知》要求，2014年12月17日，公司下发《广州石化低值易耗品、办公用品、办公设备集中采购实施方案》，实行办公用品及低值易耗品的采购工作程序化、制度化、标准化，包括全公司低值易耗品、办公用品、办公设备在内的291项物资纳入框架协议，2015年1月开始实施集中采购，为办公用品发挥规模采购优势，提高市场议价能力，降低采购成本打下基础。

（顾桂珍）

【完成公司煤炭采购】2014年，公司实际完成煤炭采购37万吨，采购金额1.85亿元，为满足国家新出台环保要求，公司热电站3号、4号煤粉炉脱硫脱硝改造，电站全停工2个月，比计划减少5万吨煤炭用量。

（顾桂珍）

【节约采购资金8016万元】 2014年，按照“经营一元钱、节约一分钱”成本控制要求，

2014年9月26日，物资供应中心组织召开形势任务教育大会（钟勇浜 摄）

2014年11月17日，石化股份公司物资装备部主任蒋振盈到广州石化调研（钟勇浜 摄）

物资采购推进科学理性采购，开展自采成本构成分析，有效降低采购成本，全年累计节约采购资金 8016 万元，节约率 5.87%，完成集团公司物资装备部“比学赶帮超”年度采购节约率 3% 以上指标。

（顾桂珍）

【推进采购标准化】 2014 年，公司物资采购从设备特性、构成、成本着手，制定涵盖范围广、物资技术要求相当、配置齐全清晰、竞价公平的新模板，压力表、液位计、雷达液位计等 7 个品种创建出标准化数据模板，实现框架采购与专业技术融合。采用询比价方式采购的非标产品油罐铝浮盘及一、二次密封，经与供应商技术谈判，统一结构形式、规格及材质，实现标准化。经公司专家组技术攻关，装置耐火砖全部实现统一规格，整合能满足所有加热炉的品牌、型号，硅酸铝碳耐火砖实现标准化采购。

（顾桂珍）

【提高需求计划管理】 2014 年，向需求部门宣传总部指标，从源头促进需求计划管理，物资采购需求计划达标率从 3 月的 59.32% 上升到 12 月的 85.34%，其中需求计划准确率 96.96%，需求计划及时率 73.73%。

（顾桂珍）

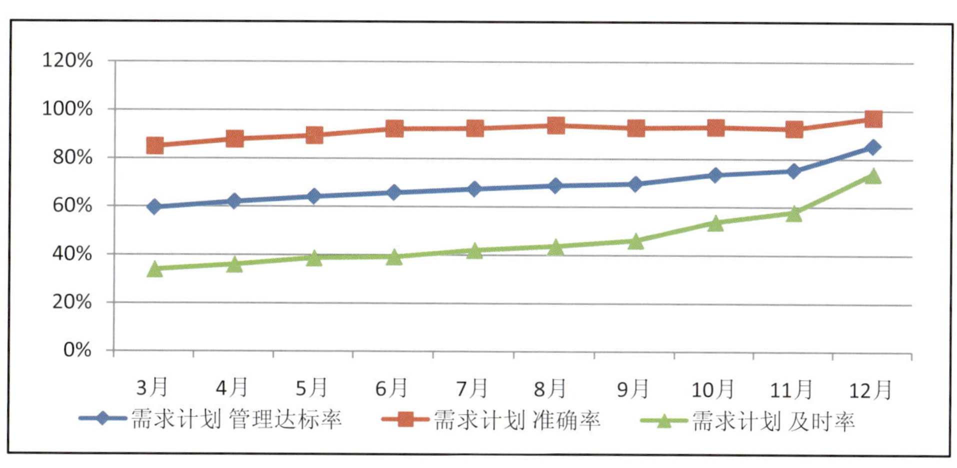

图1 2014年广州分公司物资需求计划达标率 （顾桂珍）

【完成供应商名录编制】 2014 年，物供中心完成公司年度物资需求预期分析及 2013 年度供应商整体实力评估、2012 ~ 2014 年物资需求规律、供应商合同执行情况、使用过程产品质量、交货、价格及服务评价情况分析；完成 2014 年企业自采物资《主要供应商名录及分类分级》编制，按物料组对 969 类物资（以自采物资为主）的供应商进行业绩排名和 A、B、C 分级，为物资采购工作实现业绩引导订货提

2014 年 2 月 25 日，物资供应中心邀请部分供应商与公司使用部门座谈，交流供需双方所需，提高物资保供能力 （顾桂珍 摄）

2014 年 4 月 23 日，物供中心组织一季度招标采购、合同管理制度学习竞赛考试 （钟勇浜 摄）

供依据。

（顾桂珍）

【完成 450 家供应商年审】 2014 年第三季度，物供中心对 2013 年 6 月～2014 年 6 月与广州石化发生采购业务的 450 家物资供应商从资质审查、整体实力评分和风险评估等方面进行年审，其中生产商 370 家，比例 82.22%，流通商（含代理商）80 家，比例 17.78%。年审结果均为合格，其中风险评估级别为 A 级供应商有 394 家，比例 87.56%；B 级供应商 56 家，比例 12.44%；无 C 级供应商。

（顾桂珍）

【强化供应商考核】 2014 年，公司加强对供应商的考核，实行每月收集供应商产品质量、交货期、服务等方面不良情况，召开供应商违约索赔专题会议，全年考核 82 项次物资违约供应商，收取违约金 41.69 万元，其中对 3 家供应商被予以内部警告，3 家供应商被暂停采购服务关系。

（李丹红）

【优化供应商队伍】 2014 年，公司根据需要引进 9 家优秀供应商入中国石化供应商网，从 2 年以上无采购业务、区域协同采购无业务关系、日常不良表现以及业务变更转移等方面进行梳理，优化供应商队伍，与 56 家供应商解除服务关系，与 28 家供应商解除 155 项产品目录关系。

（顾桂珍）

【提高 80% 采购金额供应商比率】 2014 年，物供中心从年初起重视各指标，落实业绩引导订货，整合小订单，采购订单向优秀供应商倾斜，减少成交供应商数量，浓缩供货渠道，提高资源获取能力。2014 年度 80% 采购金额供应商占交易供应商比率为 19.26%，总供应商（不含直采、互供）488 家，前 80% 采购金额供应商为 94 家。厂家直供率达到 95.29%。

（顾桂珍）

【提高框架协议质量】 2014 年，公司框架协议采购金额为 9.4 亿元（不含直采和互供），框架协议采购率 75.71%，全年新增 14 个品种的自采物资框架协议。8 个大类物资框架协议采购率达到 90% 以上，其中 04 类煤炭 100%、02 类有色金属及冶金炉料 93%、06 类原油加工及石油制品 90%、08 类化学原料及化学产品 99%、10 类炼化“三

2014 年 11 月 12 日，广州石化进行劳保用品招标工作，图为评标专家认真开展评标工作 （顾桂珍 摄）

剂”及油田化学剂98%、11类合成橡胶98%、13类油漆涂料99.5%、16类包装物99.7%。煤炭、化工辅料、“三剂”采购采取年度计划统一签订框架协议，根据生产安排月度送货、结算办法，有效控制储备资金占用、保证质保期，并保证装置安稳长生产。

（顾桂珍）

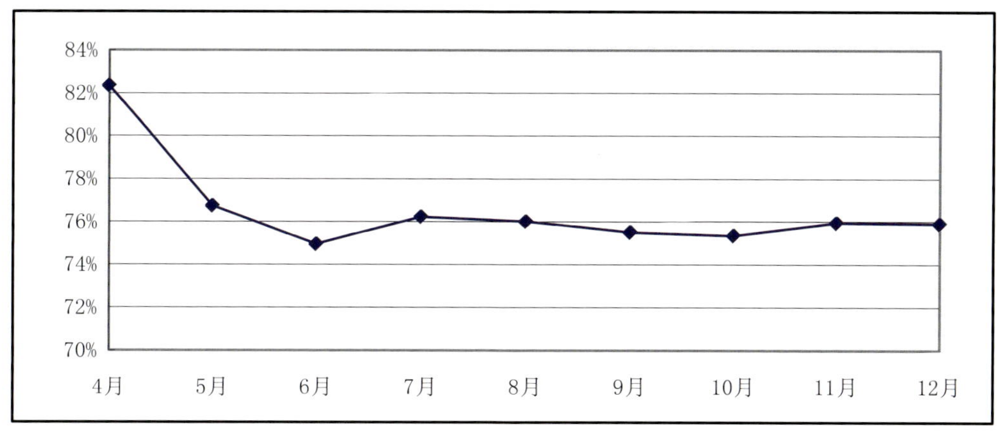

图2 2014年4～12月框架协议采购率趋势 （顾桂珍）

【完成编码转换】 2014年9月7日～12月31日，物供中心组织实施2014年物料编码应用提升项目、新版物料分类与编码项目和EC 5.0版上线工作。2014年中国石化物料分类与代码优化项目是对《中国石化物料分类与代码》（Q/SH 0102-2007）进行修订完善，包括物料分类调整、模板调整和冻结非标物码。共完成冻结库存物码2万条，为加强物资供应管理，落实库存责任，规范基础数据，优化采购流程，提高工作效率打下坚实基础。

（顾桂珍）

【制度修订及宣贯】 2014年，公司先后完成《广州石化物资采购招标实施细则》《广州石化物资供应质量管理规定》《广州石化物资领用管理规定》等6项制度修订工作，为物资采购工作提供指导性、操作性，为考核提供依据。对已有的7项物资供应质量管理制度进行梳理完善，强化质量保证体系的

2014年2月21日，为做好2014年编码转换准备工作，物资供应中心组织所有业务员进行培训

（顾桂珍 摄）

2014年9月18日，按照石化股份公司物资装备部计划安排，中国石化各炼化企业化工“三剂”类物资代码编制人员集中在广州石化，开展为期2天的第10大类物资16位代码审核生成工作

（钟勇浜 摄）

消防支队

【概况】 消防支队是广州石化专职负责防火监督、火灾扑救及抢险救援的消防专业中心，属国家专职消防队序列，同时负责国家危险化学品应急救援中心的抢险救援任务。下设防火监督室、战训室2个科室和3个消防大队。截至2014年底，有在岗职工37人，劳务派遣消防队员200名；职工中高级技术职称2人、中级技术职称9人。

2014年，公司完善消防管理，着力做好火灾隐患综合防控工作，加强对装置设备隐患、重要风险点、薄弱环节及大修装置的监控排查和监督管理，对28套主要装置及3个部门进行“一帮一”活动，开展消防隐患专项检查35次，排查整治各类隐患412项；开展作业部安全总监、安全员气防培训及现场示范培训；11个单位共369人参加消气防宣传周竞赛活动；克服消防队员流动大、人员新问题，强化战训和应急处置，力保公司安全生产，开展应急救援演练并积极联合地方公安消防进行联合演练，累计进行企地联合、水体防控救援、夜间等各类消防演练156次，完成1月9日150万吨/年催化汽油吸附脱硫装置卸剂线弯头穿孔泄漏着火、7月15日50万吨/年焦化汽油加氢装置E8301A换热器泄漏着火等火灾灭火抢险任务，完成生产保镖88车次，实现年度灭火抢险、消防保镖成功率100%。2015年1月，被集团公司评为2014年度优秀消防队。

（陈新丽）

【《中国石化消防安全管理规定》宣贯】 2014年12月初，消防支队组织作业部、专业中心、明珠宾馆等单位相关领导和消防管理人员共58人，对集团公司新修订颁发的《中国石化消防安全管理规定》进行学习宣贯，并就如何落实该制度进行讨论和布置。

（陈新丽）

【开展应急预案演练156次】 2014年，公司结合厂区生产实际及安全形势，开展生产区域外管线（炼油到化工）、贮运部特种油台、蒸馏三装置硫化氢泄露、气分二装置P104－1液化气泄漏、炼油污水污污分治等项目抢险救援演练活动，有效提升队伍处置各种灾害的能力。共开展应急演练156次，其中消防支队级演练12次，包括黄埔区、萝岗区演练各1次，公司级演练3次，与公安消防开展联合演练2次，与广东省油库消防队开展协同演练1次。

（陈新丽）

【灭火抢险成功率100%】 2014年，消防支队共接警14次，其中厂区内11次，厂外支援出动3次，有6次展开灭火抢险战斗，共出动消防车辆68台次，消防官兵495人次，灭火抢险成功率100%。完成现场消防保镖任务88车次，参加保镖710人次。

（陈新丽）

【消防专项检查】 2014年5～7月，公司在炼油区、化工区、收转区、华德公司、人员密集

2014年3月19日，广东省公安消防总队组织全省消防部队中高级指挥员来广州石化参观学习（张 凯 摄）

2014年4月24日，广东省消防总队专职消防队指导处领导到消防支队调研（张 凯 摄）

场所及社区开展“清剿火患”主题消防专项大检查，包括对空气呼吸器、火灾报警系统、污水罐消防竖管和社区等专项检查，共查出问题78项，下发隐患整改通知书37项。11月，进行全厂高压消防水系统消火栓泄漏情况排查，更换维修66个泄漏严重的消火栓；全面清查2009～2013年消防专业问题整改工作，清查消防专业问题72项，5项未完成项目列入2014年隐患治理项目跟踪治理。

（陈新丽）

2014年6月26日，中国石化消防区域联防华南片区2014年度工作会议在广州召开 （张 凯 摄）

【消防报建验收】 2014年，公司完成50万吨/年焦化汽油加氢精制装置、天然气作燃料和制氢原料、炼油污水污污分治、安全生产应急救援队配套项目、热电站3号和4号煤粉锅炉烟气脱硫脱硝改造项目、热电站CFB锅炉烟气脱硫脱硝改造项目、200万吨/年催化裂化烟气脱硫脱硝、MTBE扩能改造和MTBE联产1-丁烯等9个项目的消防报建，完成天然气作燃料和制氢原料项目的消防验收。

（陈新丽）

【42人完成消防职业技能培训取证】 2014年5～6月，公司根据广东公安消防总队《关于加强自动消防设施操作人员持证上岗监督检查的通知》要求，启动建筑消防员培训取证工作，先后组织2批共42名消防安全管理、技能操作岗位人员参加广东省新世纪消防职业培训学校举办的建（构）筑物消防员培训取证，计划2018年相关岗位人员实现全面持证上岗。

（陈新丽）

【建立健全消防防火档案】 根据公安部《机关、团体、企业、事业单位消防安全管理规定》及中国石化《中国石化消防安全管理规定》消防安全重点单位应当建立健全消防档案要求，公司自2013年底启动消防防火档案建立工作，2014年3月31日，完成属下31个单位消防建

2014年3月20日，消防支队组织召开班长交流会 （张 凯 摄）

2014年8月15日，消防支队召开技能比武总结暨迎接安全大检查动员会 （张 凯 摄）

2014年9月12日，消防支队参加黄埔区油气管道事故联合应急演练
（张　凯　摄）

档工作，完成率100%。

（陈新丽）

【获评集团公司2014年优秀消防队】 2014年，消防支队学习贯彻党中央、国务院关于加强安全生产工作指示精神，深刻吸取“11 · 22”事故教训，全面落实公司“从严管理年”要求，加强消防安全“四个能力”建设，打造出一支技术过硬、能打硬仗的消防队伍，被授予2014年度集团公司优秀消防队荣誉称号。

（陈新丽）

【获首届微型消防站业余技能大比武三等奖】 2014年12月30日，广州石化消防支队代表黄埔区参加由广州市人民政府主办、市公安消防局、市应急办承办的全市首届微型消防站业余技能大比武。有市属24支村居委会、消防安全重点单位微型消防站代表队参加。公司8名队员参赛，获得团体三等奖。

（陈新丽）

【创新消防宣传活动形式】 2014年 ，公司创新消防宣传系列活动形式。消防活动围绕“找火灾隐患，保家庭平安” 主题，着力提升志愿消防队员扑救初期火灾、查找火灾隐患、宣传消防知识、火灾疏散等方面能力，激发职工主动参与热情。年内， 炼油、化工等8个作业部及仪控中心等3个专业中心分别针对本专业、本部门特点开展丰富多彩的消防、气防技能竞赛活动，消防支队领导到现场参与技术指导、点评，11个单位共369人参加28个项目的竞赛，有效提升职工消气防技能和事故处理能力。

（陈新丽）

【稳定消防队伍】 2014年，公司消防队员因各种原因离职122人，针对这一问题，消防支队多措并举，努力保证消防队伍稳定。广开渠道招人，分别通过招收退役消防兵、扩宽用工区域，采取老队员介绍新队员等方法，共招聘162名消防队员；注重人文关怀，以情留人，完善营房环境、配置体育健身器材、提高待遇等手段，让消防队员住得舒心、工作开心，上班安心。

（陈新丽）

2014年12月30日，消防支队参加广州微型消防站技能比武荣获佳绩
（张　凯　摄）

仪控中心

【概况】 仪控中心前身为成立于1975年4月21日的广州石油化工厂仪表车间；1993年6月25日成立广州石油化工总厂仪表厂，1994年11月7日，仪表厂易名为仪修厂，2000年4月10日，仪修厂整体进入广州分公司，仪修厂更名为仪控中心；同时成立计量检定中心，与仪控中心合署办公；2005年2月28日，广州分公司信息中心与仪控中心合署，仍保留信息中心、仪控中心称谓，对内称信息仪控中心；2006年6月9日信息仪控中心更名为仪控中心。下设综合室、生产技术室、设备材料室及5个车间（站），是集仪表自控、计量检定于一身的专业中心，负责公司主要生产装置的仪表运行维护和大修、改造等工作，其中包括DCS、SIS、PLC及各种专用系统209套，现场仪表台（件）数119974台。截至2014年底，有正式职工401人，其中经营管理人员18人，离岗调研3人，专业技术人员93人，技能操作人员287人；拥有高级职称23人，中级职称58人；其中专家1人，主任师1人，副主任师5人，高级技师8个，技师23人，高级工136人；党员180人，青工27人。

自控仪表已有37套生产装置采用大、中型集散控制系统和现场总线控制系统，处于行业领先地位；现场仪表设备仪表完好率、仪表自控率、仪表使用率、仪表泄漏率“四率”均达到行业的维护标准，承担的惠州港广州石化码头仪表安装工程、改扩建项目的仪表安装工程均被评为优质工程；计量检定方面，在1999年根据《中华人民共和国计量法》和国家标准GB/T15481《检测和校准实验室能力的通用要求》等有关法律法规建立了质量管理体系，并通过广东省质量技术监督局组织的考评，被评为B级计量实验室。

2014年，仪控中心着力加强现场设备维护工作，规范仪表作业流程，积极开展各项设备管理及TnPM（全面规范化生产维护）管理工作，提升设备管理水平。全面完成HSE指标，没有发生严重职业病危害事故，职工体检率100%，没有发生上报公司级及以上事故，仪表检维修拆卸油污回收率100%。没有发生因仪表引起的非计划停车，设备运行指标中仪表完好率99.9%，仪表自控率95%，仪表使用率99.9%，仪表泄漏率小于0.02%，均完成目标力争值。仪表故障率0.27%。全年发生因仪表故障影响装置运行的公司级事故2.5起、作业部级事故2.5起，1起事件以及13起生产波动；累计发生仪表故障897次，年故障率0.59%。费用管理指标中发生可控修理费用1850万元。先后完成热电站1号CFB机组、2号CFB机组，动力一站3号炉、4号炉大修，2万制硫、聚乙烯、制氢三、聚丙烯二等装置消缺，S-Zorb着火电缆抢修，CFB装置、动力3号和4号炉、轻催脱硫脱硝改造等项目，完成仪表隐患整治。克服人员紧张、老龄化及仪表维护知识更新换代快等难题，以深入开展“党员攻关”“服务双到”活动，“我的设备我维护”劳动竞赛活动为载体，完善制度，加强培训工作，落实从严管理制度，实现常态化检查、考评和奖励机制，加大现场问题整

2014年1月9日，S-Zorb装置烧毁仪表电缆205根，突击队员连夜敷设电缆 （李 涛 摄）

为实时监控6.5万制氢装置一段转化炉周围介质浓度，仪控中心在一段炉附近增设可燃气体检测报警器和视频监控探头。图为仪表人员在现场安装新增报警器　　（林兴华 摄）

【职业技能鉴定工作】 2014年，公司首次严格按照国家技能鉴定工作要求，开展职业技能鉴定工作。仪控中心按照公司要求，对仪表维修工种职工开展职业技能鉴定，并承担公司仪表维修工种的实操考试。年内，6名职工通过职业技能鉴定，获得高级工资格。技能人员职业资格评聘分开有效调动了基层一线技能人员学习技能、参加培训学习的积极性。

（宋俊红）

【组织总部业务竞赛集训工作】 2014年4月1日～9月23日，仪控中心3名职工参加集团公司仪表维修工种业务竞赛。3月起，仪控中心完成竞赛选拔和培训方案制定，精心组织，科学备赛、合理选拔选手，组建精英教练团队，以自学与指导相结合方式对集训选手进行基础理论知识实操专项培训，集训选手专业理论水平和实操技能明显提升。在集团公司系统仪表维修工种业务竞赛中，仪控中心张少锋获铜牌，实现公司仪表维修专业竞赛奖牌“零”的突破。通过选拔测试、二轮集中培训等系列安排，增加受训人数，拓展讲授内容深度和广度，有效带动了技术人员整体业务水平的提升。

（宋俊红）

【导师带徒活动】 2014年，仪控中心按照“单位指定、自愿提高”原则开展导师带徒活动，副主任师以上人员和近几年入厂的大中专毕业生、转岗人员及自愿提升的职工分层次分内容结成33对师徒对子，师徒双方签订协议。仪控中心每季度根据协议阶段性目标，组织人员检查或抽查师徒工作表现，促进导师带徒学习目标、学习内容和计划的完成，有效提高“导师带徒”成效。8月底，评出优秀师徒对子6对。

（宋俊红）

【“两背一画”专题培训活动】 2014年，根据公司“两背一画”岗位技能培训活动要求，仪控中心组织开展HSE管理规定、调节阀及附件检修规程、特殊仪表检修规程、常见PLC和DCS检修规程4个模块的培训考核工作。全体技能人员参加培训考核，涵盖5个工种，其中仪表维修工895人次，检定一44人次，检定二128人次，电气焊20人次，机械工 68人次。

（宋俊红）

【评选出6项职工技能创新成果】 2014年，仪控中心组织、发动广大技能人员参加技能创新活动，收到职工在工程施工、安全生产、培训管理等技能创新成果13项。创新成果针对原工程设计修改、设备安装、工器具、现场隐患等提出技术改进、改造和完善。项目申报人通过实操、现场模拟操作、实物、图片、视频等方式进行成果申报和展示，技能创新项目评选小组成员按照技术水平、经济效益、应用范围、实用性、运行状况等6个指标进行综合评定，共评出6项优秀技能创新成果。

（宋俊红）

【关爱职工】 仪控中心工会以“五必访、五必清”活动为抓手，落实慰问帮扶工作，努力营造关爱职工的良好氛围。“五必访”即生病住院必访、特殊困难必访、重大纠纷必访、遭遇意外必访、婚丧嫁娶必访；“五必清”即思想现状清、身体情况清、业务水平清、个性脾气清、特殊困难清。2014 年共慰问病困职工 82 人次，基层技术骨干和劳模 21 人次，发生慰问金额 2.4 万元，累计进行装置抢修等现场慰问职工 4000 多人次，发生慰问金额共 12.2 万元；为 2 名患重病职工申请互助会互助金共 6 万元。

（麦海燕）

【举办职工之家摄影作品展】 2014 年 10 ~ 11 月，仪控中心工会组织举办“职工之家”摄影作品展览，共收到职工作品 96 幅，作品内容包括职工工作、生活、自然美景、风土人情等，龙梅的《生死相依》、李涛的《各得其乐》作品获一等奖，欧阳红灯等 5 名职工作品获二等奖，钟金嫦等 8 名职工作品获三等奖。

（麦海燕）

【开展群众性体育活动】 2014 年 2 月起，仪控中心工会每月第三周周六组织到白云山进行登山活动，累计 448 人次参加；年内还先后组织“我是第一”仪控中心职工羽毛球挑战赛、毽球团体比赛等活动；根据工作特点组织值班人员开展“走出班组、动起来、乐起来”活动。

（麦海燕）

【选树先进营造创先争优氛围】 2014 年，仪控中心以公司安全环保生产为工作出发点和落脚点，统一思想、凝聚力量，全年表彰奖励各类先进集体、先进党支部等 32 个，优秀员工、先进个人 110 多人次，并通过《广州石化》《大田风》、公司和中心网页、宣传栏等平台，大力宣传好人好事及先进经验，较好地发挥先进模范的引领作用。年内，仪控中心完成宣传考核分 2172.5 分，上稿 1077 篇，其中对外报道 99.5 篇，起到号召、鼓舞和激励广大职工为企业安全生产发展、为职工队伍稳定鸣锣开道、排除思想干扰的作用，促进了仪表安全生产管理工作。

（钟晓优）

表 2　**2014 年仪控中心重点工作目标完成情况**

项目		确保值	力争值	完成情况
HSE 指标	严重职业病危害事故 / 起	0		0
	职工体检率 /%	100		100
	报公司级及以上事故 / 起	0		2.5
	仪表检维修拆卸油污回收率 /%	100		100
设备运行指标	报作业部级及以上事故（起	0		2
	仪表引起的统计事件 / 起	≤ 5	≤ 4	1
设备管理指标	仪表完好率 /%	≥ 99.8	≥ 99.85	99.9
	仪表自控率 /%	≥ 93	≥ 94.8	95
	仪表使用率 /%	≥ 99.8	≥ 99.85	99.9
	仪表泄漏率 /‰	≤ 0.05	0.03	0.02
	仪表故障率 /%	≤ 0.27	≤ 0.23	0.27
费用管理指标	大修费用 / 万元	≤ 1960		1850

检验中心

【概况】 检验中心成立于1995年5月，其前身是始建于1976年6月5日的广州石油化工总厂中心试验室。下设4个化验室、3个管理科室，负责所有生产装置的原材料、中间控制、出厂产品的分析检验，以及在线仪表的维护。截至2014年底，有在册职工412人，其中高级职称21人，中级职称38人，初级职称45人。

2014年，检验中心开展形势任务教育和党的群众路线教育活动，以“带队伍、转作风、强素质、提管理”为目标，落实“五个一”制度，转变工作作风，深入基层，组织开展“从严管理年“活动。针对职工关心的热点、难点问题广泛征求职工意见和建议，分别召开“三支队伍”恳谈会，引导职工认清形势，提高认识，统一思想，强化从严管理，加大党建考核力度，结合重点工作开展特色党建、劳动竞赛等活动。加强廉洁从业教育，完善管理条例，公开透明各项管理程序，确保做到过程受控、监督到位，使防腐工作落到实处。为确保国Ⅴ汽油7月1日投放市场，配合完成S-Zorb装置改造，及加氢一A装置汽油生产方案切换、汽油脱硫醇一、二装置开车等紧迫任务；组织技术攻关，建立近红外分析辛烷值和芳烯烃模型，实现快速分析，为装置快速调整提供及时准确的数据，圆满完成汽油产品质量升级分析任务。贯彻“建设绿色低碳城市型炼化企业”理念，落实环保治理工作，全力配合“碧水蓝天”项目的建设投用，完成炼油污污分治、自备电站3号、4号煤粉炉、催化烟气脱硫脱硝等项目的开工分析；加强监控，提高污水、烟气等在线仪表的完好率、投用率，保证环保数据上传率达到95%以上。以“我的设备我维护”劳动竞赛为抓手，提升TnPM管理水平，现场管理、自主维护等工作均有较大提升，全年创建无灰尘、无差错、无泄漏“三无”分析间40个，95%以上仪器设备、在线仪表均是中心自主维修，故障次数比上年减少9.8%，节省维修费160万元，通过技术攻关成功修复辛烷值机、十六烷值机、进口旧吹膜机调等大型精密仪器。全年完成分析任务253万项次，比上年增加11%，中控分析准确率99.99%，产品及原材料分析准确率100%。

（江淑娟）

【完成国Ⅴ汽油产品出厂分析】 2014年6月1日起，为突破烷基化油生产国V98号车用汽油瓶颈，检验中心连续2个星期内完成8种调和方案的配比试验，共计28个样品、137项次；在7月份的3次试产中，检验中心组织技术骨干优化分析模型，实现快速分析，完成2套催化、重整二、S-Zorb装置等加样591分析项次，为生产国V98号标准车用汽油提供有力保障，各项指标均达到新标准要求，并于7月14日顺利投放市场。

（江淑娟）

【“我的设备我维护”劳动竞赛】 2014年，检验中心结合中心工作继续开展“我的设备我维护”劳动竞赛，包括以整理、整顿、清扫、清洁、素养、安全“6S”为基础的形式多样的小组活动和仪器设备自主维护，每月在各化验室进行竞赛

2014年3月11日，检验中心技术人员对炼油一部加氢装置操作人员进行气体采样现场培训 （曾小婷 摄）

活动评比、考核和奖励，全年创建无灰尘、无差错、无泄漏“三无”分析间40个，现场管理、仪器维护和全周期运行以及职工良好习惯养成均有大幅提高，故障次数比上年减少9.8%。

（江淑娟）

【技术攻关成效】 2014年5月22日，检验中心成立仪器、仪表维修攻关组，由中心领导、主要技术骨干等人员组成，通过加强落实仪器设备自主维修，年内自主完成95%以上仪器设备、在线仪表维修工作；通过技术攻关成功修复大型精密仪器，解决了设备故障难题，节省维修费约160万元；先后完成辛烷值机、十六烷值机大修、进口旧吹膜机调速故障维修及自动减压馏程仪液位自动跟踪故障、HP5890色谱仪气动阀漏气故障等高难度的仪器维修，年度内，在中国石化系统只有广州石化具备维修辛烷值机的技术实力。先后完成重催装置CEMS系统、自备电站1号、2号煤粉炉CEMS系统、炼油污污分治高浓度总进前处理系统技术改造、3套CEMS系统原设计无法满足国家环保部门远程标定新要求的技术难题，配合国家华南环保监测中心和广州市环保监测中心对在线分析仪表开展季度有效性监督核查，实现环保数据上传率95%以上，环保在线监测仪器完好率95%，环保在线监测仪器有效性审核通过率100%。

（江淑娟）

2014年3月25日，检验中心召开实验室信息系统（LIMS）升级改造项目开工会 （黄钦明 摄）

【完成LIMS系统升级改造】 2014年3月25日，检验中心启动LIMS（实验室信息系统）系统升级改造项目，该项目是公司按照总部标准化编码体系对LIMS系统进行升级改造，解决原2005年3月上线运行的LIMS系统运行版本严重滞后，无法满足数据分析统计及总部对运行指标监控等问题，扭转公司在总部排名靠后的局面。6月初，集团公司统一部署LIMS系统完善工作，全面升级为SM11.0版，并选定广州分公司为试点单位；公司组织相关单位人员开展技术攻关，至年底，建立1457个方法，系统测试数据17981个，计划2015年上半年上线运行。

（江淑娟）

【质量技术管理工作】 2014年9月，检验中心以公司“质量月”活动为契机，加强班组基础工

2014年4月9日，检验中心组织人员自主安装新的十六烷值机 （黄钦明 摄）

2014 年 3 月 27 日，检验中心加强岗位人员空气呼吸器使用培训及监督检查，提高职工自我防护技能 （黄钦明 摄）

2014 年 8 月 26 日起，检验中心先后投用环保型试剂柜、洗瓶机，改善职业卫生环境（黄钦明 摄）

作、职工基本功训练、夯实质量管理为基础，完善各项基层管理工作，修订企业标准 87 个，宣贯培训新分析方法 65 个，审核、清理分析标准 564 个；在“质量月”期间，开展分析质量、技术劳动竞赛，组织质量工作大检查，通过模拟实验室现场评审，查出问题 20 项，落实济责任制考核，并制定相应措施落实整改。通过从严管理，分析人员质量意识、分析质量、技术管理水平提升。

（江淑娟）

【聚合级丙烯执行新标准】 2014 年 7 月 8 日，国家质量监督检验检疫总局和国家标准化管理委员会发布 GB/T 7716-2014《聚合级丙烯》国家标准，该标准实施时间为 2014 年 12 月 1 日。广州分公司生产的聚合级丙烯从 2014 年 12 月 1 日起执行 GB/T 7716-2014 《聚合级丙烯》国家标准。

（江淑娟）

【完善职工职业防护】 2014 年，检验中心组织安全环保专项检查 15 次，查出问题 82 项，努力完善职工职业防护，年内完成实验室化学试剂柜、化工区实验室通风系统尾气吸收、实验室废油（废液）收集容器等项目改造及购置自动洗瓶机，共投入费用 510.3 万元。从源头切断和防范职业病危害因素，减少职工与有毒有害样品直接进行接触，改善实验室环境条件，实现急性中毒事故为零，实验室警示标志设置率 100%，职业健康体检率 100%，职业危害合同告知率 100%，疑似职业病人数得到有效控制，妥善安排近 3 年来出现的 18 名职业病危害因素体检临界人员的岗位调整工作，完成 6 名职工的职业病认定和工伤申报工作。

（江淑娟）

【投用自动洗瓶机】 2014 年 6 月初，检验中心投入 45 万元为第三化验室安装 4 台自动洗瓶机，11 月正式投用。该室承担公司所有汽油、煤油、柴油产品的出厂分析工作，每天需使用大量采样瓶，采用人工洗瓶时，采样瓶释放的油气对洗瓶职工的职业健康产生较大危害，同时影响化验室环境。自动洗瓶机的安装投用，从源头控制污染源，有效保护职工身心健康。

（江淑娟）

【配合航煤水分离指数攻关】 2014 年 9 月起，针对航煤成品水分离指数下降问题，检验中心、生产调度部联合开展技术攻关，探讨原油预处理剂及装置缓蚀剂对水分离指数降低的影响，共完成原油预处理剂的切割、馏程、水分离指数分析 258 项次，通过攻关，消除了缓蚀剂对水分离指数的影响，工艺生产恢复正常运转。

（江淑娟）

【形势任务教育】 2014 年，检验中心围绕“带队伍、转作风、强素质、提管理”目标，认真落实“五个一”制度，转变工作作风，深入基层，组织开展“从

2014 年 8 月 11 日，国家石化有机原料合成树脂质量监督检验中心博士王超先到检验中心对开展中国石化 PE 企标实施情况进行专项调研，并对检验四室新吹膜机的投入使用提供技术指导（张淦明 摄）

严管理年”活动，针对存在问题广泛征求职工意见和建议，4 月，分别召开“三支队伍”恳谈会，引导职工认清形势，提高认识，统一思想，强化从严管理理念；加强廉洁从业教育，完善管理条例，务求各项管理程序公开透明，巩固廉洁风险防控，确保做到过程受控，监督到位，使防腐工作落到实处。加大党建考核力度，修订完善考核目标和内容，结合重点工作开展特色党建项目、劳动竞赛等活动，充分发挥基层党组织的政治核心作用。

（江淑娟）

【检验中心团委连续 3 年获公司团建竞赛一等奖】 2014 年，检验中心团委遵循公司“从严管理年”思路，结合分析化验专业不同时期的工作重点，在 98 号国 V 标准汽柴油攻关、辛烷值机设备特护、TnPM 现场整理、污水攻关等工作中积极组织开展青年团员突击队活动，出色完成各项攻关任务，并成为青年团员的成长平台。年内，检验中心青工刘思欣获评集团公司“最美一线青工”称号；参加工作仅 4 年的青工莫辉岸被评为公司模范党员；二室技术组被评为安全文明示范岗；张淦明在第三届微电影大赛勇夺最佳导演奖；中心团委与机关团支部合作的微电影《寻找》获评大赛最佳影片。检验中心团委自 2012 年起连续 3 年获公司团建竞赛一等奖。

（傅晓东）

【丁玫获多项荣誉】 丁玫是检验中心分析高级技师，技术水平高，工作业绩突出，是广州石化基层班组岗位能手的标杆，历年来先后获广州石化劳动模范、广州石化第二届企业文化之星、中央企业优秀员工、广东省第十一届党代会代表等荣誉；2013 年，在集团公司 2013 年度化工专业分析工职业技能竞赛中，丁玫以总分第一夺得金牌，这是广州石化在历年集团公司职业技能竞赛中首次获得金牌。2014 年，丁玫再次获中央企业技术能手、集团公司技术能手、精神文明建设先进个人等荣誉称号。

（江淑娟）

2014 年 12 月底，根据公司统一部署，检验中心组织启动暂停 10 年的技能鉴定工作，普及分析人员实现“一岗多能”（张淦明 摄）

动力调度甲班值长召集班组长对实现装置安稳长满优运行进行现场讨论 （陈健文 摄）

系统检修项目。本次大修电气专业历时30余天，共完成11号、12号主变、110千伏系统7个GIS间隔、4条6千伏母线、52面6千伏高压柜、9台装置变压器、10段低压母线、93面低压开关柜、109台高低压电机、4台UPS、2面直流屏、2面EPS等检修、试验工作。配合完成预加氢系统扩能改造、芳烃抽提二装置增产二甲苯技改技措项目。

（闵丹军）

【污污分治低浓度项目鼓风机房变电所受电成功】 2014年9月3日，公司污污分治低浓度项目鼓风机房变电所（451A）成功送电。该变电所由东华工程科技股份有限公司设计，中国石化第五建设公司施工，电源分别引自N11变电所1号、2号变压器380伏侧。低浓度污水处理装置是公司千万吨炼油改扩建后的配套环保设施，该变电所由建设到受电成功，历时6个月左右。

（闵丹军）

【轻催装置烟气脱硫脱硝变电所送电成功】 2014年11月5日，轻催装置烟气脱硫脱硝变电所成功送电。该变电所由中国石化宁波工程有限公司设计，中国石化第四建设公司施工，电源引自N4所6千伏系统Ⅰ、Ⅱ段母线双回路，该变电所由建设到受电成功，历时45天。

（闵丹军）

【完成N58变电所高压柜更新】 2014年11月13日20时39分，N58变电所Ⅰ段高压柜成功送电，11月20日1时50分，母联柜一次核相和隔离柜二次核相正确标示N58变电所高压柜更新项目完成并投运。N58变电所始建于1994年，高压柜使用的是早期的真空断路器小车，机械结构故障频繁，2003年对关键进线、母联柜断路器小车进行适应性改造，仍未能彻底消缺故障隐患；2011年，公司下达N58变电所更新项目计划，但高压柜到货后，受聚丙烯二装置持续高负荷生产影响未更换。2013年，聚丙烯二装置大修推迟至2014年11月5日实施，电气二车间利用此次大修机会实施N58变电所更新项目，在检安电修分公司配合下，N58所高压柜更新提前30小时完成。

（梅建伟）

【避免电缆仓漏气重大隐患】 2014年2月10日19时05分，动力一站电气运行人员发现110千伏系统Ⅱ线126回路进线电缆头气室压力低，经现场检查发现GIS系统该回路C相电缆头套筒有裂纹，判断该裂纹造成气体泄漏，且当时气室绝缘气体压力下降较快，到达报警值。动力事业部及时进行停运处理，避免了因绝缘气体压力下降可能造成的严重设备故障引起全系统的晃电事故。并举一反三对220千伏、110千伏高压开关GIS系统共7套32回路进行全方位检查，发现动力二站和重整总变110千伏GIS 158线路电缆头两侧的A相环氧套筒有4条裂纹等隐患，制定相关防护措施并及时进行整改。

（何 影）

【建立环保刚性考核机制】 2014年，动力事业部建立环保刚性考核机制，每月设立环保激励基金，其中煤粉锅炉3000元，CFB锅炉2000元。遇锅炉停工，煤粉锅炉扣除金额50/（炉·天），CFB锅炉扣除金额30/（炉·天）；广州石化或地方政府环保部门人工监测数据出现超标的，按时间和责任主体考核50～400元。考核机制有效促进岗位人员认真监护，精细调整，全年影响达标排放的环保装置煤粉锅炉故障次数同比下降38%，CFB锅炉故障次数同比下降92%，锅炉烟尘平均排放浓度达到国家环保排放标准要求。

（何　影）

【污染物达标排放】 2014年，公司热电站煤粉炉脱硫脱硝设施运行率100%，排放达标率100%。全年二氧化硫排放量564吨，氮氧化物排放量（全口径）1206吨，烟尘排放44吨，比上年均有显著下降。动力锅炉烟气二氧化硫平均排放浓度59.5毫克/立方米，比上年187毫克/立方米下降68.18%；氮氧化物平均排放浓度127.4毫克/立方米，比上年242毫克/立方米下降47.36%；烟尘平均排放浓度4.6毫克/立方米，比上年12毫克/立方米下降61.67%。

（柳淑萍）

【开展“打造一流热电厂、争做优秀动力人”活动】 2014年初，动力事业部明确制定3年创建一流火力发电厂目标，围绕目标开展“打造一流热电厂、争做优秀动力人”活动，取得明显成效，实行2个月进行1次评比表彰“创一流”先进单位和“优秀动力人”，有效促进该部管理水平提升。全年表彰“创一流”先进单位12个次、优秀动力人44人次，奖励金达4万元，并通过板报、橱窗等出版“打造一流热电厂、争做优秀动力人”专题橱窗44块，大力宣传创一流先进经验和优秀动力人先进事迹，充分发挥先进典型辐射作用，激发更多职工斗志，投入到各项生产工作中。

（何　影）

【开展“HSE全员大教育”活动】 2014年4月16～24日，动力事业部组织自实施倒班岗位四班两运转以来大型的HSE全员大教育活动。教育活动分电气和热动2个专业进行，共举行7批次，有539名职工参加；活动采取图文并茂的视频教育形式，集中观看了《动火作业》《受限空间作业》《临时用电》《高处作业》等HSE教育片，对历年来发生在身边的事故警示案例进行播放展示，使职工深刻意识到安全的重要性以及大意思想带来的严重后果。期间还穿插进行空气呼吸器佩戴比赛和《电力安全工作规程》、职业卫生知识专题有奖问答。

（何　影）

【深入开展“查隐患捡黄金”活动】 2014年，动力事业部基于隐患“可查、可管、可防、可治”特点，将隐患排查治理作为安全工作的重要抓手，以“捡黄金”为激励手段，规范各级人员的日、周、月检，组织全员开展查隐患行动，共查出隐患2883项。其中，事业部领导检查问题217项，主管检查问题1599项，基层人员检查问题1067项，动力系统安全性、可靠性和稳定性大幅提高。全年奖励671项“捡黄金”项目共计6.8万元。

（柳淑萍）

【开展“低、老、坏”现场整治活动】 为彻底改变现场“低、老、坏”现象，2014年动力事业部开展“低、老、坏”现场整治活动，重点整治包括现场管理、保温缺失、机泵漏油、管线锈蚀、设备运行等，采取包机到人、专题整治月、每周检查点评等措施，现场“低、老、坏”问题逐步得到有效解决，全年共整改处理“低老坏”问题317项。

（何　影）

【周志松获广东省五一劳动奖章】 2014年4月30日，广东省庆祝五一国际劳动节暨劳模表彰大会在广州白云国际会议中心召开，广州石化动力事业部加氢联合变班班长、高级技师周志松获广东省五一劳动奖章。

（何　影）

【开展“最佳党日”特色党建活动】 2014年1月起，动力事业部党委每月开展1次“最佳党日”活动，并作为制度固化于党的群众路线教育活动长效机制中，属下各党支部每月把一线最需要支援或配合的工作任务作为“最佳党日”活动内容，强化党员干部的服务意识。1～12月，共开展“最佳党日”活动17次，解决问题近80项，有力地体现了党政一体、共促生产的决心，齐心协力打造“一流热电厂”。

（何　影）

【自主立项开展“煤炭使用和管理”专项效能监察】 2014年3月，动力事业部结合工作实际，自主立项开展“煤炭使用和管理”效能监察。在督察过程中，通过督促抓好年度及月度需求计划，煤炭计划偏差率达到5%的控制目标，CFB锅炉掺煤6.2万吨，降低成本214.5万元；通过抓好煤炭质量管理，煤炭各项质量达标，入厂煤、入炉煤热值差为98.29千焦/千克，小于集团公司502千焦/千克标准。并发现煤场火车来煤含水量过大、有注水痕迹等煤炭质量问题，及时进行跟踪，查明原因为火车装煤时除尘喷雾装置发生故障造成煤水份偏大，按合同要求对供应商进行了考核。是年，立项开展的“煤炭使用和管理”效能监察调查研究论文成果获公司纪委反腐倡廉调查研究论文一等奖。

（何　影）

【开展专题劳动竞赛活动】 2014年，动力事业部工会组织开展班组成本核算、生产装置小指标、电气标准化操作、TnPM管理、压减“三剂”费用、宣传“比学赶帮超”劳动竞赛活动，取得显著成效。通过开展班组成本核算竞赛活动，促使成本费用同比上年降低1066万元；在压减“三剂”费用竞赛活动中，节约石灰石1006吨、生石灰139吨，降低成本近30万元；在电气标准化操作竞赛活动中，做到全覆盖，每个电气职工人人过关，提升了岗位职工日常操作水平；在3号、4号煤粉锅炉脱硫脱硝改造大修、开车准备期间，组织煤粉锅炉开工能手及“三查四定”能手评比竞赛活动，调动参加大修改造人员的工作积极性，促进大修工作安全、优质、高效完成，并确保改造后的锅炉一次开车成功。

（何　影）

【电气二车间创新实施工作量化考核】 围绕动力事业部打造一流热电厂目标，电气二车间创新实施“工作量化考核”，把日常工作按照HSE管理、设备管理、工作绩效等8个方面，量化成可以用数字打分的74个细项，将7427台（套）设备细分到每位党员、职工，把设备完好率和故障率与设备责任包干人挂钩，每月开展量化考核竞赛，每月公布考核结果，并给当月前3名的先进党员、职工贴一面小红旗，累计总分第1名的先进党员、职工贴一面大红旗，考核总结果与月度奖惩和年终绩效奖直接挂钩。量化考核实施以来，工作质量和效率明显提升：班组每月查出和处理的隐患数量同比增加5倍，全年查出和处理设备缺陷1247项，设备故障率从1月的0.151%下降至12月的0.056%，其中7月份设备故障率为零。

（何　影）

【燃料综合车间创新实施劳务工与正式工同培训同考核】 针对劳务工人员流动大的特点，在“从严管理年”活动中，燃料综合车间从修订和完善考核管理制度入手，让劳务工与正式工同培训、同考核。同一岗位的职工有责任帮助劳务工提高安全意识和技能，若劳务工出现违章或不安全行为，同岗位职工要负连带责任考核；车间每周组织1次联合检查，及时查出问题并落实整改，对照相关管理规定严格考核；考核劳务工的同时，所在班组职工负管理责任并受连带责任考核。该措施有效提升车间管理水平，是年燃料输送设备故障率同比下降80%。

（何　影）

【动力二站创新开展“技术论坛”交流活动】 为发挥高技能操作人员的作用，动力二站坚持利用休息时间每月组织技师回厂开展一次技术论坛交流活动。结合生产实际中遇到的问题，先后确定降低输送仓泵故障率、降低锅炉出口氮氧化物排放浓度、降低1号CFB锅炉排烟温度、降低罗茨风机故障率等20个论坛主题。活动由高级技师组织，各专业技师参与资料搜集并参加论坛交流，吸纳各岗位人员参加，内容包括对现场设备和工艺参数出现的疑难问题进行描述，分析讨论，最后形成统一的意见后各自实施，有效解决生产实际问题，同时积累和交流各类问题的处理方法、经验、探讨新技术应用等。

（何　影）

表 1

2014 年动力事业部主要技术指标（一）

项　目	计量单位	2013 年	2014 年	比上年增长 /%
发电量	亿千瓦 · 时	12.84	12.44	−3.12
供电量	亿千瓦 · 时	10.57	10.33	−2.21
供热量	万吉焦	1106.45	943.03	−14.77
上网电量	万千瓦 · 时	3340.66	1208.06	−63.84
外购电量	万千瓦 · 时	8303.33	15876.70	91.21

（覃旭华）

表 2

2014 年动力事业部主要技术指标（二）

项　　目	计量单位	2013 年	2014 年	比上年增长 /%
原煤用量	吨	553199.30	363710.06	−34.25
燃油用量	吨	828.00	840.41	1.50
石油焦用量	吨	435667.12	507407.45	16.47
瓦斯用量	吨	5139.00	0.00	−100.00
石灰石用量	吨	162223.08	181199.10	11.70
消石灰用量	吨	15850.32	11601.10	−26.81

备注：2014 年脱硫脱硝改造后，脱硫剂已改为氧化钙（生石灰），消石灰已减少用量　（覃旭华）

表 3

2014 年动力事业部主要技术经济指标（三）

项目		单位	指标		同比 /%
			2014 年	2013 年	
动力一站	供电用标煤耗率	克 /(千瓦 · 时)	329.12	329.91	−0.79
	供热用标煤耗率	千克 / 吉焦	37.61	37.79	−0.18
	发电厂自用电率	%	7.59	7.99	−0.40
	供热自用电率	(千瓦 · 时)/ 吉焦	7.24	7.63	−0.39
动力二站	供电用标煤耗率	克 /(千瓦 · 时)	381.82	381.94	−0.12
	供热用标煤耗率	千克 / 吉焦	37.8	37.84	−0.04
	发电厂自用电率	%	11.67	11.76	−0.09
	供热自用电率	(千瓦 · 时)/ 吉焦	9.97	10.00	−0.03

（牛学玲）

宾馆·公司

◇ 明珠宾馆

◇ 惠州市大亚湾华德石化有限公司

◇ 广州石化普莱克斯工业气体有限公司

明珠宾馆

【概况】 明珠宾馆是一间三星级园林式宾馆。其始建于1975年，2003年晋升为三星级涉外宾馆；2010年被评为广州市A级卫生单位；2011年被亚组委评为广州亚运安保先进单位。1999年1月前，明珠宾馆为广州石化下属独立法人单位，1999年2月以后转为模拟法人单位，2006年注销模拟法人资格。明珠宾馆建筑面积1.64万平方米，共有客房210多间，餐厅拥有宴会厅、中餐厅、西餐厅，可容纳500多人同时就餐；还设有可容纳300多人的会议厅以及10多间大中小会议室，及文体娱乐设施，可为宾客提供会议、培训和文体娱乐等服务。截至2014年底，宾馆下设综合管理部、财务部、业务部、饮食部；共有员工125人，其中职工44人，劳务工81人。全年接待住客6220人，接待外部大型会议35个，实现经营收入1016.05万元，对外业务占总营业收入的72%，完成公司下达的年度经济指标任务。

（许　碧）

2014年6月，明珠宾馆分3批组织员工到公司展览馆参观学习，增强员工荣誉感　（许　碧 摄）

【高分通过三星级旅游饭店复审】 明珠宾馆于2003年2月7日被广东省旅游局、广州市旅游局评为三星级涉外旅游饭店。2014年，针对星级饭店复评工作，完成客房、餐厅等项隐患整治；升级酒店管理系统；完善监控系统；开展“微笑服务”活动，着力提升服务质量和安全卫生工作。2月18日，明珠宾馆高分通过广州市旅游局旅游饭店三星级复审。

（许　碧）

【完成管理系统升级】 2014年1月，明珠宾馆对酒店管理系统进行升级改造，同步完成员工培训，4月3日正式上线投运。年内，完成系统基础数据完善工作，根据公司新的管理流程制定、完善、规范物资运作流程，对重点贵价品种进货、使用、保管等流程实行全程跟踪、监控，宾馆管理进一步规范化。

（许　碧）

【对外业务量明显增长】 2014年，明珠宾馆在降低成本费用的同时提高服务质量，成功引入康辉旅行社、山东神达化工有限公司、珠江电影厂摄制组等接待业务，全年累计接待住宿会议37个，平均开房率22.5%，完成会议接待1055节，接待外部大型会议35个，对外业务占总营业收入的72%，创近年新高。

（许　碧）

【完成系统内接待任务】 2014年，明珠宾馆完成集团公司党组领导、集团公司巡视组、集团公司督导组、安全大检查组、集团公司环保现状调查工作小组、石化股份公司安全可靠、清洁环保型炼油与石化企业构建项目组等检查组，以及春节团拜、厂庆活动等接待任务；承办中国石化第五建设公司、广东省石油公司、中国石化销售有限公司华南分公司等单位的大型培训会议，以及9月在广州石化举办的中国石化第三届职工羽毛球比赛暨“我是第一”职工羽毛球挑战赛接待任务。

（许　碧）

2014 年 7 月，明珠宾馆组织服务礼仪培训　（许　碧 摄）

【员工培训】 2014 年，明珠宾馆实行全员业务培训。4 人考取建筑物消防员技能证书，1 人考取中厨烹调师证书，2 人参加宾馆复审员外培学习，其余人员参加宾馆内部培训，培训率 100%。

（许　碧）

【隐患综合治理】 2014 年 5 月，明珠宾馆投入 32 万元完成客房、厨房、餐厅等三星级宾馆配套项目整改。

（许　碧）

【成立票务中心】 2014 年，公司进一步规范差旅费用管理，改革差旅机票订购、报销流程、差旅报销结算方式。8 月 20 日，公司办公室与广州市蓝穹经贸有限公司签订《商务旅行票务合作协议》，9 月 1 日，明珠宾馆成立票务中心，即日正式运作，负责广州石化差旅机票的订购及相关联络、协调、核对、签收、报销及退票等业务。

（许　碧）

【消防演练活动】 2014 年 7 月 17 日，明珠宾馆开展年度消防预案应急救援演练，全体员工参加演练，宾馆总经理黄思政任总指挥，按预案从开始报警到灭火、疏散、救护、警戒和设备保障等项目进行演练，提高员工应急救援能力。

（许　碧）

【建立员工之家】 2014 年 6 月，明珠宾馆“员工之家”建成投用，旨在丰富员工业余生活，员工之家设阅读区、交谈区、健身区。

（许　碧）

【为病困劳务工捐款】 2014 年 8 月，明珠宾馆劳务工区润梅患上肺癌，明珠宾馆党支部、工会、女职工委员会向宾馆员工发出向病困工友捐款倡议，请大家伸出友爱之手，献出爱心，共筹得捐款 8180 元，此外还申请获得公司“慈善一日捐”基金最高 1 万元的帮扶金。

（许　碧）

2014 年 9 月 1 日，明珠宾馆成立票务中心，改革票务管理
（许　碧 摄）

2014 年 9 月，明珠宾馆组织消防知识培训
（许　碧　摄）

惠州市大亚湾华德石化有限公司

【概况】 惠州市大亚湾华德石化有限公司（简称华德公司）始建于 1994 年 1 月 31 日，由香港经贸冠德发展有限公司、中国石化广州石油化工总厂合资创办，注册资金 4 亿元。2006 年 7 月重组为冠德国际投资有限公司的全资公司，石化股份有限公司授权委托广州分公司具体管理华德公司日常生产经营活动。

华德公司位于惠州市大亚湾经济技术开发区，拥有 15 万吨级原油码头、30 万吨级原油码头、111 万立方米原油储罐及 173 千米长输管线，原油接卸能力 3000 万吨 / 年，是珠江三角洲地区最大的原油运输、中转和储存基地。负责广州分公司原油储存、输送、重油及成品油的中转、储存、供应和技术咨询服务，及原油保税仓库等业务。公司下设办公室、经营部、财务部、生产技术部、安环保卫部、项目开发部、马鞭州首站、南边灶油库站、园洲中间站。截至 2014 年底，华德公司固定资产原值 27.27 亿元，净值 12.00 亿元。有员工 210 人，其中高级职称 3 人，中级职称 26 人。

2014 年，华德公司围绕“持续改善、突出重点、深化

2014 年 3 月 12 日，华德公司工会、团总支在南边灶油库组织开展“绿色环保你我行”义务植树活动　（柳　佳　摄）

2014 年 3 月 14 日，国务院安委办督察组一行在省、市、区有关人员的陪同下，到华德公司开展安全生产督察工作　（柳　佳　摄）

2014 年 3 月 21 日，华德公司召开九届一次董事会。广州石化总经理、华德公司第九届董事会董事长陈坚主持会议　（彭锦墙 摄）

管理、努力向行业标杆迈进”目标，抓住工作重点和关键环节，公司上下团结协作、克服原油长输管线隐患整治难度大及防台风工作任务重风险大等困难，通过完善制度、持续开展 HSE 自查自纠工作、加强直接作业环节监控等措施取得良好效果，实现零事故、零污染、零伤亡。5 月 13 日，环境管理体系通过广州中鉴认证公司年度审核；12 月 9 日，华德公司突发环境事件应急预案通过广东省环保厅评审。完成年度各项生产经营任务。坚持以调度为中心组织生产，优化实施了“首站转输、油库脱水、中间接力”的输油方式，减少油轮滞期，进厂原油品质提升；经工艺改造原油码头接卸运输功能有效提升，4 月 18 日 2 号泊位成功接卸高凝油；积极办理通关，开拓绿色通道，实现即日卸货输油，2 个月内运作 9 次共计 70 万吨保税原油；全年设备完好率 99.74%，静密封点泄漏率控制在 0.02%，没有发生人为及设备原因非计划停车。围绕园洲站无人值守泵站建设和管道智能化建设的目标，开展智能调度、模拟仿真、GIS 系统、应急响应、在线检漏等功能布局，初步搭建管道信息化管理平台。精心落实生产运行，吨油平均能耗控制在 4.7 千瓦·时，全年节约 758 万千瓦·时；做细接卸管理，油轮干舱率达 96.5%，减少船余量 1512 立方米原油，创历史最好水平。采用竞争性报价、询比价相结合方式开展物资采购，工业电视及调度监控系统采购价格比原竞争性报价低 20 多万元，南边灶油库 19 号调节阀节省采购资金约 38 万元。采取集中运送、多家承包商拼船方式，全年建设物资上岛运输费用节省约 28 万元。港口安全生产标准化建设在全省二级达标企业中获最高评分，被惠州市港务局评价为港口标准化创建标杆企业。员工自主开发“五源“治理邮件提醒功能，治理成果在 2014 年第十二届全国 TnPM 大会获评治理组织奖一等奖。原油年接卸、输送量创历史新高，全年靠泊 86 艘油轮，完成原油接卸 1267 万吨，输送原油 1263 万吨，完成广州分公司原油保供任务，实现利润 1.68 亿元。

是年，公司被评为全国 TnPM 大会六源治理组织奖一等奖、全国 TnPM 大会 TnPM 金点子奖、全国 TnPM 大会

2014 年 7 月 6 日，装载 27.46 万吨原油的“葛城”号油轮，顺利靠泊华德公司码头。其为华德公司码头开埠以来靠泊的最大载货量油轮　（何　望 摄）

2014 年 8 月 4 日，中国石化管道公司党委书记邵予工带队到华德公司调研 （温汝志 摄）

设备维护工具创意奖、全国 TnPM 大会文宣创意奖二等奖，连续 11 年广东省守合同重信用企业，惠州市纳税信用 A 等级纳税人，广州石化 2013 ~ 2014 年度先进党组织。

（温汝志）

【原油码头创 3 项接卸新纪录】 2014 年，华德公司原油码头创 3 项原油接卸历史新纪录。全年码头接卸原油 1267.88 万吨，比上年增加 8.05%，创历史新高；全年累计接卸保税油 82.68 万吨，创历史新高；全年油轮干舱率达 96.5%，创历史新高。

（温汝志）

【码头 2 号泊位改造成功可接卸高凝油】 为满足广州分公司的原油接卸需求，原油码头 2 号泊位经过 3 个多月的施工，于 2014 年 3 月底提前完成技术改造，使该泊位在工艺设计上满足高凝油的接卸条件。4 月 18 日，码头成功接卸高凝油，标志着 2 号泊位技术改造项目顺利完成，原油码头接卸运输功能提升，并为 1 号泊位燃料油项目改造奠定基础。

（温汝志）

【完成公司年度保税业务】 为促进省市外贸的平稳增长、推动物流仓储业的快速发展，根据广东省和广州市政府部署，华德公司联合中海宏达公司，主动与广州分公司、香港冠德公司协调，积极与海关等部门沟通，及时解决保税库扩容难题，在 2 个半月的紧迫时间内，顺利完成近 70 万吨原油保税业务。原油保税业务的顺利开展，实现了华德公司的生产经营目标，同时为大亚湾政府完成 2014 年度进出口指标做出突出贡献，实现地企双赢的良好局面，为公司未来生产经营打下良好基础。

（温汝志）

【马鞭洲燃料油仓储项目动工】 2013 年 12 月 12 日，马鞭洲燃料油仓储项目动工，该项目包括库区工程、15 万吨级码头加固改造工程和配套 5000 吨级码头工程三部分。其中，库区工程主要是在华德公司马鞭洲首站增建 23 万立方米库容的燃料油储罐（6 台 5000 立方米、2 台 1 万立方米、4 台 2 万立方米、2 台 5 万立方米）及相应配套设施；对 15 万吨级码头进行结构加固改造，实现 1 万 ~ 15 万吨

华德公司邀请深圳海关加贸处对华德公司海关保税业务年审进行现场查勘 （尧 骏 摄）

2014 年 7 月 31 日，华德公司组织开展消防安全专项检查（朱文登 摄）

燃料油船舶的靠泊、接卸和装船作业，以及对 30 万吨级原油码头进行接卸高凝原油改造。配套 5000 吨级码头工程主要是在马鞭洲首站西侧现有工作船码头区域建设 2 座 5000 吨级码头，将工作船码头移位至北侧海域重建。至 2014 年底，完成 15 万吨级码头水工工程，开始码头上部设备及管道安装，完成储罐主体工程，进行储罐配件及管道等施工；完成 30 万吨级原油码头接卸高凝原油改造并成功接卸高凝油；配套 5000 吨级码头工程已完成项目规划选址、码头环评、通航论证、职业卫生等相关专业评估工作；2014 年 11 月 17 日取得广东省海洋局关于同意开展项目海域使用论证工作的通知，开始推进码头用海项目前期工作。

（温汝志）

【治理长输管线隐患 113 项】 为吸取“11 · 22”青岛东黄输油管线漏油燃爆事故教训，华德公司成立隐患处理工作小组，2014 年内对 173 千米的“马广”长输管线进行 2 次全面细致的徒步排查和多次重点排查，共检查出安全防护距离不足、穿越涵洞、违章占压等问题和隐患 181 项，隐患治理小组积极协调各地方政府、企业大力整治长输管线各类隐患，至年底完成管线占压、管线穿越等隐患问题整治 113 项，整改率 62.43%，对违章占压、安全距离不足等整治难度大的隐患剩余项，继续与地方政府协商，计划 3 年内彻底解决隐患问题；同时完成加密管线标识和警示标志完善补充、加大管线保护宣传力度、完成企地联动应急预案制定。

（温汝志）

【增建原油罐项目节约税款 220 万元】 根据总部对南边灶增建原油储罐项目批复的项目概算，华德公司积极研究相关财税政策，了解可抵扣的范围，签订合同时积极与相关供应商协调，力争开具增值税专用发票，与工程承包商协调通过甲方申报甲供料增值税等方式降低税率；并与税局就相关问题进行多次沟通协调，了解相关政策的操作细节和计算方法，对中间存在的疑问积极探讨，力争对公司更有利的政策。最终整个项目抵扣进项税 855 万元，缴纳营业税 262 万元，共为公司节约工程成本 220 万元。

（温汝志）

【原油发电机组拆除及 1 号泊位改扩建】 2014 年 1 月，因公司实施马鞭洲燃料油项目用地需要，拆除 1997 年建成投用的首站原油发电机组。12 月，为配合燃料油项目改扩建，首站 1 号泊位登船梯、输油臂、卸油管线、消防管线等设备设施相继被安全拆除，1 号泊位改扩建工作启动。

（温汝志）

【南边灶油库埋地原油管涵工程全面完工】 2014 年 5 月 5 日，华德公司南边灶油库 2 处原油管涵顺利投用，标志着历时 4 个月的南边灶油库原油埋地管线更换工程全面完工。该项目投用彻底消除了埋地管线无法检测的重大安全隐患，解决了埋地管线不易维护保养的难题。

（温汝志）

【完成新圩站视频监控系统项目建设】 针对长输管线惠州境内的新圩加压站地处偏远，没有人员固定值守，平常只有管线班巡线检查设备情况，常有值钱设备被盗，造成财产损失情况，公司决定安装安全监控系统。2014年8月，公司与深圳超视科技有限公司签订合同，决定采用该公司生产的红外线热成像视频监控并具备声光报警的监控设备。9月开始设备安装，10月完工进入试运行，12月25日完成项目验收。该站投用监控系统后未再发生失窃事件。

（温汝志）

【完成园洲中间泵站及港作拖轮结算审计】 2014年9月，按照总部年度项目竣工决算审计工作安排，公司聘请湖南中智诚联合会计师事务所对原油码头及配套设施项目二期工程园洲中间泵站项目、30万吨级原油码头油轮靠泊港作拖轮2个项目进行结算审计。结合年中固定资产清查工作，重点对园洲站资产进行现场实物盘点，在一周左右时间完成2个项目的审计工作，并取得较好审计效果。审计提出了项目单项超概算及未签订项目法人责任书等问题，并建议在今后项目中进一步加强项目设计、概算编制等科学性、严谨性、可行性，认真落实项目法人责任制。

（温汝志）

【完成增建原油储罐项目环保、安全等专业验收】 2014年10月29日，公司位于惠州市大亚湾石化工业区的南边灶油库新增原油储罐项目完成各项环保审批手续，顺利通过惠州市环保局竣工验收。该项目2012年2月16日动工，2013年10月15日完工中交，11月14日投油试运行，项目共新增原油库容31万立方米，包括2台10万立方米和2台5.5万立方米的原油储罐及相应配套设施，总投资2.13亿元。根据国家相关规定，改造项目于2013年10月28日取得惠州市气象局颁发的防雷装置验收意见书，同年11月7日取得惠州市消防局颁发的消防验收意见书；2014年12月23日取得惠州市安监局颁发的安全验收审查意见书及职业病防护设施竣工验收意见书。至此，项目专业及“三同时”验收工作全部完成。

（温汝志）

【转换“消防警卫”管理模式】 根据企业形势发展及消防安全和治安维稳工作实行专业化管理要求，华德公司消警中队将原“消警合一”的管理模式转换为“消警分管”的专业对口管理模式。消防中队承担消防安全任务，惠州市保安服务总公司大亚湾分公司负责马鞭洲首站和南边灶油库的治安保卫工作，2014年9月1日顺利交接，运行至年底，各项安保管理达到预期效果。

（温汝志）

【企业文化建设】 华德公司注重企业文化建设，持续推进企业文化建设，员工形成自觉的文化氛围。2014年，对公司成立以来的企业文化资源进行梳理、深挖、提炼，形成系统性、指引性的企业文化文献，并做好企业文化理念、核心理念上墙宣传工作；先后编辑出版《华德文化》《携手二十年》《华德——迈向行业标杆》等企业文化文献和纪念画册，图文并茂，生动鲜明地反映企业文化发展历程，为企业文化落地生根、凝聚人心、团结力量发挥了积极的导向作用，助推公司安全生产经营管理。

（温汝志）

【“从严管理年”活动】 2014年，根据集团公司、广州分公司要

2014年8月8日，华德公司举行了第三季度港口保安联合防恐演练，惠州市港务管理局组织11名考评员进行现场考核。考核组对演练目标设置明确、内容设置合理、行动方案清晰等给予充分肯定

（朱文登 摄）

人物·先进集体

广州石化领导干部名录

公司领导班子名录

总经理　陈　坚　2012.8～
党委书记　陆建明　2013.7～
副总经理　付　建　2007.1～
　李群友　2007.3～
　田宏斌　2013.4～
总会计师　周　峰　2004.1～
正局级调研员　冯建平　2013.7～
总经理助理　杨平身　2010.12～
公司总法律顾问、副总经济师
　钟健维　2007.12～2014.12
副总工程师　王成林　2003.12～
　黎德初　2004.2～
　姜立良　2007.8～
　岑奇顺　2009.1～
　余　蕾　2011.1～

广州石化管理部室专业中心领导干部名录

办公室

党委办公室主任　王连轩　2007.1～
办公室副主任　王雪峰　2008.9～
　温勇军　2010.11～

企业管理部

部　长　温一平　2011.12～
副部长　武瑞强　2014.12～

法律事务部

部　长　陈启鸿　2012.8～

组织劳人部

部　长　王京华　2013.1～
副部长　张甜有　2008.9～
　江　勇　2010.8～

发展规划部

部　长　程佩双　2005.8～
副部长　周一夫　2006.11～
　李连福　2008.9～

计划经营部

部　长　林雪原　2010.11～
副部长　梁彬华　2011.2～

财务部

部　长　赖永福　2013.1～
副部长　陈卫红　2006.5～
　唐　颖　2012.9～

生产调度部

部　长　徐光明　2013.8～
化工总调度长　廖宝星　2011.1～
副部长　李振奎　2005.9～
　张世方　2012.7～

机械动力部

部　长　蒋利军　2008.9～
副部长　董雪林　2007.9～
　袁柏峰　2009.12～
　彭学群　2012.2～

安全环保部

部　长　刘　忠　2012.7～
副部长　王沛滋　2005.11～
　邹　辉　2009.10～

工程管理部

部　长　夏建波　2008.6～
副部长　林　多　2007.3～2014.12
　万良杰　2011.12～
　刘　黎　2012.9～
党支部副书记、工会主席
　杨晓斌　2010.8～

工程质量监督站

副站长　罗红斌　2011.3～

技术开发部

部　长　单石灵　2005.11～
副部长　张应振　2005.11～
　徐志达　2005.11～

审计部

部　长　谢洁芳　2012.9～
主任审计员　张　兰　2004.3～
　邱丽华　2009.4～

监察部（与纪委合署办公）

部　长　刘　解　2013.1～
信访检查室主任　马　健　2004.7～
效能监察室主任　邓超群　2006.11～
审教室主任　陈孟雄　2007.1～

行政保卫部（武装部）

部　长　张锦棠　2007.12～

党支部书记、工会主席
王志远 2012.7～

离退养工作部

部　长 张立新 2011.10～

党委书记、工会主席
蔡高林 2012.2～

副部长 邹善章 2007.1～
张秀芳 2009.11～

宣传部、工会、团委

部　长 刘晓宁 2013.1～
副部长 吴万荣 2008.9～
工会副主席 陈石池 2013.1～
团委书记 巫黎庶 2012.5～

信息管理中心

主　任 高宁波 2011.1～
副主任 黄松桥 2011.8～

物资供应中心

经　理 林盛轩 2011.4～
党总支书记 丘　峰 2011.10～
副经理 魏　涛 2011.12～

仪控中心

主　任（兼计量检定中心主任）
赵江丹 2007.12～

副主任 杨小锋 2012.8～
林兴华 2014.7～

党委副书记、纪委书记、工会主席
郭　华 2007.2～

检验中心

主　任 黎仕克 2008.5～
副主任 张彦君 2008.10～
邵　波 2012.7～

党委副书记、纪委书记、工会主席
李　谋 2006.2～

消防支队

支队长 黄　源 2010.6～
政　委 邓家敬 2008.11～2014.12
副支队长 陈欢祝 2011.9～
钟浪锋 2014.12～

广州分公司生产作业部领导名录

炼油一部

部　长 刘　琤 2011.12～2014.12
副部长 王　龙 2013.8～
许泽标 2008.9～
HSE总监 罗　杨 2011.8～

党总支副书记、工会主席
翟　琦 2010.6～

炼油二部

部　长 彭永强 2008.4～2014.12
刘　琤 2014.12～
副部长 杨开岩 2011.7～
盖建武 2012.1～
HSE总监 梁　晖 2011.8～

党总支副书记、工会主席
黄苑球 2009.12～

炼油三部

部　长 彭昱峰 2008.11～
吴金平 2013.11～
副部长 杨耀华 2008.10～
HSE总监 童办平 2011.8～2014.11

党总支副书记、工会主席
吴金平 2009.3～2014.10
曹敬松 2014.10～

炼油四部

部　长 徐峥嵘 2013.4～
副部长 刘标铭 2013.8～
刘旺平 2012.12～
HSE总监 何自忠 2011.8～

党总支副书记、工会主席
张廷才 2011.12～

化工一部

部　长 诸泽人 2008.7～
副部长 徐　忠 2006.3～
陈微明 2006.3～
陈国锋 2010.1～2014.3
魏　巍 2014.4
HSE总监 王景昭 2011.8～

党总支副书记、工会主席
武柏林 2010.1～

化工二部

部　长 陈卓立 2008.4～

副部长　郑久成　2001.5 ～
曾芳勇　2010.11 ～
侯　勇　2011.5 ～
HSE 总监　张锦波　2011.8 ～ 2015.3
党总支副书记、工会主席
许洪涛　2011.12 ～

贮运部

部　长　刘永聪　2008.1 ～
副部长　孙　斌　2008.9 ～
杨立新　2012.7 ～
HSE 总监　钟子音　2011.8 ～
党总支副书记、工会主席
王倡瑜　2011.7 ～

公用工程部

部　长　黄六生　2005.11 ～
副部长　卓邦才　2006.5 ～
郭浩初　2008.9 ～
HSE 总监　丁士锋　2011.8 ～
党总支副书记、工会主席
刘国翊　2009.4 ～

动力事业部

部　长　欧阳喜龙　2013.4 ～
党委书记、纪委书记、工会主席
钟建强　2009.6 ～ 2014.12
副部长　吴合松　2010.12 ～
仵　忠　2013.8 ～

公司・宾馆领导名录

华德公司

总经理　乔明乾　2005.4 ～
副总经理　肖　勇　2007.9 ～
姚明辉　2010.8 ～
党委副书记、纪委书记、工会主席
邓振华　2012.2 ～

广州石化普莱克斯工业气体公司

董事长　钟健维（兼）　2011.4 ～ 2014.12
总经理　袁广宁　2012.6 ～ 2014.6
薛自钢　2014.6 ～
副总经理　黄立无　2013.11 ～

明珠宾馆

总经理　黄思政　2009.12 ～

表 1　**2014 年获集团公司第二十三届管理现代化创新成果奖**

牵头单位	等级	项目名称	项目参与人员
机械动力部	二等	创建石化行业“一目了然”工程	李群友 何永光 蒋利军 江鉴州 邓华林 温一平 邹　辉 田宏斌
计划经营部	二等	构建优化生产高速路 实现商机效益直通车	叶晓东 田宏斌 林雪原 徐光明 梁彬华 董雪林 陈晓龙 赖献明 何文辉 陈国伟
机械动力部	三等	设备备件材料寄售管理及应用	袁柏峰 蒋利军 魏　巍 黄向阳 潘培明 廖甘标 张　辉
信息管理中心	三等	构筑可度量的 IT 服务管理体系， 探索 IT 共享服务最佳践	高宁波 张红民 黄海彬 洪伟添 邓海峰 陆颖玉 张　红 潘艳明 林　晴 陈　璟
化工二部	三等	班组“4+1”培训模式的实践和探讨	陈卓立 许洪涛 田宏斌 王京华 郑久成 曾芳勇 张建国 苟均龙 倪宝莲 李明瑄

表2　　2014年广州石化获市以上表彰先进集体名录

荣誉称号	获奖单位	颁奖单位	获奖时间
2013年度节能工作先进单位	广州分公司	集团公司	2014.3
工业生产者价格采集企业	广州石化	国家统计局 广东调查总队	2014.3.19
2007～2013年度 最佳诚信企业	广州石化	广东省企业联合会 广东省企业家协会	2014.4.23
广东省大型骨干企业	广州分公司	广东省经济和 信息化委员会	2014.4.3
离退休工作先进集体	离退养工作部	集团公司	2014.4
关心下一代工作先进集体	离退休小北党支部关工委	集团公司	2014.4
2007～2013年度 最佳诚信企业	广州石化	广东省企业联合会 广东省企业家协会	2014.4.23
中国石化工人先锋号	炼油三部延迟焦化三装置（1）班 动力事业部电气二车间加氢联合变班	集团公司工会	2014.5
青年文明号20周年示范集体	催化重整联合装置技术组	集团公司	2014.5
先进基层党组织	炼油一部党总支 动力事业部电气三车间党支部	集团公司	2014.6.30
优秀会员单位	广州分公司	广东省企业联合会 广东省企业家协会	2014.6
先进记者站	广州石化记者站	中国石化报社	2014.8.9
先进电视新闻报道单位	广州石化电视台	中国石化报社	2014.8.9
2013～2014年度《南方工报》 新闻报道先进单位	广州石化工会	广东省总工会	2014.9
2014年度工商经济运行监测 先进单位	广州分公司	广州市工商局	2014.11.1
中国石油化工股份有限公司统 计分析先进单位	广州分公司	石化股份公司	2014.11.25
2014年度优秀会员单位	广州分公司	广东省节能协会	2014.12
中国石化热电专业竞赛 2014年度综合竞赛二等奖	广州分公司	集团公司	2015.3
中国石化热电专业竞赛 2014年度环保优胜单项奖	广州分公司	集团公司	2015.3

表3

2014年广州石化获市以上表彰先进个人名录

荣誉称号	获奖个人	颁奖单位	获奖时间
环境保护先进工作者	马晓东 谢永晖 申屠灵女	集团公司	2014.1
安全生产先进职工	郑志向 陈耿文 邝鉴清	集团公司	2014.1
2013年度中国石化新闻宣传先进个人	余峻才 黄敏清	集团公司党组	2014.2
精神文明建设先进个人	许连举	集团公司	2014.3.20
最美档案人	高 莉	广东省档案局	2014.4.18
最美石化一线青工	刘思欣	集团公司	2014.4.19
广东省五一劳动奖章	周志松	广东省总工会	2014.4.30
广州市民兵预备役民兵军事训练尖子	温 招	广州警备区	2014.4.30
中央企业技术能手	丁 玫	国务院国资委	2014.4
离退休工作先进个人	张秀芳	集团公司	2014.4
关心下一代工作先进个人	冯金泉	集团公司	2014.4
最美石化一线青工	刘思欣	集团公司	2014.5.4
精神文明建设先进个人	易志峰 钟浪锋 丁 玫 庄 皓 许连举	集团公司	2014.5
2010～2014年度中国石化职工文艺工作先进个人	肖篥鹏 罗 仁 龙 梅	集团公司文联音乐家协会 集团公司文联舞蹈家协会	2014.5
2010～2014年度中国石化职工文艺工作特殊贡献奖	刘晓宁	集团公司文联音乐家协会 集团公司文联舞蹈家协会	2014.5
2013～2014年度优秀共青团干部	巫黎庶	共青团广东省委	2014.5
优秀共产党员	庄 皓 赖献明 赖燕飞	集团公司	2014.6.30
优秀党务工作者	黄敏清 徐志鸿	集团公司	2014.6.30
2013年度优秀新闻工作者	曾晓生 黄敏清 张媛媛 黄 辉	中国石化报社	2014.8.9
优秀文字记者	黄敏清	中国石化报社	2014.8.9
先进电视记者	曾文勇	中国石化报社	2014.8.9
优秀文字通讯员	余峻才 何 冰 顾桂珍 李 凯	中国石化报社	2014.8.9
优秀电视通讯员	钟勇浜	中国石化报社	2014.8.9
最佳通讯员	黄敏清	广东省总工会	2014.9
省保密工作铜质纪念奖	王梅芳	中共广东省委保密委员会办公室 广东省国家保密局	2014.9
中国石化企业志鉴工作先进个人	王新忠	集团公司志鉴协作组	2014.11
第六届全国设备管理优秀工作者	董雪林	中国设备管理协会	2014.11
广州工业生产者价格调查优秀调查员	黄耀权	国家统计局 广东调查总队	2014.12.19
2014年度安全生产先进个人	樊 桦	集团公司	2014.12.22
2013～2014年度集团公司技术能手	郑嘉斌 曾健斌 丁 玫 易松明	集团公司	2014.12

表 4

2014 年广州石化先进集体与先进个人

荣誉称号	获奖单位（个人）	颁奖单位	获奖时间
2012 ~ 2013 年度公司先进集体	计划经营部 生产调度部 仪控中心 炼油一部 华德公司	广州石化	2014.1.13
2012 ~ 2013 年度公司劳动模范	宁 欢 庄 皓 刘 山 许连举 李高春 张洁华 陈卓立 周志松 赖献明 魏朝永	广州石化	2014.1.13
2013 年度优秀员工	于战德 王玉琴 甘家红 何 明 陆干钊 林雄辉 冼润安 荣阳生 黄敏清 温一平 廖镜辉	广州石化	2014.1.13
2013 年度 TnPM 设备管理先进单位	华德公司 化工二部 炼油一部 仪控中心 贮运部 炼油三部	机械动力部	2014.1.17
2013 年度 TnPM 设备管理先进个人	李志凡 唐仁山 廖剑平 单颖涌 高 伟 刘婉嫦 麦 伟 罗兆芳 林 铤 彭 铮 武旭东 聂栋良 王开兴 卢文全 刘忠峰 肖建勇 赵海珍 齐梦飞 刘志鹏 白华森 谢怀忠 李卓越 陈华兴 郑丽菊 魏坚军 何永光 伍 力	机械动力部	2014.1.17
2013 年度政务信息报送先进个人	黄慧锦 陈晓龙 倪宝莲 梁江华 陈 龙 顾桂珍 温汝志 林 娟 何 影 陆颖玉	办公室（党委办公室）	2014.1.24
2013 年度 HSE 管理先进单位	化工二部	广州分公司	2014.1.27
2013 年度 HSE 先进个人	罗 杨 潘 涛 何 剑 聂栋良 林兴华 卓益坚 方浩铭 余 健 罗 晖 蔡宗学	广州分公司	2014.1.27
2013 年度远程培训优秀单位	化工一部 化工二部 炼油一部 信息管理中心 纪委监察部	组织劳人部	2014.2.24
2013 年度远程培训优秀管理员	张 慧 刘春燕 卢爱连 欧阳万里 陈 凡 杨义达	组织劳人部	2014.2.24
2012−2013ELN 活动优秀学员	王雪峰 肖 勇 赵江丹 林瑞华 何敏赞 张 航 全珍莲 吕雅伦 陈无名 曾文勇 黄启望 李新波 刘文江 黎溢铭 陈敏辉 吴玉凤 王和平 钟裕祥	组织劳人部	2014.2.24
2013 年度巾帼文明岗	安全环保部职业卫生室 审计部 信息管理中心档案馆 炼油二部综合组 化工二部综合组	公司工会	2014.3.6
2013 年度先进女职工委员会	仪控中心女职工委员会 检验中心女职工委员会	公司工会	2014.3.6
2013 年度岗位女能手	区意珍 朱春玲 许展明 李文杰 李旭英 杨艳萍 范赛劲 顾桂珍 龚金萍 霍丽华	公司工会	2014.3.6
2013 年度先进女职工工作者	吴海燕 陆颖玉	公司工会	2014.3.6
2013 年度优秀女职工	邓卡珊 龙琼玲 刘静宇 李璧庄 陆绮云 范坚真 欧阳丹 黄佩然 梁 平 曾文青	公司工会	2014.3.6
2013 年度公司青年文明号	仪控中心二车间 CFB 班 CFB 装置 炼油二部脱硫二 −14 万硫黄回收联合装置工艺组 计划经营部优化室 华德公司马鞭洲首站运行四班 行政保卫部经警大队办公楼门岗	公司工会 公司团委	2014.4.16
2013 年度青年安全生产示范岗	动力事业部动力二站 检验中心第二化验室技术组 仪控中心一车间 炼油四部柴油加氢改质装置 炼油二部催化重整联合装置技术组 炼油三部延迟焦化三装置 1 班	公司工会 公司团委	2014.4.16

续表

荣誉称号	获奖单位（个人）	颁奖单位	获奖时间
2013年度 青年岗位能手	白华森 陈国伟 陈 璟 陈 跃 刘思欣 刘文江 罗细伟 彭 铮 齐梦飞 唐 敏 陈朝金 戴良华 杜海静 林佳伟 林 敏 莫辉岸 韦纯杰 袁思祺 张书语 祝淑梁	公司团委	2014.4.16
2013年年度 先进工会组织	炼油二部 炼油四部 化工二部 动力事业部 仪控中心 检验中心 华德公司 组织劳人部 计划经营部 办公室（党委办公室）	公司工会	2014.4.28
2013年年度 优秀工会干部	唐国庆 杨秀全 周杰华 刘国翊 温汝志 廖屯良 蔡高林 詹 琳 陈锦霞 黄燕乐	公司工会	2014.4.28
2013年下半年星级岗位	炼油一部三横班 炼油二部重整二装置三班 炼油四部加氢精制（三）丁班 化工一部裂解装置分离四班 动力事业部电气管理室继保班 华德公司南边灶油库运行三班运行班组 检验中心第二化验室生控值班丙班 仪控中心四车间加裂班 生产调度部调度一室 机械动力部设备一室 工程管理部项目二室	广州石化	2014.5.5
2013年下半年 星级员工	朱少平 许晓煜 赵 林 冯旭涛 黄愈斌 冯 敏 欧庆强 苟均龙 叶俊峰 钟明峰 赵海珍 陆燕嫦 张 伟 莫辉岸 黄文光 汪克勤 罗细伟 龙琼玲 吴韶勇 申屠灵女 曾文勇 吴宇红 黄 伟 罗中英 郭春海	广州石化	2014.5.5
2013～2014年度 先进党组织	炼油二部二横班党支部 炼油三部三横班党支部 炼油四部一横班党支部 化工二部三横班党支部 贮运部工业站党支部 仪控中心二车间党支部 动力事业部电气二车间党支部 信息管理中心党支部 华德公司党委 机械动力部党支部	公司党委	2014.7.1
2013～2014年度 模范党员	王 龙 蒋帮勇 马晓东 詹 强 莫辉岸	公司党委	2014.7.1
2013～2014年度 优秀党务工作者	张廷才 顾学斌 梁娟圣	公司党委	2014.7.1
2013～2014年度 优秀共产党员	张喜龙 黎家铭 陈伟雄 李建荣 何 明	公司党委	2014.7.1
2014年度计划 生育先进单位	动力事业部 化工二部 仪控中心 贮运部 炼油二部	公司工会	2014.12.18
2014年度计划生育 优秀计生员	王艳见 麦海燕 田思敏 叶建谊 姚雪云 王文琴 刘明霞 姚文燕 温秋梅 俞永华 朱艳丹 俞 青	公司工会	2014.12.18
2014年度工艺管理 先进个人	黄本琴 黎家铭 汪加海 罗艺锋 苟均龙 李育中 陆杰军 夏 玮	生产调度部	2014.12.25

庄　皓　炼油二部重整二装置设备主管。他先后参加连续重整装置大修、ERP 项目建设、100 万吨／年催化重整装置前期可研性调查报告、项目初步设计、设备技术协议谈判、装置建设与投产等一系列项目工作。曾荣获 ERP 建设先进个人、广州石化科技进步奖特等奖等荣誉称号。100 万吨／年催化重整联合装置是第一套全部采用国产设计的重整装置，在技术上具有探索性，面对重重困难，庄皓身先士卒，充分发挥技术特长，凭借过硬的技术和坚韧不拔的精神，攻克道道难关，先后主持参与重整催化剂跑剂、一反三反和再生器大头盖泄漏严重、重整循环氢压缩机 C201 油压波动过大、重整氢增压机 C202 轴承温度高和振动大、再生系统循环气水含量高、M308 腐蚀穿孔、E302 堵塞严重、再生氯化段飞温等 10 余项技术攻关和特护工作；2012 年，因生产需要，重整装置生产需要提量，但重整氢增压机 C202 一直带病运行，严重制约处理量。庄皓积极采取有效手段，通过添加 32 号润滑油，降低轴承温度等措施，最终解决生产瓶颈，提高了装置的生产负荷，当年创效近亿元，当年炼油二部获广州石化优化工作竞赛金牌。重整装置连续高效运行超过 1670 天，创新建装置一次投产成功、当年达标的纪录，并不断刷新重整装置连续运行纪录，标志着催化重整技术全部国产化取得空前的成功。100 万吨／年超低压连续重整成套技术开发先后获得国家科技技术开发一等奖和广州石化科技进步奖特等奖。

刘　山　炼油三部工艺组组长，焦化三工艺员。为推动两套焦化装置缩短生焦周期至 18 小时，突破加工负荷瓶颈，实现焦化三装置首次投产至今连续高负荷运行 1080 天，并连续在 2012 年、2013 年获得集团公司同类装置竞赛综合排名第一。他先后处理了焦炭塔进料管堵塞、辐射泵、气压机和鼓风机自停等多起突发性事件，避免了非计划停工；参与分馏塔顶循泵故障、碱液再生系统喷嘴堵塞、脱硫醇系统压降大、生产弹丸焦等多项技术攻关项目，解决多个生产瓶颈。特别是产品精制系统臭气治理，他主动联系设计和施工单位对接项目，及时发现、整改隐患问题 20 多项，直至液化气脱硫醇尾气脱臭项目顺利投用，最终将尾气总硫由 11340×10^{-6} 降低到 40×10^{-6}，彻底解决了装置及周边臭气扰民的环保问题。他先后组织实施催化油浆、重污油、重整拔头油等优化项目，并提出轻污油回炼、开工线增加甩油罐流程等技改技措项目，优化了装置流程。他积极推进两套焦化装置同时实施 18 小时生焦，将装置负荷率提高到 130%，破解了分公司渣油加工瓶颈难题，使焦化一装置运行成本节约 2000 万元以上。他组织实施优化吸收稳定系统操作、降低排烟温度等项目，使装置加热炉效率提高 0.5%，能耗降低 0.43 千克标油／吨，将稳定汽油初馏点提高到 35℃以上，为下游装置长周期运行创造良好条件，使装置液化气收率提高了 0.64%，年创效 5000 万元。

许连举　化工一部裂解装置分离三班班长。先后荣获分公司岗位成才之星、分公司第四届职业技能竞赛乙烯装置操作工三等奖等荣誉。参加工作 20 年来，他提出合理化建议与技改技措项目 200 多项，为企业创造了良好的经济效益。在乙烯扩能改造项目中，针对改造后新旧冷箱冷量分配不均、新冷箱氢气不合格等难题，他经过反复摸索试验，最终找到最佳操作条件，达到新旧冷箱并网的预期效果，为改造后平稳生产消除了瓶颈。2005 年裂解装置分离工序冷箱泄漏，他通过研究新旧冷箱的设计负荷，建议不停车在线处理方案，避免了装置停车，为公司减少直接经济损失 1500 万元。2007 年，碳三加氢催化剂运行周期短，他建议通过增加进出料换热器、提高入口温度，将装置运行周期提高至 6 个月。2011 年大修，许连举所在的班组负责难度最大的前冷和脱甲烷塔系统系统检修工作，他合理安排班组人员，晚上加班加点，连续奋战 40 天，提前 3 天完成工作，为装置检修后的稳定运行打下坚实基础。2012 年 4 月，碳二加氢因现场动作按钮保护盒进水突然跳车，此时裂解装置正在进行 5 台炉低负荷运行标定，抗干扰能力差。作为当班班长，他组织得当，将碳二开车时间由原来 2 小时缩短至 1 小时，将事故损失降低到最低。2013 年 11 月 6 日，分离工序因裂解气压缩机故障导致进料中断停车。在家休息的他得知后立即赶往现场参与事故处理和开车组织，为分离工序创造 4 小时 10 分钟的开车新纪录立下汗马功劳。

李高春 化工二部聚丙烯一装置四班班长。他依靠娴熟的技能与精细的管理，把四班打造成纪律严明、工作出色的“金牌班组”。由他拟定、全员通过的四班班组制度是铁一样的守则，细至到岗情况，大到工作表现，佳则奖，错必惩。在比较法巡检、巡检经验交流会、隐患激励法的推行下，班组发现隐患总数名列前茅。在2013年1～9月装置班组劳动竞赛中，他所在班组有5个月夺得第1名；同期“三基”工作排名，他所在班组有8个月获得第1名。只要李高春当班，主管卢建军总能一百个放心。2013年，李高春便发现多个重要生产隐患，如注入口焊缝泄漏引发剂、主催化剂泵入口接口漏己烷、CO脱除塔安全阀内漏等，特别是8月5日夜班，他及时发现了气相反应釜下料线活套法兰裂纹，使装置避免一次丙烯重大泄漏事故。李高春急生产所急，多次提出创收增效、简化操作的合理化建议。如利用闲置TK催化剂生产抗冲牌号，为公司创收120万元；改大F213阀门量程，装置实现17.5吨／时的高负荷生产；SDV233前加XCV阀，防止了事故状态下CO对液相丙烯的污染；气相反应釜D204加少量H_2，使高负荷生产不再受控于换热器E201；适当降低PPB1801乙烯含量，解决了产品刚性不足、料偏软的质量难题。“他是执著的人，一旦发现问题，便揪住不放，直至解决。”在李高春上衣的口袋里，总装着一个小笔记本，密密麻麻地记录着各种现场操作的感悟和生产经验总结。几年下来，他的学习笔记换了一本又一本。在技术攻坚的路上，他乐此不疲。

张洁华 检验中心二室水质分析班班长。她被视为企业水质质量检测“数据线”把关人。工作26年来，她带领班组员工兢兢业业做好每项生产分析，牢牢掌控企业水质分析这根“数据线”。她所带领的班组多次荣获公司、中心巾帼文明岗、“三基”管理优胜班组、TnPM先进班组、千次分析无差错班组等荣誉。她也连续两年获得中心“检验之星”，2013年被评为公司炼油Ⅱ系列停工能手、大修标兵。水质班大多由40多岁女职工组成，负责全厂中控污水环保白班监控及贮运罐底污水和新鲜水、循环水、锅炉水、蒸汽、碱渣、防腐等分析任务。面对安全环保的要求和日新月异的新技术和新仪器，张洁华以工作为重，认真处理工作和家庭的关系，克服种种困难，刻苦学习，不耻下问，努力掌握新技能，率先通过车间上岗考核，成为中心不可多得的水质分析技能多面手。在企业严峻的环保形势下，污水环保中控临时增加分析频次大增，加样分析随叫随到，她们总是准确、快捷地完成各项分析任务。在2013年炼油Ⅱ系列大修装置吹扫污水环保分析、污水场受冲击的高污染污水排查等繁重临增分析任务，她们都出色完成。2014年以来，水质分析班共完成各种水质分析112783多项次，没有发生任何分析差错及分析质量事故。

陈卓立 化工二部部长、党总支书记，教授级高级工程师。由于个人工作业绩突出，2013年被授予广州石化突出贡献专家，被推荐为集团公司突出贡献专家候选人，获得集团公司2011年“三基”工作先进个人称号。他积极推行精细化生产管理，部门从2008年至今，没有发生一起作业部级及以上安全环保事件；各套生产装置在中国石化总部同类装置竞赛中处于先进行列 ，并刷新长周期运行纪录，创造国内聚丙烯装置三井油化工艺481天的长周期运行纪录。他全力推进新项目建设生产。主持完成8万吨／年干气制乙苯项目建设，于2011年12月一次投产成功，自2014年9份天然气进厂后，干气装置第三次复产开车成功并进入高负荷稳定生产阶段；完成20万吨／年聚丙烯装置建设任务，进入开工准备阶段；他提出并解决多项技术难题，如聚丙烯工艺双釜下料提升反应产能、聚乙烯尾气完全回收工艺流程及成套技术开发等。他大力开展新产品开发及科技攻关，主持完成DNDA2020、J842、PPR4220、S980、DMDA8008、CJ500AH等17个产品的开发生产工作，得到市场认可，近三年来通过聚烯烃新产品及专用料开发生产，每年为企业创效4000万元以上；主持并完成多项石化股份公司和广州石化科技攻关项目，解决许多关键生产技术难题，如PPR管材聚合条件调整产品质量攻关、丙丁三元共聚工艺参数调优等，多次获中国石化及广州分公司科技进步奖。

周志松 动力事业部电气二车间加氢联合班班长、高级技师。他工作勤勉认真、务实睿智、勇于担当，带领班员坚守在炼油板块供电负荷最大、工作繁重的加氢联合总变电站岗位。他身先士卒，攻坚克难，多次与班员一道完成急难险重任务。两年来，他所负责的区域没有发生任何生产事故。2014 年炼油 II 系列电气大修，80% 的工作量落在加氢联合变班身上，为保质保量按期完成大修任务，他累计加班 312 小时，与全体班组成员一道，实现 237 项电气系统操作、办理 1826 张各种安全票证零失误，安全高效地实现各项检修的监护和验收。他发动班员依靠自身力量，完成 249 套高低压电气回路设备检修工作，安全圆满完成大修任务。他积极参与技术革新和设备改造，承担了高压电气与仪表组态接点配置缺陷整治，变电所 PT 柜的分级保护缺陷整治等任务，为装置安稳长运行提供有效的技术支持。在班组管理范围不断扩大，新设备新技术不断应用，而班组人员技术水平参差不齐的情况下，周志松清醒地认识到，抓好岗位培训是班组进步的源动力。他针对电气设备的维护特点，撰写 PPT 教案，编写 OPL，做到现场故障处理与培训结合，对班组成员进行岗位培训，培养班组成员掌握科学的设备维护方法，促使班组成员整体技能水平得到提高。

赖献明 计划经营部副主任工程师。在优化工作岗位上刻苦钻研，锐意进取，带领 RSIM 优化团队积极探索生产优化上的新思路、新方法、新模式，实时调整生产操作优化，创造性地开展优化工作，如炼油芳烃抽提二装置混合碳六送化工芳烃抽提装置加工，实现化工和炼油同时创效目的；优化大修期间增产航煤 39189 吨，创效 1752 万元；增产国Ⅲ柴油 59615 吨，创效 1221 万元；炼油Ⅱ系列大修期间实现重整二装置创历史超低负荷生产，确保炼油 I 系列的生产；利用 RSIM 模型对气分二、气分三装置进行生产优化操作调整，成功超负荷 3 吨 / 时，实现丙烯全部回收和液化气降库。开展技术攻关，解决重整一拔头油液化气含量高和加氢裂化尾油 BMCI 值高的问题等；保障生产正常运行。2012 年累计实施 54 个优化方案，实现创效 1.63 亿元；2013 年 1 ～ 10 月累计实施 41 个优化方案，创效 1.58 亿元。利用水力学核算，将重整二高含 H2S 的拔头油送闲置的加氢一 A 装置加工，既解决安全问题，又实现创效 1600 万元；独立完成气分一装置加工混合碳五生产发泡剂产品的方案设计改造方案，指导开车一次成功，年创效 5000 万元以上。该项目是公司投资少创效大的重点优化项目，是优化创新创效的典范，也是集团公司首创。由于工作出色，在 2011 ～ 2012 年年度集团公司炼油全流程优化工作竞赛中获得金牌，获评优秀模型工程师；2012 年被评为广州石化优秀青年知识分子；“研发 RSIM 模型，提高炼油绩效”获公司第二十二届管理现代化创新成果一等奖，获集团公司二等奖。

魏朝永 机动部高级主任工程师二，负责公司静设备技术管理工作。他爱岗敬业，工作认真负责，踏实肯干。他刻苦钻研技术，知识面广，专业理论功底深，实践经验丰富，设备管理业务水平高。他负责公司静设备订货技术文件的审批签订，涉及面广，工作量大。但对每一份文件，每一条款，他总是认真审核把关。他负责全公司设备管理系统合理化建议的审批。设备系统合理化建议涉及专业多、内容杂、数量大，对每一条建议，他都认真负责对待，在深入调查了解的基础上审核把关，促进企业合理化建议的开展。他积极组织加热炉节能技术攻关和改造，对炼油区加热炉进行全面摸底，找出存在的主要问题，并制定改造初步方案。在已实施的蒸馏一、蒸馏三、焦化、减粘加热炉节能改造过程中，他不但组织方案的制定、可研审查、图纸审查，且全程跟踪协调设计工作。改造后，炼油加热炉加权平均热效率提高 2%。年节约燃料 10586 吨标油。他提报的合理化建议“蒸馏一加热炉增加空气预热器”和“焦化一加热炉空气预热器移至地面”分别取得 1966 万元 / 年和 664 万元 / 年的经济效益，获公司合理化建议最高奖励。他积极推动压力容器、压力管线 RBI 检验技术的实际应用。2013 年炼油Ⅱ系列大修，实现了对重催、蒸馏三等 9 套装置的 RBI 评估，评估设备 1194 台，管线 3969 条，安全阀 1110 台，使 221 台不开盖检验设备，节省检修检验费用 130 万元。

表 5

公司各项劳动竞赛获奖项目

荣誉称号	获奖单位（个人）	颁奖单位	获奖时间
污污分治项目开工“青年突击队”劳动竞赛活动优秀组织奖	动力事业部 仪控中心 检验中心 公用工程部	团委	2014.1.3
污污分治项目开工“青年突击队”劳动竞赛活动优秀青年突击队员	龙逸帷 刘文江 黄 绮 谢永晖	团委	2014.1.3
第一季度共青团团建劳动竞赛一等奖	化工二部团总支	团委	2014.4.14
第一季度共青团团建劳动竞赛二等奖	炼油四部团总支 炼油二部团总支	团委	2014.4.14
第一季度共青团团建劳动竞赛三等奖	仪控中心团委 检验中心团委 动力事业部团委	团委	2014.4.14
2013 年度优化竞赛金牌	炼油一部	计划经营部	2014.4.25
2013 年度优化竞赛银牌	化工二部	计划经营部	2014.4.25
2013 年度优化竞赛铜牌	炼油四部 贮运部	计划经营部	2014.4.25
第一季度 APC 应用劳动竞赛优胜单位一等奖	炼油二部重催装置及仪控中心该班组 化工二部聚乙烯装置及仪控中心该班组	广州分公司	2014.4.29
第一季度 APC 应用劳动竞赛优胜单位三等奖	炼油二部重整一装置及仪控中心该班组	广州分公司	2014.4.29
第一季度 APC 应用劳动竞赛先进个人	马继东 潘 涛 徐若钢	广州分公司	2014.4.29
第二季度共青团团建劳动竞赛一等奖	检验中心团委	团委	2014.7.14
第二季度共青团团建劳动竞赛二等奖	仪控中心团委 炼油二部团总支	团委	2014.7.14
第二季度共青团团建劳动竞赛三等奖	炼油四部团总支 化工二部团总支 炼油三部团总支	团委	2014.7.14
2014 年第二季度“我的设备我维护”劳动竞赛活动先进装置	蒸馏一装置 重整二装置 延迟焦化三装置 加氢精制三装置 贮运部东一区 电气二车间 第四化验室 仪控三车间 干气制乙苯装置 聚丙烯一装置 公用工程部四循装置	广州分公司	2014.7.29
2014 年第二季度“我的设备我维护”劳动竞赛活动先进个人	麦建文 魏业财 周永坚 黄郁湛 林 铤 蔡俊明 陆冠忠 吴明明 陈树荣 宋向忠 朱浩俭 焦伍金 张阳春 史林锐 黄志雄	广州分公司	2014.7.29
第二季度 APC 应用劳动竞赛优胜单位一等奖	重催装置及对应仪控中心班组 聚乙烯装置及对应仪控中心班组	广州分公司	2014.9.30
第二季度 APC 应用劳动竞赛优胜单位三等奖	重整一装置及对应仪控中心班组	广州分公司	2014.9.30

续表

荣誉称号	获奖单位（个人）	颁奖单位	获奖时间
第二季度 APC 应用劳动竞赛先进个人	王　旭 魏家生 张洪灏 杨志伟 徐若钢 王雨辰 姜志强 谭耀国 周　顺	广州分公司	2014.9.30
第三季度共青团团建劳动竞赛一等奖	公用工程部团支部	团委	2014.10.17
第三季度共青团团建劳动竞赛二等奖	检验中心团委 仪控中心团委	团委	2014.10.17
第三季度共青团团建劳动竞赛三等奖	炼油四部团总支 动力事业部团委 化工二部团总支	团委	2014.10.17
第三季度“我的设备我维护”劳动竞赛活动先进装置	轻催装置 重整二装置 柴油加氢改质装置 西二区装置 动力二站电气装置 第四化验室 仪控一车间 汽油加氢装置 聚乙烯装置 苯乙烯装置 公用工程部一二循环水装置	广州分公司	2014.11.6
第三季度“我的设备我维护”劳动竞赛活动先进个人	冯伟锋 冯　玮 李良才 廖广明 田　超 彭　铮 陈　锐 罗文娟 宋晓辉 李文亮 范光耀 黄文光 苟均龙 陈胜飞 罗树强	广州分公司	2014.11.6
2014 年青工技能月劳动竞赛活动一等奖	炼油四部	公司团委	2014.12.10
2014 年青工技能月劳动竞赛活动二等奖	炼油一部 检验中心	公司团委	2014.12.10
2014 年青工技能月劳动竞赛活动三等奖	动力事业部 化工二部 公用工程部 炼油三部	公司团委	2014.12.10
2014 年青工技能月劳动竞赛活动优秀奖	炼油二部 化工一部 消防支队 贮运部	公司团委	2014.12.10
第三季度 APC 应用劳动竞赛优胜单位一等奖	重催装置及对应仪控中心班组 聚乙烯装置及对应仪控中心班组 重整一装置及对应仪控中心班组	广州分公司	2014.12.19
第三季度 APC 应用劳动竞赛先进个人	黄潇逸 潘　涛 马继东 雷明晖 梁　平 张洪灏 杨志伟 姜志强 谭耀国 周　顺	广州分公司	2014.12.19
第四季度共青团团建劳动竞赛一等奖	炼油四部团总支	团委	2014.12.23
第四季度共青团团建劳动竞赛二等奖	公用工程部团支部 检验中心团委	团委	2014.12.23
第四季度共青团团建劳动竞赛三等奖	炼油一部团支部 动力事业部团委 炼油三部团总支	团委	2014.12.23
第四季度 APC 应用劳动竞赛优胜单位一等奖	重催装置及对应仪控中心班组 聚乙烯装置及对应仪控中心班组	广州分公司	2014.12.24
第四季度 APC 应用劳动竞赛优胜单位三等奖	加氢三装置及对应仪控中心班组	广州分公司	2014.12.24
第四季度 APC 应用劳动竞赛先进个人	王　旭 潘　涛 马继东 徐若钢 王雨辰 张洪灏 杨志伟 姜志强 谭耀国 周　顺	广州分公司	2014.12.24

附　录

表1

主要文件目录

文件名称	文号	发文时间
关于印发《2014年HSE工作要点》的通知	中国石化广州总〔2014〕1号	2014-1-1
关于印发广州石化2014年降本增效工作要点的通知	中国石化广州总〔2014〕2号	2014-1-3
关于印发广州石化2014年度质量工作要点的通知	中国石化广州总〔2014〕3号	2014-1-6
关于印发《广州石化2014年设备管理工作要点》的通知	中国石化广州总〔2014〕4号	2014-1-7
关于印发《广州石化联锁保护系统管理规定》的通知	中国石化广州机〔2014〕1号	2014-1-7
关于调整广州分公司新产品开发领导小组成员的通知	中国石化广州技〔2014〕1号	2014-1-7
广州石化新产品开发管理办法	中国石化广州技〔2014〕2号	2014-1-7
关于表彰2012～2013年度广州石化先进集体和劳动模范的决定	中国石化广州总〔2014〕5号	2014-1-13
关于聘任易松明等同志高级技师、技师职务的通知	中国石化广州人〔2014〕3号	2014-1-13
关于确认易松明等同志高级技师职业资格的通知	中国石化广州人〔2014〕1号	2014-1-13
关于确认雷根活同志技师职业资格的通知	中国石化广州人〔2014〕2号	2014-1-13
关于张勇等同志职务任免的通知	中国石化广州党组〔2014〕1号	2014-1-13
关于陈世诺等同志政工专业任职资格的通知	中国石化广州党〔2014〕2号	2014-1-13
关于下达广州分公司2014年化工区第一批设备更新计划的通知	中国石化广州机〔2014〕2号	2014-1-15
关于印发《广州石化先进过程控制(APC)应用劳动竞赛方案》的通知	中国石化广州信〔2014〕1号	2014-1-16
关于广州石化党委专题民主生活会情况通报	中国石化广州党〔2014〕3号	2014-1-17
关于印发《广州石化“青年文明号”、“青年岗位能手”管理办法》的通知	中国石化广州团〔2014〕2号	2014-1-21
关于印发《广州石化共青团工作考核办法》的通知	中国石化广州团〔2014〕1号	2014-1-21
关于调整广州石化物资招标采购评标专家库成员的通知	中国石化广州物〔2014〕1号	2014-1-22
关于广州石化党委教育实践活动整改方案及制度建设计划的通知	中国石化广州党〔2014〕4号	2014-1-22
关于印发《广州石化军用油料质量管理实施细则》的通知	中国石化广州生〔2014〕2号	2014-1-24
关于印发2014年HSE工作目标及分解指标的通知	中国石化广州安〔2014〕2号	2014-1-27

续表

文件名称	文号	发文时间
关于印发《广州分公司2014年采购策略》的通知	中国石化广州物〔2014〕2号	2014-1-28
关于表彰2013年度HSE先进单位和先进职工的决定	中国石化广州安〔2014〕3号	2014-1-28
关于调整广州石化企业年金管理委员会成员的通知	中国石化广州人〔2014〕5号	2014-2-8
关于印发《广州石化信息资源管理办法》的通知	中国石化广州信〔2014〕2号	2014-2-8
关于印发《广州石化石油化工产品质量管理办法》的通知	中国石化广州生〔2014〕4号	2014-2-10
关于印发《广州石化质量管理实施细则》的通知	中国石化广州生〔2014〕3号	2014-2-10
关于印发《广州石化二〇一四年经济责任制》的通知	中国石化广州管〔2014〕2号	2014-2-11
关于转发集团公司《关于两起违反中央八项规定精神典型问题的通报》的通知	中国石化广州纪〔2014〕1号	2014-2-12
关于表彰2013年度广州石化优秀供应商的决定	中国石化广州物〔2014〕3号	2014-2-14
关于印发《广州石化工艺防腐管理规定》的通知	中国石化广州生〔2014〕6号	2014-2-21
关于开展2014年度创建青年文明号活动的通知	中国石化广州团〔2014〕5号	2014-2-24
关于开展评选2013年度广州石化“青年岗位能手”、“青年文明号”活动的通知	中国石化广州团〔2014〕6号	2014-2-24
关于确认柳丽等同志任职资格的通知	中国石化广州人〔2014〕6号	2014-2-26
关于印发《广州石化党委2013年工作总结2014年工作要点》的通知	中国石化广州党〔2014〕5号	2014-2-26
关于开展评选2013年度广州石化“青年安全生产示范岗”活动的通知	中国石化广州团〔2014〕7号	2014-2-26
关于公布2013年度激励性年金评选结果的通知	中国石化广州人〔2014〕8号	2014-3-5
关于成立2015年炼油I系列及化工区大修改造准备工作组织机构的通知	中国石化广州机〔2014〕3号	2014-3-5
关于成立2014年效能监察工作督察组的通知	中国石化广州监〔2014〕1号	2014-3-6
关于表彰2013年度广州石化女职工先进集体和先进个人的决定	中国石化广州工〔2014〕1号	2014-3-6
关于下达广州分公司2014年炼油区设备更新计划的通知	中国石化广州机〔2014〕4号	2014-3-7
关于印发《广州石化2013年效能监察工作总结2014年工作要点》的通知	中国石化广州监〔2014〕2号	2014-3-10
关于印发《广州石化2013年纪检监察工作总结和2014年计划安排》的通知	中国石化广州纪〔2014〕2号	2014-3-11

续表

文件名称	文号	发文时间
关于印发《团委2013年工作总结及2014年工作要点》的通知	中国石化广州团〔2014〕10号	2014-3-11
关于印发《广州石化党建工作考核实施细则》的通知	中国石化广州党〔2014〕7号	2014-3-11
关于印发《广州石化SMES应用管理细则》的通知	中国石化广州生〔2014〕7号	2014-3-14
关于印发《落实中央八项规定精神》等7个效能监察方案的通知	中国石化广州监〔2014〕3号	2014-3-14
关于印发《工会2013年工作总结及2014年工作要点》的通知	中国石化广州工〔2014〕2号	2014-3-18
关于下达广州资产分公司2014年修理费预算指标分解及设备检修计划的通知	广州资产机〔2014〕1号	2014-3-20
关于下达广州分公司2014年修理费预算指标分解及设备检修计划的通知	中国石化广州机〔2014〕5号	2014-3-21
关于调整聘任兼职纪检监察员和信息员的通知	中国石化广州党干〔2014〕1号	2014-3-25
关于杨向东等同志职务任免的通知	中国石化广州人〔2014〕9号	2014-3-27
关于广州石化2013年审计监督情况的通报	中国石化广州审〔2014〕2号	2014-3-27
关于印发《广州石化2013年审计工作总结及2014年审计工作计划》的通知	中国石化广州审〔2014〕1号	2014-3-27
关于印发《广州石化2013年培训工作总结及2014年培训工作计划》的通知	中国石化广州人〔2014〕11号	2014-3-28
关于命名2013年度广州石化青年文明号的决定	中国石化广州团〔2014〕13号	2014-4-1
关于印发《广州石化工业水管理办法》的通知	中国石化广州生〔2014〕8号	2014-4-1
关于赖燕飞等同志职务任免的通知	中国石化广州党组〔2014〕5号	2014-4-4
关于命名表彰"2013年度广州石化青年安全生产示范岗"的决定	中国石化广州团〔2014〕14号	2014-4-4
关于免去冯志强同志职务的通知	中国石化广州党组〔2014〕8号	2014-4-9
关于印发《广州石化内部审计工作实施办法》的通知	中国石化广州审〔2014〕3号	2014-4-15
关于全面贯彻落实集团公司"从严管理年"活动的通知	中国石化广州总〔2014〕7号	2014-4-16
关于表彰广州石化2013年度"青年岗位能手"的决定	中国石化广州团〔2014〕15号	2014-4-16
关于"五一"节前后落实廉洁从业有关规定的通知	中国石化广州党〔2014〕8号	2014-4-16
关于调整内退人员内退生活费的通知	中国石化广州人〔2014〕13号	2014-4-16

续表

文件名称	文号	发文时间
关于下发《广州石化二〇一四年目标实施对策表》的通知	中国石化广州管〔2014〕4 号	2014–4–21
关于确认林萍同志任职资格的通知	中国石化广州人〔2014〕14 号	2014–4–23
关于调整生产调度部党总支下属党支部的通知	中国石化广州党组〔2014〕9 号	2014–4–25
关于下发《“我的设备我维护”劳动竞赛活动方案》的通知	中国石化广州机〔2014〕6 号	2014–4–25
关于调整部分单位下设机构及其职能的通知	中国石化广州管〔2014〕5 号	2014–4–25
关于开展 2013 ~ 2014 年度广州石化先进党组织、模范共产党员、优秀党务工作者评选工作的通知	中国石化广州党〔2014〕9 号	2014–4–28
关于明确广州分公司信息系统应用责任主体的通知	中国石化广州信〔2014〕5 号	2014–4–28
关于表彰广州石化 2013 年度先进工会组织和优秀工会干部的决定	中国石化广州工〔2014〕6 号	2014–4–28
关于印发《广州石化业务接待费管理实施细则》的通知	中国石化广州办〔2014〕2 号	2014–4–28
关于表彰第一季度 APC 应用劳动竞赛优胜单位、先进个人的决定	中国石化广州生〔2014〕10 号	2014–4–29
关于张锦棠等同志职务任免的通知	中国石化广州人〔2014〕15 号	2014–4–29
关于印发《广州石化职工在工作业务交往中收受礼品实行登记管理的规定》的通知	中国石化广州党〔2014〕10 号	2014–5–5
关于调整 ERP 支持中心人员的通知	中国石化广州信〔2014〕6 号	2014–5–6
关于表彰 2013 年下半年广州石化星级员工及星级岗位的决定	中国石化广州管〔2014〕6 号	2014–5–6
关于印发《广州石化发票及增值税抵扣管理办法》的通知	中国石化广州财〔2014〕3 号	2014–5–8
关于开展 2014 年“安全生产月”活动的通知	中国石化广州总〔2014〕9 号	2014–5–8
关于下发《广州石化工会工作（建家活动）考核评价办法》的通知	中国石化广州工〔2014〕7 号	2014–5–12
关于给予钟少宽因过错解除劳动合同的决定	中国石化广州人〔2014〕12 号	2014–5–15
关于给予龚淑萍因过错解除劳动合同的决定	中国石化广州人〔2014〕16 号	2014–5–15
关于郑从武同志职务任免的通知	中国石化广州人〔2014〕18 号	2014–5–16
关于印发《广州石化安全生产保证基金管理规定》的通知	中国石化广州安〔2014〕10 号	2014–5–16
关于开展教育实践活动整改工作专项督导的通知	中国石化广州党〔2014〕11 号	2014–5–19

续表

文件名称	文号	发文时间
关于印发《广州石化研发费用管理办法》的通知	中国石化广州技〔2014〕7 号	2014–5–20
关于印发《广州石化科技开发项目管理办法》的通知	中国石化广州技〔2014〕8 号	2014–5–21
关于下达各责任主体部门 2014 年库存资金占用控制指标的通知	中国石化广州物〔2014〕5 号	2014–6–3
关于开展广州石化装置小指标劳动竞赛的通知	中国石化广州生〔2014〕12 号	2014–6–3
关于印发《广州石化物资采购招标实施细则》的通知	中国石化广州物〔2014〕6 号	2014–6–6
关于印发《广州石化全面预算管理办法》的通知	中国石化广州财〔2014〕4 号	2014–6–6
关于印发《广州石化值班工作管理规定》的通知	中国石化广州办〔2014〕5 号	2014–6–6
关于开展 2014 年任职资格评审工作的通知	中国石化广州人〔2014〕19 号	2014–6–11
关于印发《广州石化差旅费管理实施细则》的通知	中国石化广州财〔2014〕5 号	2014–6–12
关于印发《广州石化费用报销管理办法》的通知	中国石化广州财〔2014〕6 号	2014–6–17
关于印发《广州石化原油计量交接及监督管理办法》的通知	中国石化广州生〔2014〕13 号	2014–6–23
关于印发《广州石化产品出厂计量交接及监督管理办法》的通知	中国石化广州生〔2014〕15 号	2014–6–23
关于印发《广州石化碳资产管理实施细则》（试行）的通知	中国石化广州生〔2014〕14 号	2014–6–23
关于印发《广州石化节约能源管理办法》的通知	中国石化广州生〔2014〕17 号	2014–6–24
关于印发《广州石化非计划停工管理规定》的通知	中国石化广州生〔2014〕16 号	2014–6–24
关于印发《广州石化领导信箱管理规定》的通知	中国石化广州办〔2014〕6 号	2014–6–25
关于印发《广州石化合同能源管理项目实施细则（试行）》的通知	中国石化广州生〔2014〕18 号	2014–6–26
关于印发《广州石化能源产耗计量管理办法》的通知	中国石化广州生〔2014〕19 号	2014–6–30
关于谢少衡等同志职务解聘的通知	中国石化广州人〔2014〕21 号	2014–6–30
关于确认骆艳玲同志任职资格的通知	中国石化广州人〔2014〕22 号	2014–6–30
关于表彰 2013 ~ 2014 年度广州石化先进党组织、模范共产党员、优秀党务工作者的决定	中国石化广州党〔2014〕12 号	2014–7–1
关于印发《广州石化装置安全稳定长周期运行考核办法》的通知	中国石化广州生〔2014〕20 号	2014–7–1

续表

文件名称	文号	发文时间
关于印发《广州石化培训费管理实施细则》的通知	中国石化广州人〔2014〕24号	2014-7-9
关于对周毅源违反安全管理禁令行为的处理决定	中国石化广州人〔2014〕23号	2014-7-9
关于林兴华等同志职务聘任的通知	中国石化广州人〔2014〕25号	2014-7-15
关于解聘周毅源技师职务的通知	中国石化广州人〔2014〕26号	2014-7-15
关于发布实施《中国石油化工股份有限公司广州分公司和中国石化集团资产经营管理有限公司广州分公司内控实施细则（2014年版）》的通知	中国石化广州管〔2014〕8号	2014-7-16
关于印发《广州石化生产过程报警系统（仪）报警管理办法》的通知	中国石化广州机〔2014〕7号	2014-7-16
关于调整《广州石化先进过程控制（APC）应用劳动竞赛方案》的通知	中国石化广州信〔2014〕9号	2014-7-18
关于给予周毅源同志党内严重警告处分的决定	中国石化广州党〔2014〕13号	2014-7-23
关于下发广州石化领导班子群众路线教育实践活动专项督导存在问题整改措施的通知	中国石化广州党〔2014〕14号	2014-7-23
关于下发《广州石化2014年开展纪律教育学习月活动意见》的通知	中国石化广州党〔2014〕15号	2014-7-29
关于林辉同志职务解聘的通知	广州资产人〔2014〕2号	2014-7-30
关于调整广州石化关心下一代工作委员会成员的通知	广州资产离退〔2014〕1号	2014-7-30
关于印发《广州石化在线汽油调合系统管理规定》的通知	中国石化广州生〔2014〕09号	2014-7-30
关于印发《广州石化汽车衡过衡管理办法》的通知	中国石化广州生〔2014〕22号	2014-8-4
关于下发《2014年广州石化优化竞赛活动方案》的通知	中国石化广州计〔2014〕5号	2014-8-4
关于下达广州分公司2014年化工区第二批设备更新计划的通知	中国石化广州机〔2014〕9号	2014-8-8
关于印发《广州石化物资供应质量管理规定》的通知	中国石化广州物〔2014〕7号	2014-8-11
关于印发《广州石化生产经营计划管理办法》的通知	中国石化广州计〔2014〕6号	2014-8-14
关于广州石化军用油领导小组及秘书组成员调整的通知	中国石化广州生〔2014〕23号	2014-8-15
关于印发《广州石化物资领用管理规定》的通知	中国石化广州物〔2014〕8号	2014-8-18
关于印发《广州石化在建工程转资管理规定》的通知	中国石化广州财〔2014〕8号	2014-8-19
关于印发《广州石化进出厂计量监控及数据采集系统管理办法》的通知	中国石化广州生〔2014〕24号	2014-8-20

续表

文件名称	文号	发文时间
关于印发《广州石化员工培训管理规定》的通知	中国石化广州人〔2014〕30号	2014-8-20
关于印发《广州石化盲板管理规定》的通知	中国石化广州生〔2014〕25号	2014-8-21
关于黄燕乐等同志职务任免的通知	中国石化广州人〔2014〕31号	2014-8-22
关于对苏鉴洲违纪行为的处分决定	中国石化广州人〔2014〕32号	2014-8-25
关于分解下达广州石化2014年资金指标的通知	中国石化广州财〔2014〕9号	2014-8-26
关于印发《广州石化外购天然气管理办法》的通知	中国石化广州计〔2014〕7号	2014-8-29
关于转发中共广东省委办公厅、广东省人民政府办公厅《关于严格执行禁止收送“红包”纪律规定的通知》的通知	中国石化广州纪〔2014〕4号	2014-9-2
关于印发《广州石化泄漏检测与维修（LDAR）实施细则》的通知	中国石化广州机〔2014〕12号	2014-9-3
关于印发《广州石化放射源安全防护管理规定》的通知	中国石化广州安〔2014〕18号	2014-9-11
关于印发《广州石化专业技术职务任职资格评审组织建设管理办法》的通知	中国石化广州人〔2014〕36号	2014-9-15
关于印发《广州石化专业技术职务任职资格评审办法》的通知	中国石化广州人〔2014〕35号	2014-9-15
关于调整ERP支持中心人员的通知	中国石化广州信〔2014〕11号	2014-9-19
关于印发《广州石化作业现场射线探伤安全防护管理规定》的通知	中国石化广州安〔2014〕21号	2014-9-22
关于印发《广州石化环保在线分析仪表系统管理规定》的通知	中国石化广州机〔2014〕13号	2014-9-24
关于广州石化领导班子群众路线教育实践活动专项督导存在问题整改落实情况的通报	中国石化广州党〔2014〕16号	2014-9-26
关于印发《广州石化职工违纪违规行为处分实施办法》的通知	中国石化广州人〔2014〕37号	2014-9-29
关于印发《广州石化档案征集管理细则》的通知	中国石化广州信〔2014〕12号	2014-9-29
关于物资供应中心设备备件党支部增补支委选举结果的批复	中国石化广州党组〔2014〕14号	2014-9-30
关于生产调度部党总支及下属党支部选举结果的批复	中国石化广州党组〔2014〕13号	2014-9-30
关于宣传工会党支部换届选举结果的批复	中国石化广州党组〔2014〕12号	2014-9-30
关于贮运部党总支及下属收转党支部换届选举结果的批复	中国石化广州党组〔2014〕11号	2014-9-30
关于印发《广州石化废品（料）、粉料、过渡料的出厂管理制度》的通知	中国石化广州生〔2014〕26号	2014-9-30

续表

文件名称	文号	发文时间
关于发布一体化管理体系管理手册（A/3版）和部分程序文件的通知	中国石化广州管〔2014〕9号	2014-10-8
关于印发《广州石化“三同时”管理办法（试行）》的通知	中国石化广州发〔2014〕30号	2014-10-15
关于刘志军等同志职务任免的通知	中国石化广州人〔2014〕38号	2014-10-21
关于印发《广州石化设备故障管理规定》的通知	中国石化广州机〔2014〕14号	2014-10-21
关于印发《广州石化事故（事件）管理规定》的通知	中国石化广州安〔2014〕23号	2014-10-21
关于成立广州分公司污染扰民问题包案化解工作小组的通知	中国石化广州安〔2014〕24号	2014-10-21
关于表彰2014年度优秀科技论文的通知	中国石化广州技〔2014〕11号	2014-10-22
关于化工二部一横班党支部书记（值班长）选举结果的批复	中国石化广州党组〔2014〕16号	2014-10-23
关于免去张勇同志职务的通知	中国石化广州党组〔2014〕15号	2014-10-23
关于印发《广州资产分公司会计集中核算系统运行规范及应用管理细则》的通知	广州资产财〔2014〕1号	2014-10-28
关于印发《广州石化计量管理信息系统运行管理办法》的通知	中国石化广州生〔2014〕28号	2014-10-28
关于印发《广州石化承包商安全管理规定》的通知	中国石化广州安〔2014〕28号	2014-10-29
关于印发《广州石化资金管理办法》的通知	中国石化广州财〔2014〕10号	2014-11-10
关于仪控中心党委增补委员选举结果的批复	中国石化广州党组〔2014〕17号	2014-11-12
关于印发《广州石化2013-2017惩治和预防腐败体系工作五年规划实施细则》的通知	中国石化广州党〔2014〕17号	2014-11-12
关于印发《广州石化设备润滑管理规定》的通知	中国石化广州机〔2014〕15号	2014-11-18
关于给予徐惠英解除劳动合同的决定	中国石化广州人〔2014〕39号	2014-11-19
关于印发《广州石化党建工作考核实施办法（试行）》的通知	中国石化广州党〔2014〕18号	2014-11-21
关于印发《广州石化ERP应用考核细则》的通知	中国石化广州信〔2014〕18号	2014-11-21
关于印发《广州石化电气设备技术管理规定》的通知	中国石化广州机〔2014〕16号	2014-11-25
关于印发《关于公司纪委在党风建设和反腐倡廉工作中落实监督责任的意见》的通知	中国石化广州党〔2014〕19号	2014-11-26
关于印发《广州石化评先表彰管理办法》的通知	中国石化广州总〔2014〕10号	2014-11-26

统计资料

表2 **广州分公司主要经济指标** 单位：亿元

指标名称＼年份	2014	2013	2012	2011	2010
原油加工量／万吨	1261.20	1171.6	1242.76	1201	1176.72
工业总产值	653	656.52	703.37	649.21	535.43
工业增加值	121	122.94	102.61	95.97	133
资产总计	143	194.44	169.80	209.68	163.27
流动资产	55	102.46	78.49	116.49	67.71
固定资产原值	207	204.5	196.73	191.58	185.28
固定资产净值	74	77.18	77.95	81.30	81.68
主营业务收入	649	652.52	686.80	645.06	524.41
实现利税	96	187.77	183.50	166.21	107.72
税金	99	180.48	192.56	183.74	165.56
综合能耗／吨标煤·万元$^{-1}$	0.42	0.46	0.43	0.43	0.74

表3 **广州资产分公司主要经济指标** 单位：亿元

指标名称＼年份	2014	2013	2012	2011	2010
企业总产值	6.1	——	2.45	1.53	1.46
企业增加值	1.0	——	0.31	0.16	0.17
资产总计	5.7	5.65	5.91	5.91	6.56
流动资产	0.7	0.60	0.77	0.73	1.47
固定资产原值	6.4	6.51	6.45	5.76	6.21
固定资产净值	4.6	4.70	4.77	4.14	4.57
主营业务收入	6.0	4.91	5.77	2.62	2.21
实现利税	0.1	0.06	0.10	0.15	0.16
税金	0.4	0.35	0.35	0.33	0.33

表 4

广州分公司主要技术经济指标完成情况

专业	项目	单位	2013 年	2014 年	比上年增减 /%
炼油部分	轻油收率	%	76.33	76.03	−0.39
	高附加值产品收率	%	81.91	81.95	0.05
	综合商品率	%	95.8	96.2	0.42
	加工损失率	%	0.39	0.39	--
	原油途耗	%	0.06	0.068	13.33
	储存损耗	%	0.05	0.06	20
	综合能耗	千克标油 / 吨	57.76	56.46	−2.25
	万元产值综合能耗	吨标煤	0.46	0.42	−8.70
	吨油完全费用	元 / 吨	212.21	176.87	−16.65
化工部分	裂解损失率	%	0.37	0.36	−2.70
	高附收率	%	61.78	61.87	0.15
	裂解高附能耗	千克标油 / 吨	346.02	354.77	2.53
	吨产品完成加工费	元 / 吨	1542.32	1344.57	−12.82

表 5

广州分公司主要产品产量表

单位：万吨

产品名称＼年份	2013 年	2014 年	比上年增减 /%
汽油	213.55	240.50	12.62
煤油	128.55	167.49	30.29
柴油	411.15	427.83	4.06
液化气	51.03	56.14	10.01
沥青	52.73	47.55	−9.82
乙烯	22.5	22.21	−1.29
丙烯	10.39	9.85	−5.2
合成树脂	50.74	50.05	−1.36
聚乙烯	22.21	21.58	−2.84
聚丙烯	22.18	21.56	−2.80
聚苯乙烯	6.35	6.91	8.82
丁二烯	2.92	2.79	−4.45
苯乙烯	9.23	9.73	5.42

表6 2014年炼油生产装置统计

序号	作业部名称	装置全称	装置简称	装置设计能力/万吨·年$^{-1}$	备注一	备注二
1	炼油一部	常减压蒸馏一装置	蒸馏一	52	包括常压A单元、常压B单元、减压单元	
2		蜡油催化裂化装置	轻催	200		
3		加氢精制一A装置	加氢一A	30		
4		加氢精制一B装置	加氢一B	30		
6		加氢精制二A装置	加氢二A	60		统称加氢二
7		加氢精制二B装置	加氢二B	120		
8		加氢精制尾气处理装置	加氢尾气处理	2.68		
9		干气、液化气脱硫一装置	气体脱硫一	51.33	包括干气脱硫一单元、液化气脱硫一单元	统称脱硫一
10		汽油脱硫醇一装置	气油脱臭一	96.47		
11		液化气脱硫醇一装置	液化气脱臭一	34.2	包括液化气脱臭一A系列和液化气脱臭一B系列	
12		油品电精制装置	电精制	214		
13	炼油二部	常减压蒸馏二装置	蒸馏二	250		
14		重油催化裂化装置	重催	100		
15		连续重整装置	重整一	40		
16		气体分馏一装置	气分一	29.5		
17		气体分馏二装置	气分二	21.5		
18		干气、液化气脱硫二装置	气体脱硫二	44.57	包括干气脱硫二单元、液化气脱硫二单元	统称脱硫二
19		汽油脱硫醇二装置	汽油脱臭二	50		
20		液化气脱硫醇二装置	液化气脱臭二	28	包括液化气脱臭二A系列和液化气脱臭二B系列	
21		2万吨/年制硫装置	2万制硫	2		
22		14万吨/年制硫装置	14万制硫	14	包括7万制硫A系列和7万制硫B系列	
23		碱渣废水处理装置	碱渣废水	0.8		
24		环烷酸回收装置	环烷酸	0.8		
25		污水汽提一装置	汽提一	55吨/时		
26		污水汽提二装置	汽提二	50吨/时		
27		污水汽提三装置	汽提三	90吨/时		
28		溶剂再生一装置	再生一	87吨/时		
29		溶剂再生二装置	再生二	77吨/时		

续表

序号	作业部名称	装置全称	装置简称	装置设计能力/万吨·年$^{-1}$	备注一	备注二
30	炼油二部	溶剂再生三装置	再生三	2×280吨/时	包括再生三A系列和再生三B系列	
31		甲基叔丁基醚一装置	MTBE一	5.4		统称MTBE/1-丁烯装置
32		炼油1-丁烯装置	炼油1-丁烯	1.82		
33		甲基叔丁基醚二装置	MTBE二	3.6		
34		催化重整装置	重整二	100	包括预加氢单元、重整单元	统称催化重整联合装置
35		重整氢提纯装置	重整PSA	5万标准立方米/年		
36		芳烃抽提二装置	芳烃二	15		
37	炼油三部	延迟焦化一装置	焦化一	100	2014年2月6日起停工待料	
38		延迟焦化二装置	焦化二	100		
39		延迟焦化三装置	焦化三	140		
40		产品精制装置	脱硫三	18.53		
41		污水汽提四装置	汽提四	50		
42		溶剂脱沥青装置	溶脱	60		
43		芳烃抽提一装置	芳烃一	40		
44	炼油四部	常减压蒸馏三装置	蒸馏三	800		
45		3.5万标准立方米/时制氢装置	制氢一	3.5万标准立方米/时		
46		6.5万标准立方米/时制氢装置	制氢二	6.5万标准立方米/时		
47		加氢裂化装置	加氢裂化	120		
48		加氢处理装置	加氢处理	210		
49		加氢精制三装置	加氢三	200		
50		航煤加氢精制装置	航煤加氢	100		
51		催化汽油吸附脱硫装置	S - Zorb	150		
52		焦化汽油加氢装置	焦汽加氢	50		
53		柴油加氢改质装置	柴油改质	200		2014.4.23投产
54	公用工程部	软化水装置	软化水	400 吨/时		
55		炼油污水处理装置	污水处理	800 吨/时		
56		循环水一装置	一循	12000 立方米/时		
57		循环水二装置	二循	14000 方米/时	包括二循A系列和二循B系列	

续表

序号	作业部名称	装置全称	装置简称	装置设计能力/万吨·年$^{-1}$	备注一	备注二
58	公用工程部	循环水三装置	三循	26000 立方米/时		
59		污水净化回用装置	污水回用	300 立方米/时	停用	CMF
60		三泥综合治理装置	三泥处理	10 立方米/时		
61	贮运部	火炬装置	火炬	2 号柜 20000 万立方米 1 号柜 30000 万立方米	包括 1 号火炬单元、2 号火炬单元、3 号火炬单元和气柜单元	
62		原油罐区	1 号罐区	460000 立方米	原油 420000 立方米、柴油 40000 立方米	
63		蜡油、汽油中间罐区	2 号罐区	68000 立方米	蜡油 40000 立方米、汽油 18000 立方米、二甲苯 10000 立方米	
64		污油、渣油罐区	3 号罐区	49000 立方米	渣油 40000 立方米、污油 9000 立方米	
65		柴油罐区	4 号罐区	127000 立方米		
66		重油罐区	5 号罐区	76000 立方米	重油 60000 立方米、沥青 16000 立方米	
67		6 号液态烃罐区	6 号罐区	21000 立方米		
68		航煤罐区	7 号罐区	27000 立方米		
69		汽油罐区	8 号罐区	81000 立方米		
70		柴油中间罐区	9 号罐区	20000 立方米		
71		10 号液态烃罐区	10 号罐区	14800 立方米		
72		石脑油罐区	11 号罐区	48000 立方米		
73		重催、加氢原料罐区	12 号罐区	70000 立方米		
74		甲醇罐区	13 号罐区	600 立方米		
75		特种油罐区	14 号罐区	17000 立方米		
76		沥青罐区	15 号罐区	11000 立方米		
77		收转罐区	16 号罐区	125000 立方米		
78		航煤中间罐区	17 号罐区	20000 立方米		
79		柴油中间罐区	18 号罐区	20000 立方米		
80		蜡油中间罐区	19 号罐区	100000 立方米		
81		航煤、石脑油罐区	20 号罐区	85000 立方米		

表 7 原料为油介质的炼油装置统计

序号	作业部名称	装置全称	装置简称	装置设计能力/万吨·年$^{-1}$	备注一	备注二
1	炼油一部	常减压蒸馏一装置	蒸馏一	520	包括常压 A 单元、常压 B 单元、减压单元	
2		蜡油催化裂化装置	轻催	200		
3		加氢精制一 A 装置	加氢一 A	30		
4		加氢精制一 B 装置	加氢一 B	30		
5		加氢精制二 A 装置	加氢二 A	60		统称加氢二
6		加氢精制二 B 装置	加氢二 B	120		
7		干气、液化气脱硫一装置	气体脱硫一	51.33	包括干气脱硫一单元、液化气脱硫一单元	统称脱硫一
8		汽油脱硫醇一装置	气油脱臭一	96.47		
9		液化气脱硫醇一装置	液化气脱臭一	34.2	包括液化气脱臭一 A 系列和液化气脱臭一 B 系列	
10		油品电精制装置	电精制	214		
11	炼油二部	常减压蒸馏二装置	蒸馏二	250		
12		重油催化裂化装置	重催	100		
13		连续重整装置	重整一	40		
14		气体分馏一装置	气分一	29.5		
15		气体分馏二装置	气分二	21.5		
16		干气、液化气脱硫二装置	气体脱硫二	44.57	包括干气脱硫二单元、液化气脱硫二单元	统称脱硫二
17		汽油脱硫醇二装置	汽油脱臭二	50		
18		液化气脱硫醇二装置	液化气脱臭二	28	包括液化气脱臭二 A 系列和液化气脱臭二 B 系列	
19		甲基叔丁基醚一装置	MTBE 一	5.4		统称 MTBE/1-丁烯装置
20		炼油 1-丁烯装置	炼油 1-丁烯	1.82		
21		甲基叔丁基醚二装置	MTBE 二	3.6		
22		催化重整装置	重整二	100	包括预加氢单元、重整单元	统称催化重整联合装置
23		重整氢提纯装置	重整 PSA	5 万标准立方米/年		
24		芳烃抽提二装置	芳烃二	15		
25	炼油三部	延迟焦化一装置	焦化一	100	2 月 6 日起停工待料	
26		延迟焦化二装置	焦化二	100		
27		延迟焦化三装置	焦化三	140		
28		产品精制装置	脱硫三	18.53		
29		溶剂脱沥青装置	溶脱	60		
30		芳烃抽提一装置	芳烃一	40		

表 10

2014 年末公司人员统计

单位	在册合计	在岗合计	一、学历		二、职称				三、岗位			
			大专及以上学历	大专及以上学历占在岗比例	正高级	副高级	中级	高级占在岗比例	经营管理人员	专业技术人员	技能操作人员	技能操作人员占在岗比例
合计	5236	5113	2521	49%	13	306	785	6%	1065	689	3359	66%
股份	4942	4933	2402	49%	13	300	735	6%	938	684	3311	67%
资产	294	180	119	66%	0	6	50	3%	127	5	48	27%

表 11

广州石化培训经费使用情况

单位：万元

费用类别	2013 年经费使用	2014 年经费使用	比上年增减 /%
普通培训费	346.3	360.4	4.07
外培	95.1	111.2	16.93
内培	101.4	137.1	35.21
支付教培中心	149.8	112.1	−25.17
普通培训差旅费	273.3	250	−8.53
外培	240.5	218.3	−9.23
内培	14.6	18.1	23.97
支付明珠宾馆	18.2	13.6	−25.27
教师酬金	41	39	−4.88
内聘	36.8	27.7	−24.73
外聘	4.2	11.3	169.05
资料费	41.6	41.5	−0.24
导师带徒	26.1	36.2	38.70
鉴定取证	37.2	44.8	20.43
特殊工种	23	33.8	46.96
技能鉴定	14.2	11	−22.54
基地建设	130.2	33.6	−74.19
改扩建	24.5	15.5	−36.73
培训费	2.9	0	——
差旅费	21.6	15.5	−28.24
专项费用	19.1	67.8	254.97
其他	0	4.5	——
合　计	939.3	893.3	−4.90

表 12

广州石化十三届二次职代会代表提案情况汇总

提案号	属性	类别	提案人单位	提案人	提案内容	办理部门	办理情况	满意度	备注
201401	提案	企业管理	炼油一部	钟华强 翟　琦 刘　铮	制定完善的环保投诉及应急制度。建立在环境排放物超标区域工作人员的撤离机制，以及环境排放物超标区域工作人员的防护要求处理制度，保证职工身体健康	安全环保部	经讨论研究，目前环保污染物已经有控制指标，环境监测站每天将分析超标的结果、超标日报表等以不同方式通知相关人员。控制指标远高于影响人健康的指标值，公司级环保超标已有相应预案。在环保超标排放但未启动应急预案时，操作人员应按要求佩戴劳保用品	满意	
201402	提案	企业管理	炼油一部	翟　琦 钟华强 卢爱连	建议在作业部建立技术人员大系统（多装置）管理的培训、上岗、激励制度	组织劳人部	公司正在研究制定区域管理方案和配套政策，在大方向正确情况下，鼓励生产作业部大胆创新、先行先试，创造经验	满意	
201403	提案	改革发展	炼油二部	梁江华 庄　皓 邓国恩	争取政策、资源，积极与地方政府合作，制定广州石化向北发展的战略。炼油区逐步向北发展，不断寻求征地的可能性，最终和化工区连成一片	发展规划部	企业目前的主要工作是明确广州石化发展定位，推动升级改造项目进展。争取 8 月完成广州石化环保治理及清洁化生产升级改造方案修订并上报总部，争取 2014 年底前获得地方政府批准、2017 年完成安全环保治理及清洁化生产升级改造工作	满意	
201404	建议	企业管理	炼油二部	梁江华 黄苑球 伍铁军	建议利用门岗打卡系统进行电子考勤，建立网上考勤系统，规范考勤管理	企业管理部 组织劳人部	企业管理部：当前考勤已有门禁及饭堂打卡系统进行监控，如单位需要可以查证。目前可做抽查公布，条件成熟再请组织部门具体统筹。 组织劳人部：提案很好，在建设 SAP–HR 系统时，已设立考勤管理模块，但因系统不兼容，目前职工考勤管理一直是我们思考的问题	基本满意	
201405	提案	人事劳资	炼油二部	梁江华 庄　皓 岑润波	进一步发挥现有薪酬体系的激励作用，拉开档间差距，每升一档都要让职工有感觉；同时提高升档门槛，打破大锅饭，凸显激励作用	组织劳人部	基本薪酬制度是总部统一执行的，目前广州石化基薪点位 1.60，在炼化企业中名列前茅。基本薪酬除了可以横向晋档，一些特别优秀的职工还可以通过纵向晋级来提高薪酬。基本薪酬只是职工工资报酬一部分，各单位可通过考核兑现，发挥薪酬的激励和导向作用	基本满意	
201406	提案	人事劳资	炼油二部	梁江华 庄　皓 伍铁军	建立分公司关键人才资料库，及时了解更新公司关键人才的动态信息，同时形成一套评估、预警机制，提前发现可能离职的关键人才，做出相应对策	组织劳人部	推进“三支队伍”建设是一项重要任务：一是继续推进和完善人才通道建设；二是在后备干部队伍建设基础上，加大专业技术和技能骨干后备队伍培养力度；三是依靠各直属党组织，进一步关心关注关键人才，为其成长、发展提供机会	基本满意	

续表

提案号	属性	类别	提案人单位	提案人	提案内容	办理部门	办理情况	满意度	备注
201407	提案	企业管理	炼油二部	梁江华 岑润波 邓国恩	通过对炼油区南门天桥改造，提高行人通过率。南门打卡机改成双向打卡机、上班高峰期增开入口等“扩容”改造，缓解南门赌塞情况，方便职工上下班	行政保卫部	炼油南门天桥因原有设计负荷规定，不允许再增加单车道。石化桥按进度两年建好后，天桥行人压力会减少。 炼油南门岗门禁闸机原设计单向单车通道 4 条，双向行人通道 1 条，现根据实际，5 月份已在两个入口单车闸机加装读卡器，增加 1 台活动读卡器备用。基本满足上班高峰期人流要求	满意	
201409	提案	生产经营	炼油二部	梁江华 陈信建 邓国恩	将 14 万吨 / 年硫黄回收联合装置定位为重点装置	组织劳人部	目前生产装置属性分类是在总部指导性框架下，经长期运作基础上形成。如对装置属性进行调整，装置定位将产生新的不平衡。在今后公司完善薪酬体系时可综合研究考虑调整装置属性分类问题。目前，作业部可根据实际内部适当调整平衡	基本满意	
201412	提案	人事劳资	炼油三部	刘　山 黄旭伟 周少雁	针对企业用工总量超编同时各岗位缺人现象，制定人员精简激励机制，促进各单位主动减员	组织劳人部	可以作为开展“三定”工作控制用工总量的一项专题进行研究。欢迎职工就此提出更多更具体的建议，鼓励作业部及各单位先行先试	满意	优秀提案
201413	提案	教育培训	炼油三部	黄旭伟 简仲明 梁传舜	组织班组生产骨干到先进炼化企业调研学习，促进班长班组管理水平与技能水平的提升	组织劳人部	对于班组外出调研学习，公司一直给予支持。对于培训目的明确、方案翔实、学习和分享执行到位、时间安排和管理到位的项目，公司会审批。改进调研和提升培训效果，是公司目前重点需要解决的问题	满意	
201414	提案	企业管理	炼油三部	黎家铭 林　海 简仲明	建议增设一个改善职工生活设施的专项费用，列支作业部办公楼、操作室生活设施改善费用，由指定部门管理，对生活设施安装的安全要求也制定统一的规范	办公室	公司财务管理规定已明确，热水器、饮水机等设施在各单位低值易耗或办公费切块列支，维修保养在维修费列支。作业部办公楼、操作室的安全管理在安全员管理范围，安装此类设施要严格按照规范确定水、电事项，避免影响生产	满意	
201415	提案	企业管理	炼油三部	刘　山 梁传舜 林　海	建议打破部门间的壁垒，整合各类信息管理系统，实现资源共享，提高工作效率	信息管理中心	公司已启动信息系统整合减负工作，确实存在问题和困难，需公司统一规划。公司目前存在两套 MES 系统，最终将统一采用中国石化 SMES 系统。目前在化工区建设应用，待时机成熟统一推广至炼油区	满意	优秀提案
			化工一部	陈伟节 苏耀文 刘圣刚	建议优化在用系统。由公司统一组织，听取作业部的意见，对现有系统进行优化，加强管理部门之间沟通，实现资源共享，避免重复劳动，提高效率			基本满意	

续表

提案号	属性	类别	提案人单位	提案人	提案内容	办理部门	办理情况	满意度	备注
201416	提案	安全环保	炼油三部	林 海 刘 山 黄旭伟	请分公司与地方环保部门沟通，请地方有关部门出面，解决焦化三装置围墙外臭气污染问题	安全环保部（转区人大）	已多次向区环保局反映情况。6月汇总周边小作坊影响情况上报区、市环保局。7月份，市环保局已组织相关部门到现场开展督办工作。相关问题在处理中。该问题已提交提案向区人大反映，以便问题有效解决	满意	
201417	提案	企业管理	炼油四部	赖燕飞 罗丽芬 徐汉波	优化现有对讲机采购、使用、维护流程，对生产用对讲机应定期进行检测，对无法使用的应及时更新	信息管理中心	公司2013年7月发布了相关管理规定，明确对无线对讲设备的管理，各基层单位请认真学习并严格执行。按照规定，公司由信息管理中心每年与对讲设备公司签订维保协议，设备发生故障可交信息管理中心检查维修。设备更新按机械动力部相关规定执行	满意	
				钟灼强 李海英 刘伟强	建议对讲机定期更换，以免影响生产			满意	
201418	提案	企业管理	炼油四部	孙曙光 陈家正 于战德	炼油四部部分外操室增加远程监控工业电视，提高现有远程监控的效率，保证装置安全	机械动力部	现有总控室工业电视调整由作业部和仪控中心拟出评估方案，报生产调度部批准。实施由仪控中心负责，作业部从维修费列支。外操室远程监控工业电视不能替代人员巡检，并属于新增改造项目，建议由作业部提报技改技措项目实施	满意	
201419	提案	生产经营	炼油四部	罗丽芬 赖燕飞 黄元伟	6.5万制氢装置服役已经37年，建议对发电机组及其相关管线、没用的管线进行拆除、到期设备尽快更换，对6.5万制氢设备管线优化改造	生产调度部	制氢发电机组已退出运行，发电机组及其相关管线是否拆除，经向动力事业部咨询，与炼油四部协商，同意报废，并拟拆除相关管线	满意	
201420	提案	人事劳资	炼油四部	李海英 邓泽峰 钟灼强	建议增加倒班工龄津贴，以体现倒班优越性，调动倒班工人积极性	组织劳人部	倒班工龄津贴是公司对倒班职工待遇倾斜的措施之一。除此以外，公司通过其他途径体现对倒班工作的倾斜。集团公司逐年归并各种津补贴，倒班津贴和四班工作制津贴在集团公司要求取消情况下，广州石化经过努力争取保留了下来	基本满意	
201421	提案	企业管理	炼油四部	陈家正 孙曙光 于战德	规范和完善生产装置照明管理制度和措施，解决现场照明长期不亮的被动局面，改善一线操作人员夜间巡检工作环境	机械动力部	机械动力部已在探讨电气设备及材料计划管理转由动力事业部负责的可行性，填补外行管内行的管理缺失。根据镇海炼化经验，机械动力部正探讨新的装置照明保运模式，待条件成熟后执行	基本满意	优秀提案

续表

提案号	属性	类别	提案人单位	提案人	提案内容	办理部门	办理情况	满意度	备注
201422	提案	劳动保护	炼油四部	栗　森 陈家正 徐志军	安全帽的下鄂带全是伸缩式的，佩戴空气呼吸器时极不方便，部分操作人员佩戴好空气呼吸器后戴不上安全帽。2014年安全帽又需更换，请安环部采购下鄂带为卡扣式的安全帽	安全环保部	经与物供中心及相关供应商沟通，2014年安全帽在汇总表报物供中心时，可备注选用卡口式或伸缩式，以满足不同岗位人员的要求	满意	优秀提案
201423	提案	企业文化建设	炼油四部	徐汉波 罗丽芬 黄元伟	建议炼油四部柴油改质和S-Zorb外操室增设“宣传思想工作平台”	宣传部	视频终端纳入年度计划，报请信息管理中心统一安排安装调试，并委托维保公司进行维护。建议作业部做好年度增减计划，由宣传部报信息中心配置、施工，以便于日后管理	满意	
201424	提案	企业管理	化工一部	武柏林 诸泽人 林　娟	因车位不足，部门车辆需进入化工区停放，上班高锋期，厂门口排队车龙很长。建议化工区南门设置立式刷卡机，职工凭汽车准入证刷胸卡入厂，缩短通过时间，减少排队现象，减轻经警的工作量	行政保卫部	化工区南门设置门禁刷卡机因影响消防通道未通过。在门岗进出口路中间路面暗藏电线盒，上下班时安装移动读卡器，该项目因未经过机动部审批未能实施	基本满意	
			化工二部	吴海燕 倪宝莲 苏　彬	建议增加流动打卡器，由保安手持打卡节省时间，疏通化工区厂门口道路堵塞，加强化工区私家车入厂管理			基本满意	
201426	提案	安全环保	化工一部	龚金萍 诸泽人 武柏林	请公司相关部门向化工区东边围墙外的周边社区、黄埔区环保部门反映焚烧废品、养鸡场臭味情况，定期对化工区贮运装置的地面和花草进行冲洗和清洁，减少灰尘覆盖，改善化工区贮运装置的工作环境	安全环保部（转区人大）	6月前安环监督大队已基本摸清厂区周边小作坊影响情况，6月20日前汇总报地方环保部门协商解决。7月份，市环保局已组织相关部门到现场开展督办工作。相关问题在处理中。该问题提交提案向区人大反映，以便问题有效解决	基本满意	优秀提案
201427	提案	企业文化建设	化工一部	龚金萍 林　娟 苏耀文	建议加强文体中心的场地管理，并开通文体中心“短信平台”，场地临时变更停用的时候，可以第一时间通过短信通知职工	工会	羽毛球场5月完成维修工作，6月发布了加强文体中心管理的通知，由明珠宾馆对场馆加强管理。文体中心停用通知到个人不现实，可通知到单位联系人，再由联系人通知单位人员	满意	

续表

提案号	属性	类别	提案人单位	提案人	提案内容	办理部门	办理情况	满意度	备注
201428	提案	生活福利	化工一部	陈伟节 林 娟 苏耀文	建议凌晨 3:00 ~ 5:00 增加夜餐送餐车，给职工送夜餐补充体力	行政保卫部	目前营养餐标准是 12 元 / 餐，每份套餐均按两餐设计，供应份量基本满足职工需求	基本满意	
201429	提案	人事劳资	化工一部	诸泽人 徐 忠 武柏林	建议提高裂解、催化等关键装置人员的薪酬待遇	组织劳人部	公司已在 2011 年完善基本薪酬制度中体现了对裂解、催化等特类装置倾斜，是否进一步加大力度需公司专题研究后决定	基本满意	
201430	提案	企业管理	化工二部	许多琦 许洪涛 张 亮	建议 PP3 装置机柜间（外操室）增设卫生间，以方便现场人员	机械动力部	PP3 装置外操室原设计未考虑卫生间，考虑在规范设施及固定资产投资管理要求下，需重新委托原设计院进行设计规范方能安排实施	不满意	
201431	提案	人事劳资	化工二部	苟均龙 张锦波 秦永强	将干气制乙苯装置定为重点装置	组织劳人部	目前生产装置属性分类是在总部指导性框架下，经长期运作基础上形成。如对装置属性进行调整，装置定位将产生新的不平衡。在今后公司完善薪酬体系时可综合研究考虑调整装置属性分类问题。目前，作业部可根据实际内部适当调整平衡	基本满意	
201432	提案	企业管理	化工二部	张阳春 吴海燕 倪宝莲	恢复 E 座办公楼后面自行车停放区域，规范化工区办公楼自行车管理	办公室	现有自行车停车场基本满足使用需求；完善防雨设施和自行车停放区域的划定，需与行政保卫部共同制定方案，条件成熟后实施；不同意实施办公楼入口电梯处重开北门，主要是基于办公楼整体形象，办公楼治安保卫和管理问题的考虑	不满意	
201433	提案	教育培训	贮运部	龙高益 周杰华 叶俊峰	开放中国石化远程培训系统登陆权限，使职工在家可直接登陆培训系统学习	组织劳人部	该功能已实现	满意	
201434	提案	改革发展	贮运部	李文杰 李 刚 陈伟雄	提议由发展规划部牵头，分别按照不同公路等级，以及新建公路跨越分公司管道的方式，对于该段管道予以充分保护，建立管道保护方式模板，建立统一的标准，形成规范的制度，在新建管道规划、设计初期就将管道的保护纳入公路建设基建项目中，管道的保护措施与公路建设项目同步，为厂外管道的安全运行预先提供足够规范的保护	发展规划部	公司 2011 年与黄埔区建设局要求新建跨线路桥要设计建设对输油管道的特别保护措施，并形成了加设缓冲区方案和不设缓冲区方案上报。上述方案均要求设置减速带标志及警示牌。黄埔区建设局及公路设计公司在其后道路工程设计中也基本采用了以上措施	不满意	

续表

提案号	属性	类别	提案人单位	提案人	提案内容	办理部门	办理情况	满意度	备注
201445	提案	企业管理	检验中心	丁　玫 李　伟 傅晓东	明确细化环境监测站工作任务划分，提高工作效率，加强环境监测站执法监控职能	企业管理部	2011年7月成立广石化环境监测站，并明确监测站与检验中心职责。从调查了解情况看，提案中关于安全环保部未能完全执行其监控职能的描述与事实不符。请检验中心与安环部就污水排放监控点的分析界面划分进行沟通	不满意	
201446	提案	企业管理	动力事业部	王燕芳 郭广礼 梅建伟	厂区东门石油焦露天堆场封闭管理，降低对周边生产装置影响	计划经营部	厂区东门石油焦露天堆场治理工作已在实施。预计2015年上半年新焦场可投用，届时厂区东门石油焦露天堆场将停用	满意	
201447	提案	企业管理	动力事业部	梅建伟 郭广礼 王燕芳	切实加快动力事业部生产管理信息化建设，尽快投用生产操作管理系统（MES或SMES）	信息管理中心	根据公司信息化整体规划，动力事业部MES将分步实施。根据目前作业部MES实施经验，首先要完善生产装置实时数采。动力生产装置实时数采项目可研已通过总部评审。总部三季度下达投资计划，年内可开工建设。待动力生产装置实时数采完善后，信息管理中心与生产调度部将组织动力事业部开展MES实施工作	基本满意	
201448	提案	企业管理	动力事业部	郭广礼 梅建伟 王燕芳	建立职代会提案长效落实的跟踪、督察机制，对建议落实情况实施巡视督察	工会	提案提得很好。职代会提案审查委员会将于2015年3月份召开提案工作会议，联合相关部门，讨论确定对提案落实情况巡视监督的可行性方案，建立健全提案办理跟踪、巡视检查、监督考核等机制，于2015年内完成对提案工作制度的修订，加强落实提案工作闭环管理	满意	优秀提案
201449	提案	企业管理	动力事业部	郭广礼 梅建伟 王燕芳	切实优化ERP工单审批下达流程，对审批作业部门设定审批时限，确保工单计划的时效性和准确率，提高工作效率	机械动力部	根据相关管理细则，对工单各环节的审核与流程操作均有明确要求，并纳入经济责任制考核。作为中石化生产经营管理核心平台，总部对ERP系统功能流程有统一标准模板和规范要求，对系统功能任何调整需报总部统一审批安排，实现难度较大。提案提出的做法不符合内控要求	基本满意	
201450	提案	劳动保护	动力事业部	严维金 黄绍毅 王燕芳	公司当前下发的工作服面料成分为：60%棉，39.5%涤，0.5%导电丝。基于电气工作的特殊性，根据《电力安全工作规程》第12.3条：低压不停电工作要求穿着全棉工作服。建议为电气职工提供全棉工作服	安全环保部	集团公司已答复特殊专业要求可特殊处理。动力事业部工作服将改为全棉面料，以前发放的工作服不再收回，按使用情况自然淘汰	满意	

续表

提案号	属性	类别	提案人单位	提案人	提案内容	办理部门	办理情况	满意度	备注
201451	提案	人事劳资	动力事业部	严维金 黄绍毅 王东玮	提高职工的各岗位保健费，如果分公司无权改变，建议提交总公司答复	组织劳人部	目前各岗位保健等级由安全环保部确定，各等级保健费标准执行总部统一标准。经与总部沟通，近期暂不调整保健费标准	满意	
201452	提案	人事劳资	动力事业部	王和平 严维金 王东玮	建议安全环保部和组织劳人部建立一个针对在某岗位工作多年后产生职业禁忌的职工一个保障体系（制定某个年龄段发生职业禁忌的员工在更换岗位时保留其待遇不变，如果恢复正常，返回本岗位）	组织劳人部	目前对职业禁忌或职业病预防、跟踪等都按政策法规建立了相关档案资料。较大问题是职工在自我防护意识方面有待提高，相关部门在监督管理方面有待加强。若确诊为禁忌或职业病的人员按职业卫生法的规定必须调岗，这是国家政策对职工个人的保护，薪酬的调整是根据岗位变化而定，是企业岗位管理制度的基本要求	不满意	
201453	提案	人事劳资	动力事业部	王和平 严维金 王东玮	建议公司进行一次全面人员编制调查，合理进行岗位合并、减员、调岗，减少基层桌面工作	组织劳人部	按照总部工作部署，开展“三定”工作是近期人事制度改革重点工作。组织劳人部正在研究制定相关政策和工作计划。建议机关管理部门在会议组织、资料报送等具体工作中分清职责，提出的要求要切合基层实际。	基本满意	优秀提案
201454	提案	生活福利	动力事业部	严维金 黄绍毅 王燕芳	为解决职工节假日回家难的问题,公司应建立为职工订票功能,以分公司的名义组织团体订票。消除回家职工的后顾之忧	办公室	公司目前正参照省石油公司订票模式与全国一级代理商洽商机票、火车票订购事宜。届时可通过代理商订购。目前网络订票日益完善，有乘火车需要的职工熟悉网络订票流程可能会更快订到自己需要的车票	满意	
201455	提案	生活福利	动力事业部	王和平 严维金 王东玮	基于2013年职工上下班交通车乘坐率不高，建议调整交通车车型，合并一些线路，节省费用放到职工其他福利上使用	行政保卫部	公司要求承包商严格按照办卡人数配置车型，但考虑市场价格因素，部分线路已经根据办卡、乘车人数调配相应的车型，但因实际乘车人数小于办卡人数，导致交通车上座率较低	基本满意	
201456	提案	企业管理	信息管理中心	陈无名 高宁波 柯万苏	建议对E座办公楼等非生产作业部办公楼楼内水电管理参照A/B座、调试指挥大楼等综合办公大楼的管理方法，实行统一物业管理，规范水电管理，以消除安全隐患，确保工作环境安全	办公室	涉及其他作业部的办公区域管理,建议维持现有管理办法。待充分调研后统一考虑作业区域的物业管理	基本满意	

续表

提案号	属性	类别	提案人单位	提案人	提案内容	办理部门	办理情况	满意度	备注
201457	提案	人事劳资	信息管理中心	陈无名 高宁波 柯万苏	修改并完善《广州石化完善基本薪酬制度实施方案》和《广州石化专业技术职务任职资格评审工作实施细则》，以及相应的人才培养和考核机制，从多方位、多角度拓宽人才成长的空间和通道	组织劳人部	1．在基本薪酬制度下，职工薪酬可通过横向晋档、纵向晋级提高。此外，职工奖金的提高有赖于公司、职工所在单位的绩效增长和职工个人的业绩提高。2．进一步加快人才成长通道建设，为各类人才培养提供更好的平台。3．进一步完善专业技术人员考核机制，加大激励机制，更好调动专业技术人员积极性	基本满意	
201458	提案	人事劳资	计划经营部	林学晖 林雪原 吕小冰	关于设立公司关键岗位的建议	组织劳人部	目前公司的管理骨干、高级技术（技能）岗位就是公司的关键岗位，各单位应根据实际加强对这些岗位人员及其后备人员的关心、激励和使用管理	满意	
201459	提案	人事劳资	团委	巫黎庶 傅晓东 梁江华	对各单位后备干部队伍的年龄结构进行合理规划，尤其是对80后人员所占比例提出明确的硬性要求。加大年轻干部培养和选拔任用力度	组织劳人部	各单位人员情况不尽相同，年轻干部个人成长、成熟度也有差异，对80后人员所占比例一刀切的硬性要求有一定片面性。组织劳人部将按公司党委要求，高度重视年轻干部的培养，切实加大年轻干部的培养和选拔任用力度。一是年轻干部比较多的单位，在后备干部中明确年轻干部比例；二是在选拔干部时，提出具体年龄要求的可操作性，在选拔任用人员时，按同等优先的原则，更加注重选拔任用年轻人	基本满意	

社会媒体报道目录

日期	标题	作者	媒体	备注
1月2日	方案群众参与 过程群众监督	黄敏清 钟晓优	《中国石化报》	
1月7日	灯亮了 路平了 职工放心了	黄敏清 张廷凡	《南方工报》	头条
1月8日	首套国产化高压干气系统成功应用	黄敏清 彭 铮	《中国石化报》	
1月10日	巧用纸张标定皮带秤	黄敏清 周 俊	《中国石化报》	
1月14日	有活儿一起干 有困难大家扛	黄敏清 何 冰	《南方工报》	
1月14日	广州石化稳妥保障非常时期氮气供应	李 凯	《中国石化报》	
1月17日	脱硫胺液硫化氢分析有新招	黄敏清 单石文 吴景超	《中国化工报》	
1月21日	小乙烯找到个性化突破口	黄敏清 张春梅	《中国石化报》	头条
1月21日	2013年我们追求碧水蓝天	黄敏清 申屠灵女	《中国石化报》	
1月24日	S–Zorb装置优化控制实现节能降耗	黄敏清 杨志伟	《中国化工报》	
1月27日	首套国产催化重整装置开出高水平	吴万荣 梁江华 黄敏清	《中国石化报》	头版
1月29日	患病困难职工："以百倍努力做好工作回报企业"	黄敏清 傅晓东	《南方工报》	
1月29日	首套国产重整装置创运行纪录	吴万荣 梁江华 黄敏清	《中国化工报》	头版
1月29日	笑容就是最明媚的阳光	黄敏清 傅晓东	《中国石化报》	
2月7日	五分钟处理险情	黄敏清 汤佳香	《中国石化报》	
2月10日	控制系统与机架风扇电源"分家"	黄敏清 何 冰	《中国石化报》	
2月13日	国产干气制乙苯催化剂高效运行	黄敏清 苟均龙	《中国化工报》	
2月13日	总部第5阶段炼化"三剂"框架协议采购招标完成	顾桂珍	《中国石化报》	
2月14日	广州石化推广罐顶气密闭回收技术	黄敏清 陈木华	《中国石化报》	
2月17日	广石化航煤收率创新高	黄敏清 郑选建 易志峰	《中国化工报》	
2月17日	18年来头一次	黄敏清 李丹丹 刘巧瑜	《中国石化报》	
2月18日	广州石化干气制乙苯催化剂高效运行	黄敏清 苟均龙	《中国石化报》	
2月18日	赛小指标 降故障率	黄敏清 钟晓优	《中国石化报》	
2月18日	机柜间的掌声	何 冰	《中国石化报》	
2月18日	广州石化摆脱"依赖式"工程质量管理	黄敏清 钟永富	《中国石化报》	
2月21日	广州石化华德公司：天寒施工紧 姜汤暖人心	黄敏清 杨 帆	《南方工报》	
2月21日	设备档案能在线查询了	黄敏清 陈亚静	《中国石化报》	
2月25日	一个钢簧片 "救活"一台调节阀	何 冰	《南方工报》	
2月25日	盯管理硬指标 做考核"加减法"	吴万荣 黄敏清	《中国石化报》	头条
2月25日	广州石化航煤收率刷新纪录	黄敏清 郑选建 易志峰	《中国石化报》	
2月26日	广州石化控制优化助装置节能	黄敏清 杨志伟	《中国石化报》	

续表

日期	标题	作者	媒体	备注
2月27日	广州石化煤炭采购年节资 350 万元	顾桂珍 何洁芳	《中国石化报》	
2月27日	广州石化老年大学启用	曾文勇	《中国石化报》	
2月28日	北化院与广州石化交流催化剂技术	黄敏清 周 顺	《中国化工报》	
2月28日	广州石化为特百惠定制“吨包装”	黄敏清 张 睿	《中国化工报》	
2月	“双到”扶贫初见成效	陈世诺 吴志坚	《爱心》杂志第 1 期	
2月	离退休工作部到广州石化调研	罗红丹 林艳辉	《石化老年》杂志第 1 期	
2月	广州石化：把握关键点 放大过程控制效能	顾桂珍 何庆富	《石油石化物资采购》杂志第 2 期	
2月	“洗澡”先洗心 诚心换批评	张廷凡	《中国石化》杂志第 1 期	
2月	别样春风过新年	刘巧瑜	《中国石化》杂志第 2 期	
2月	浅谈预算管理模式的改进	赖永福	《中国石化财会》杂志第 2 期	
3月3日	广州石化重整装置加热炉改造成功	黄敏清 梁江华	《中国石化报》	
3月4日	广州石化仪控中心：小指标竞赛助仪表故障率下降	黄敏清 钟晓优	《南方工报》	
3月4日	白天里的“黑启动”	何 冰 曾雪梅	《中国石化报》	
3月4日	整体招标省下清罐费超 40 万元	黄敏清 王学兵	《中国石化报》	
3月7日	广州石化超额完成 2013 年节能任务	黄敏清 陈莉茵	《中国石化报》	
3月10日	广州石化推进 LDAR 示范项目	黄敏清 申屠灵女	《中国化工报》	
3月10日	3 号焦化综合考核蝉联第一的背后	黄敏清 张颖芝	《中国石化报》	头条
3月11日	不让须眉的“五朵金花”	何 冰	《南方工报》	
3月11日	广州石化生产调整紧跟市场	黄敏清 李 凯	《中国石化报》	
3月12日	广州石化长输管线质量流量计投用	黄敏清 杨伟雄	《中国化工报》	
3月14日	小跨线解决蒸汽憋压大问题	黄敏清 何 影 白华淼	《中国石化报》	
3月18日	广州石化加氢处理装置能耗创新低	黄敏清 古 鹏 翁 津	《中国石化报》	
3月18日	泄漏检测与维修试点项目完成初检	黄敏清 申屠灵女	《中国石化报》	头条
3月20日	广州石化成功用天然气做制氢原料	黄敏清 刘忠明	《中国石化报》	
3月20日	仪表标准化采购模板出炉	顾桂珍 朱伟林	《中国石化报》	头条
3月21日	郭泽宇会见沙特阿拉伯全国工人委员会代表	黄敏清	《南方工报》	
3月25日	广州石化：金点子解决生产大难题	黄敏清 何 冰 周 俊	《南方工报》	
3月25日	轻催班“五朵金花”	何 冰	《中国石化报》	
3月25日	广州石化聚苯乙烯装置提负荷增效益	黄敏清 倪宝莲	《中国石化报》	

续表

日期	标题	作者	媒体	备注
3月28日	省职工保障互助会：为两职工送保障金6万	黄敏清 黄海云	《南方工报》	
3月28日	改进型浆液催化剂试用成功	黄敏清 周顺 马继东	《中国化工报》	
3月28日	长输原油实现质量流量计交接	黄敏清 杨伟雄	《中国石化报》	
3月28日	一句话新闻	陆颖玉	《中国石化报》	
3月31日	技术论坛骨干唱主角	何冰流 黄海平 何 影	《中国石化报》	
3月	广州石化设备档案实现专题化网络查询	陈亚静	《企业档案》杂志第1期	
3月	严管理是石化企业的底线	余峻才 黄敏清	《中国石化》杂志第3期	
3月	优化贯穿生产经营全过程	吴万荣 黄敏清	《中国石化》杂志第3期	
3月	有超头 有赶头 有奔头	陈石池	《中国石化》杂志第3期	
3月	竹颂	张思行	《石化老年》杂志第3期	
3月	欢声笑语迎新春，尊老敬老送暖情	罗 仁	《石化老年》杂志第3期	
3月	广州石化老年大学建成开班	罗 仁	《石化老年》杂志第3期	
4月1日	制氢装置抢修期间广州石化优化氢气配置	李 凯	《中国石化报》	
4月1日	广州石化成功试用改进型催化剂	黄敏清 周 顺 马继东	《中国石化报》	
4月1日	一个好点子节省10万元	黄敏清 何 冰 周 俊	《中国石化报》	
4月4日	综合成本分析法采购催化剂	顾桂珍 吴 伟	《中国石化报》	
4月5日	建安全环保的花园式工厂	徐海星	《广州日报》	
4月6日	排查安全隐患建设环保工厂	张 林	《羊城晚报》	
4月8日	广州石化积极应对强降雨	吴万荣 黄敏清	《中国石化报》	
4月8日	广州石化为特百惠定制“大包装”	黄敏清 张 睿	《中国石化报》	
4月9日	横班党支部管人管事管思想	黄敏清 张廷凡	《中国石化报》	头条
4月10日	广州石化以销定产增效300万元	黄敏清 张 睿	《中国石化报》	
4月11日	国产丙烯膜组件性能媲美进口产品	黄敏清 倪宝莲	《中国石化报》	头版
4月14日	广州市支持广州石化发展	黄敏清	《南方工报》	
4月15日	广州石化：“曝光台”揭短 “点赞台”扬长	黄敏清	《南方工报》	
4月15日	报警器又亮起“大嗓门”	何 冰 温朝霞	《中国石化报》	
4月17日	原油码头管线“穿新衣”	黄敏清 李幸颖	《中国石化报》	
4月17日	揭短有“曝光台” 表扬有“点赞台”	黄敏清	《中国石化报》	次头条

续表

日期	标题	作者	媒体	备注
4 月 18 日	30 分钟实现在线升级	黄敏清 何 冰	《中国石化报》	
4 月 24 日	让考核指标人人参与落到实处	顾桂珍 黄湘梅	《中国石化报》	
4 月 25 日	隐患处理不留情面	黄敏清 倪宝莲	《中国石化报》	
4 月 25 日	每一个颗粒都是承诺	黄敏清 李丹丹	《中国石化报》	
4 月 25 日	丁玫：每一个数据都是承诺	黄敏清 傅晓东	《中国石化报》	
4 月 29 日	提升副产品附加值	黄敏清 汪加海	《中国石化报》	
4 月	关于总会计师制度向 CFO 制度转变的问题探讨	李志清	《中国集体经济》杂志第 4 期	
4 月	新家落成乐开怀	曾文勇	《石化老年》杂志第 4 期	
4 月	天天都要有好心情	林慧玲	《石化老年》杂志第 4 期	
5 月 2 日	国内最大油轮靠卸惠州港区	何 望	《惠州日报》	
5 月 6 日	“黑夜”里的战斗	何 冰	《中国石化报》	
5 月 7 日	国内最大油轮靠卸广州石化原油码头	黄敏清 何 望	《中国石化报》	头版
5 月 8 日	广州石化增产汽油取得突破	黄敏清 李文晖 李 凯	《中国石化报》	
5 月 8 日	“大象就这样被装进冰箱”	顾桂珍 温素女	《中国石化报》	
5 月 9 日	广州石化聚丙烯装置首用国产膜	黄敏清 倪宝莲	《中国化工报》	
5 月 9 日	驻粤三企业省内纳税进前十	黄敏清	《中国石化报》	头版
5 月 13 日	广州石化开展从严管理主题辩论赛	黄敏清 朱 滢	《南方工报》	
5 月 13 日	首次采用氮气汽提流程	黄敏清 孙宜彬	《中国石化报》	
5 月 13 日	驻粤桂企业积极应对暴雨	黄敏清	《中国石化报》	头版次头条
5 月 15 日	广州石化物资供应又扛红旗	黄敏清 顾桂珍	《中国石化报》	头条
5 月 15 日	电子书教职工信息安全	黄敏清 戴莲芬 陆颖玉	《中国石化报》	
5 月 15 日	管“家”大哥大	顾桂珍 刘伟莲	《中国石化报》	
5 月 16 日	广州石化：首批国Ⅴ汽油供应广东市场	黄敏清 黄志全 黄慧锦	《南方工报》	
5 月 19 日	破解四班两运转培训难题	黄敏清 倪宝莲	《中国石化报》	
5 月 19 日	广州石化开展倾听承包商声音活动	钟永富	《中国石化报》	
5 月 20 日	小妙招解决大问题	黄敏清 钟金嫦	《中国石化报》	
5 月 21 日	打个盹半月奖金泡汤	黄敏清	《中国石化报》	头版
5 月 23 日	铁树之花绽放“游”码头	黄敏清 何望	《中国石化报》	头条
5 月 27 日	广州石化：群众路线教育整改落实“三不放过”	吴万荣 黄敏清 王广阳	《工人日报》	
5 月 27 日	岛上的铁树年年开花	黄敏清 何 望	《南方工报》	

续表

日期	标题	作者	媒体	备注
5月30日	特大雷暴之夜	黄敏清 唐 军	《中国石化报》	
5月	缅怀先烈	张思行	《石化老年》杂志第5期	
5月	离退休职工主动参加"慈善一日捐"活动	李雪芳	《石化老年》杂志第5期	
6月5日	及时除隐患 护卫“生命线”	黄敏清 柳 佳	《中国石化报》	
6月9日	“黑名单”制度净化承包商队伍	黄敏清 胡 斌	《中国石化报》	头版头条
6月10日	“电子锦囊”提升信息安全	黄敏清 戴莲芬	《中国化工报》	
6月10日	广州石化成功开发聚苯乙烯新品HG388	黄敏清 苏 彬 倪宝莲	《中国石化报》	
6月10日	装置里搭“积木”	何 冰 龚敬容	《中国石化报》	
6月12日	乐做采购“抠抠族”	顾桂珍	《中国石化报》	
6月13日	广州石化：工会牵头 全员练兵考评信息安全	陆颖玉	《南方工报》	
6月16日	广州石化泄漏检测与维修项目通过验收	黄敏清 申屠灵女	《中国石化报》	头版
6月16日	广州石化裂解装置吃上炼油直供料	黄敏清 李 凯	《中国石化报》	
6月17日	自主创新解决污水监控难题	黄敏清 闫春燕	《南方工报》	
6月17日	小乙烯特色化发展找到突破口	黄敏清 倪宝莲	《中国石化报》	
6月17日	广州石化国产高温四通阀投用	黄敏清 詹 强	《中国石化报》	
6月17日	广州石化全力打造绿色低碳城市型炼化标杆企业	黄敏清	《中国石化报》	专版
6月17日	真舒服，有家的感觉了	黄敏清 刘明霞 彭 铮	《中国石化报》	
6月18日	广州石化LDAR示范项目通过验收	黄敏清 申屠灵女	《中国化工报》	
6月19日	广州石化航煤产量创历史新高	黄敏清 胡 颖 黄慧锦	《中国石化报》	
6月20日	管理看板提升调度水平	黄敏清 陈 璟	《中国石化报》	
6月23日	广州石化引入中国石油天然气	黄敏清 龙琼玲 黄慧锦	《中国石化报》	
6月24日	广州石化 LDAR项目通过验收	黄敏清 申屠灵女	《南方工报》	
6月24日	树脂包装计量15年零投诉	黄敏清	《中国石化报》	月度好稿
6月25日	优化和考核贯穿生产经营全过程	黄敏清 张立荣	《中国石化报》	头版头条
6月27日	广石化首席技师“金点子”助老炉子焕发“青春”	黄敏清 林 娟 胡小平	《南方工报》	
6月	档案为大事记增添活力	陈亚静	《企业档案》杂志第2期	
6月	最美家乡五月天	林慧玲	《石化老年》杂志第6期	
6月	四举措 增效益	黄敏清 张立荣	《中国石化杂志》杂志第6期	
6月	让离退休党员离岗更爱党	蔡高林	《中国石化杂志》杂志第6期	

续表

日期	标题	作者	媒体	备注
7月1日	广州石化管带机改造降本千万元	黄敏清 白华淼 何 影	《中国石化报》	
7月1日	挖装置潜能 增效益产品	黄敏清 赖献明	《中国石化报》	头条
7月2日	广州石化裂解“老炉子”开出高水平	黄敏清 胡小平 林 娟	《中国石化报》	
7月3日	广州石化老裂解炉开出高水平	黄敏清 胡小平 林 娟	《中国化工报》	
7月5日	广州石化：劳务工与正式工同培训同考核	黄敏清 罗剑宏	《工人日报》	
7月6日	“能回收的物料不浪费”	黄敏清 李 凯	《中国石化报》	
7月7日	班组成本核算向“钱”看	黄敏清 易志峰 刘巧瑜	《中国石化报》	
7月8日	广州石化：劳务工与正式工同培训同考核	黄敏清 罗剑宏	《南方工报》	
7月10日	给库存物资撑把防护伞	顾桂珍 温素女	《中国石化报》	头条
7月10日	广州石化“量体裁衣”降能耗	黄敏清 梁江华	《中国石化报》	
7月11日	广州石化真情关爱退休职工	黄敏清 何 影	《工人日报》	
7月12日	成功破解装置污水监控难题	黄敏清 闫春燕	《工人日报》	
7月14日	广州石化优化运行降低蒸汽消耗	黄敏清 闫春燕	《中国石化报》	
7月16日	广州石化开发PE排放气利用技术	黄敏清 刘柏泉	《中国化工报》	
7月16日	广州石化原油码头靠泊超级油轮	黄敏清 何 望	《中国石化报》	头版
7月17日	广州石化成功生产98号国5汽油	黄敏清 李文晖 李 凯	《中国石化报》	头版
7月18日	瓦斯系统实现实时监控	黄敏清 李 凯	《中国石化报》	
7月18日	广州石化成功生产98号国Ⅴ汽油	黄敏清 李文晖 李 凯	《南方工报》	
7月22日	广州石化聚乙烯排放气回收利用	黄敏清 刘柏泉	《中国石化报》	
7月22日	同岗人员违章连带受罚	黄敏清 罗剑宏	《中国石化报》	
7月22日	系统频报警 攻关找症结	何 冰	《中国石化报》	
7月24日	邮件提醒让“五源”不漏网	黄敏清 肖 光	《中国化工报》	
7月28日	广州石化CFB锅炉烟气达到“超洁净排放”标准	黄敏清 朱小兵 罗 瑛	《中国石化报》	头版
7月29日	5次技术升级连降装置物耗	黄敏清 倪宝莲	《中国石化报》	头条
7月29日	一句话新闻	黄敏清 何 影	《中国石化报》	
7月	退休乐	阮顺煜	《石化老年》杂志第7期	
7月	炼企如何应对环保指责	刘 忠 黄敏清	《中国石油石化》杂志第7期	
8月1日	好的点赞 差的曝光	黄敏清 刘明霞	《中国石化报》	
8月7日	广州石化原油码头首次靠泊宽体巨型油轮	黄敏清 何 望	《中国石化报》	
8月8日	广州将新增5个空气监测点	黄敏清	《信息时报》	
8月8日	暴风雨夜排险情	胡小平 林 娟	《中国石化报》	

续表

日期	标题	作者	媒体	备注
8 月 10 日	广州年内增 5 个空气监测点	黄敏清	《广州日报》	
8 月 12 日	个性化维护确保程控阀长周期运行	黄敏清 何 冰	《中国石化报》	
8 月 12 日	自制消石灰：亏本生意做得值	黄敏清 黄海平	《中国石化报》	
8 月 12 日	看似重复 实际便捷	罗 鹏	《中国石化报》	
8 月 14 日	整改不再有“漏网之鱼”	黄敏清 肖 光	《中国石化报》	
8 月 15 日	大气污染防治攻坚战打响	黄敏清	《南方工报》	
8 月 15 日	档案管理成果受表彰	廖珊琳	《中国石化报》	
8 月 20 日	广州石化严格评价考核落实增效措施	黄敏清	《中国石化报》	头版头条
8 月 22 日	广州石化：让职工退休不再“静悄悄”	黄敏清 何 影	《南方工报》	头条
8 月 27 日	管治结合让环保预警“销声”	黄敏清 何 影	《中国石化报》	头版
8 月 29 日	广州石化举行消防联合演练	黄敏清 朱文登	《中国石化报》	
8 月 29 日	检验夫妻档	冷 娟 徐志鸿	《南方工报》	
8 月 30 日	广州石化：7 月未发现环保预警	黄敏清 何 影	《南方工报》	
8 月	我给老爸找个伴	林慧玲	《石化老年》杂志第 8 期	
8 月	多种形式庆“七一” 满怀激情颂党恩	罗 仁	《石化老年》杂志第 8 期	
8 月	赞广州石化	王天林	《石化老年》杂志第 8 期	
8 月	广州石化：三不放过抓整改	黄敏清	《石油经理人》杂志 8 月刊	
9 月 1 日	减排“组合拳”升级环保	黄敏清 何 影	《中国化工报》	
9 月 1 日	电磁阀装消音器杜绝杂质“钻空子”	黄敏清 杨新宇	《中国石化报》	
9 月 2 日	每月一主题 整治“低老坏”	黄敏清 钟晓优 钟金嫦	《中国石化报》	
9 月 2 日	发现小裂纹 堵住大隐患	黄敏清 钟金嫦	《中国石化报》	头条
9 月 3 日	广石化高压胺液泵技改成功	黄敏清 江鉴洲	《中国化工报》	
9 月 4 日	广州石化胺液泵振动技术攻关成功	黄敏清 江鉴洲	《中国石化报》	
9 月 4 日	低压柜隐患治理达预期目的	黄敏清 褚晓平 容浩然	《中国石化报》	
9 月 5 日	广州石化加氢装置汽提蒸汽“瘦身”	黄敏清 闫春燕	《中国石化报》	头条
9 月 9 日	广州石化细化落实“回头看”整改措施	黄敏清	《中国石化报》	头版
9 月 9 日	凭借精湛技术完成在线修复	黄敏清 林 娟 李克明	《中国石化报》	
9 月 10 日	将教训变成经验 确保装置安稳运行	黄敏清 黄佩东	《中国石化报》	
9 月 15 日	量化考核让员工争着管好“责任田”	黄敏清 何 影 王燕芳	《中国石化报》	
9 月 16 日	广州石化承办中国石化职工羽毛球赛片区赛	黄敏清	《南方工报》	

续表

日期	标题	作者	媒体	备注
9月18日	报警减少让生产安全更有保障	黄敏清 胡 斌	《中国石化报》	
9月19日	半成品不合格也要被考核	黄敏清 张廷凡	《中国石化报》	头版
9月19日	我们要多产优级品	黄敏清 张 睿	《中国石化报》	
9月19日	专注环保 苦乐同行	倪宝莲	《中国石化报》	
9月19日	“洋专家”无策 “土专家”有方	黄敏清 李志荣	《南方工报》	
9月22日	“是你们给了信心和勇气”	黄敏清 罗 瑛	《中国石化报》	头版
9月22日	广州石化乙烯单月产量创新高	李 凯	《中国石化报》	
9月23日	副产品也要创出高效益	黄敏清 陈 龙	《中国石化报》	
9月24日	“客户有需要，我们就全力以赴”	李艳艳 杨载松 傅晓东	《中国石化报》	头版
9月25日	广石化整改问题坚持举一反三	黄敏清 钟晓优	《中国石化报》	
9月25日	用心为赛事做好服务	林 娟	《中国石化报》	
9月26日	广州石化加氢裂化装置贫液泵改造成功	黄敏清 汪加海	《中国石化报》	头条
9月27日	动员捐款 落实措施 申请补助	黄敏清 罗 瑛	《南方工报》	
9月29日	广州石化规范仪表系统故障检查	黄敏清 钟晓优	《中国石化报》	
9月30日	广石化改造加氢裂化装置贫液泵	黄敏清 汪加海	《中国化工报》	
9月30日	采用小偏方 甩掉漏帽子	何 冰	《中国石化报》	
9月30日	一罚二停三清退 三管齐下保安全	黄敏清 许冬青	《中国石化报》	头条
9月	广州石化：化工板块连续10个月实现盈利	黄敏清	《黄埔新生活》杂志第19期	
9月	转变思路模式 推进提升档案工作效率	廖珊琳	《企业档案》杂志第3期	
9月	省直单位工作第三协作组到广州石化交流学习	徐 薇 刘建军	《企业档案》杂志第3期	
10月8日	温度降3摄氏度，产量提6吨	闫春燕	《中国石化报》	
10月8日	原来还担心这个点冷场	曾文勇 邓志伸	《中国石化报》	
10月14日	解决问题在一线	黄敏清 张廷凡	《中国石化报》	
10月14日	广州石化：建设城市型炼企	黄敏清	《中国石化报》	
10月14日	航煤产销量再创历史新高	黄敏清 赖献明 黄慧锦	《中国石化报》	
10月14日	调整机泵运行方式每周节电3000千瓦时	黄敏清 何 影	《中国石化报》	
10月14日	操作工也能走上管理岗位	黄敏清 罗 瑛 黄海平	《南方工报》	头条
10月15日	广州石化全员防登革热	黄敏清 黄 莉	《中国石化报》	头版
10月17日	问题处理及时避免非计划停工	黄敏清 詹坝光	《中国石化报》	
10月17日	新装备改善作业环境	黄敏清 何其均 徐志鸿	《中国石化报》	
10月20日	“是你们给了我信心和勇气”	黄敏清 罗 瑛	《工人日报》	
10月20日	广石化改善分析人员职业环境	黄敏清 何其均 徐志鸿	《中国化工报》	

续表

日期	标题	作者	媒体	备注
10月21日	“五化”措施确保装置安稳长运行	钟晓优 杨新宇	《中国石化报》	
10月23日	17个环保治理项目成功实施	黄敏清 张廷凡 詹 强	《中国石化报》	头条
10月24日	效益导向调整裂解投料模式	黄敏清 李 凯	《中国石化报》	头条
10月31日	让燃煤锅炉超洁净排放	黄敏清 余峻才	《中国石化报》	头版头条
10月	财务共享服务模式应用探讨	黄世红	《财富时代》杂志第10期	
10月	工友深情	许海木	《石化老年》杂志第10期	
10月	广州石化离退部检查考核各退管室工作	林艳辉	《石化老年》杂志第10期	
10月	老同志健康体检，乐享企业发展成果	邵润添	《石化老年》杂志第10期	
10月	AIC会计集中核算系统资产管理模块的应用	黄世红	《中国石化财会》杂志第10期	
11月3日	又抠回上万元	黄敏清 何 冰 龚敬蓉	《中国石化报》	
11月3日	36小时连续奋战修复辛烷值机	黄敏清 李艳艳 陈继辉	《中国石化报》	头条
11月4日	广州石化排舞获全国排舞大赛一等奖	黄敏清 罗 仁	《南方工报》	
11月4日	广州石化一项改造年节约维护费40万元	黄敏清 钟晓优	《中国石化报》	
11月4日	不漏过参数的细微变化	黄敏清 周 萍	《中国石化报》	
11月6日	半毫米缺口也不能放过	黄敏清 张廷凡	《中国石化报》	
11月7日	广州石化：每位员工都是“夺红旗”的主角	黄敏清 何 冰	《南方工报》	
11月7日	优化12个项目降本增效	黄敏清 范满清	《中国石化报》	头条
11月18日	燃煤烟气实现“超洁净排放”	黄敏清	《中国石化报》	头条（月度好稿）
11月18日	每个人都是“夺红旗”主角	黄敏清 何 冰	《中国石化报》	头条
11月18日	广州石化妙招解决生产难题	钟金嫦	《中国石化报》	
11月19日	广州石化出台68项措施挖潜增效	黄敏清	《中国石化报》	
11月20日	裂解炉原料适应性改造通过环评	黄敏清 蒋帮勇	《中国化工报》	
11月20日	规避重复采购防损失	冯海涛 顾桂珍	《中国石化报》	
11月21日	加高管廊防撞栏，安全添保障	黄敏清 徐杨斌 龚金萍	《中国石化报》	头条
11月21日	档案馆库换新颜	高 莉	《中国石化报》	
11月25日	广州石化员工“抠门”成习惯	黄敏清 何 冰 龚敬蓉	《南方工报》	
11月26日	出问题从重考核管理人员	黄敏清	《中国石化报》	头版
11月27日	石油石化采购与供应链论坛在广州举办	黄敏清	《中国石化报》	
11月27日	拼车是个“经济活”	顾桂珍 肖作奎	《中国石化报》	头条
11月28日	广州石化轮岗交流提升职工技能	黄敏清 何 影 王燕芳	《南方工报》	

续表

日期	标题	作者	媒体	备注
11月28日	广石化优化柴油加氢装置控制	黄敏清 杨志伟	《中国化工报》	
11月28日	数出一源 信息共享	黄敏清 阮洁玲	《中国石化报》	
11月	让中国石化成为超洁净排放的标杆	黄敏清 余峻才	《石油经理人》杂志11月刊	
11月	广州石化：物资供应摘“星”夺“旗”的背后	黄敏清 顾桂珍	《石油石化物资采购》杂志第11期	
11月	广州石化科技环保路	黄敏清 刘 忠	《中国石油石化》杂志第21期	
12月2日	乙苯小装置增效出大本事	黄敏清 倪宝莲	《中国石化报》	
12月2日	操作人员在认真监测压缩机运行情况。	刘祖成	《中国石化报》	
12月2日	分级维修策略避免非计划停工	黄敏清 刘志就	《中国石化报》	
12月8日	广州石化优化燃煤锅炉运行增效	黄敏清 何 影 牛学玲	《中国石化报》	
12月9日	备件“北塔南调”解生产燃眉之急	黄敏清 张廷凡	《中国石化报》	
12月9日	轮岗交流取长补短	黄敏清 何 影 王燕芳	《中国石化报》	
12月9日	广州石化优化丙烯出厂工作	黄敏清 李 凯	《中国石化报》	
12月11日	广州石化启动土壤与地下水评估	黄敏清 陈木华	《中国化工报》	
12月11日	广州石化启动土壤与地下水评估工作	黄敏清 陈木华	《中国石化报》	头版
12月11日	水质运行费用总承包：合规双赢流程简化	顾桂珍 吴 伟	《中国石化报》	头条
12月12日	焦化汽油加氢装置平稳运行16个月	黄敏清 罗加云	《中国石化报》	头条
12月12日	3年15套装置实施优化	黄敏清 杨志伟	《中国石化报》	
12月16日	广州石化举办倒值班趣味运动会	黄敏清	《南方工报》	
12月16日	广州石化裂解炉原料适应性改造项目通过环评	黄敏清 蒋帮勇	《中国石化报》	
12月18日	广州石化巧调注水方式降能耗	黄敏清 闫春燕	《中国石化报》	
12月19日	广州石化优化裂解运行冲刺年度目标	黄敏清 李 凯	《中国石化报》	头条
12月22日	低库存应对低油价 抓优化努力抗风险	黄敏清 陈晓龙 宁 欢	《中国石化报》	头版头条
12月22日	职工教育研究年会交流培训经验	曾文勇	《中国石化报》	
12月23日	广州石化参加城市乐跑赛	黄敏清 谭 兵	《南方工报》	
12月23日	广州石化仪控中心绿灯闪烁排查隐患	何 冰 莫志铭	《中国石化报》	
12月23日	从历史曲线趋势中捉隐患	黄敏清 闫春燕	《中国石化报》	
12月23日	广州石化提前完成聚丙烯装置检修任务	黄敏清 张 睿 段扶中	《中国石化报》	
12月25日	广州石化一脱硫脱硝项目投用	黄敏清 罗 杨 许冬青	《中国化工报》	
12月25日	新产品提升劳保水平	黄敏清 罗剑宏 何 影	《中国石化报》	
12月26日	广州石化MES项目通过验收	黄敏清 通讯员 张洪灏	《中国石化报》	
12月30日	手动激活控制器	何 冰 陈苏晓	《中国石化报》	

索　引

说明：

1. 本索引引用主题词分析索引法编制。除“大事记”外，年鉴内容均在标引和检索范围内。
2. 本索引按汉语拼音音序排列。具体如下：以英文字母开头的，排在最前面；汉字标目则按首字的音序、音调依次排列，首字相同时，以第二字排序，并依此类推。
3. 索引标目之后的数字表示主题内容所在年鉴正文的页码；英文字母 a、b、c 分别表示左、中、右三个栏目。

0 ～ 9

A

B

C

D

E

F

G

H

I

J

K

L

M

N

P

Q

R

S

T

W